Willis Harman
Bewußt-Sein im Wandel

W0182028

Willis Harman

Bewußt-Sein im Wandel

edition PHÖNIX

im Verlag Hermann Bauer
Freiburg im Breisgau

CIP-Titelaufnahme der Deutschen Bibliothek

Harman, Willis:
Bewußtsein im Wandel / Willis Harman. [Ins Dt. übers.
von Brigitte Schwitalla]. – Freiburg im Breisgau:
Ed. Phönix im Verl. Bauer, 1989
Einheitssacht.: Global mind change <dt.>
ISBN 3-7626-9508-3

Die amerikanische Originalausgabe erschien 1988
unter dem Titel
Global Mind Change.
The Promise of the Last Years
of the Twentieth Century.
bei Knowledge Systems, Inc., Indianapolis.

Ins Deutsche übersetzt von Brigitte Schwitalla, Heidelberg.

Die *Edition Phönix* erscheint im
Verlag Hermann Bauer KG, Freiburg im Breisgau.

1989
ISBN 3-7626-9508-3
© für die deutsche Ausgabe 1989
by Verlag Hermann Bauer KG, Freiburg im Breisgau.
Alle Rechte der deutschen Ausgabe vorbehalten.
Schutzumschlag: Fred Weidmann, München.
Lektorat: Karin Vial, Nürnberg.
Gesamtherstellung: Ebner Ulm.
Printed in Germany.

Ich widme dieses Buch den vier Menschen, die mein Leben in den letzten Jahren tiefgreifend beeinflußt haben: Alfred M. Hubbard und Judith Skutch Whitson, die meine Lehrer im wahrsten Sinne dieses Wortes waren, und Paul N. Temple und Henry Rolfs, deren Großzügigkeit es mir ermöglicht hat, durch das Institut für Noetische Wissenschaften der Menschheit mein Bestes zu geben.

Ich danke im folgenden all den Menschen, die mir zu Einsichten verholfen haben, insbesondere Brendan O'Regan, Tom Hurley und Barbara McNeill, Mitarbeiter des Institute of Noetic Sciences.
Mein Dank gilt auch der Lektorin des Instituts, Carol Guion, und der Layouterin Leona Jamison für ihre wertvolle Hilfe bei der Fertigstellung dieses Buches.

[illegible]

[illegible]

[illegible]

Inhalt

Über dieses Buch

Vielleicht sind die einzigen Grenzen des menschlichen Geistes die, an die wir glauben.

Wenn die Welt, so wie die Wissenschaft sie darstellt, die *Realität* ist, woran liegt es dann, daß wir uns in ihr so wenig zu Hause fühlen?

Diejenigen Faktoren und Kräfte, die zu einer weltweiten *Bewußtseinsveränderung* führen werden, sind bereits in Bewegung gesetzt. Im Verlauf der Geschichte sind die wirklich grundlegenden gesellschaftlichen Veränderungen nie durch Regierungsbeschlüsse oder Kriege herbeigeführt worden, sondern dadurch, daß sich das Denken einer großen Anzahl von Menschen verändert hat – manchmal nur ein ganz kleines bißchen.

Einige dieser Veränderungen gipfelten dann in einem tiefgreifenden Wandel – beispielsweise der Übergang vom Römischen Reich zum Europa des Mittelalters oder vom Mittelalter zur Neuzeit. Andere Veränderungen waren konkreterer Natur, wie beispielsweise die Bildung einer demokratischen Regierung in England oder Amerika oder die Abschaffung der Sklaverei als eine allgemein akzeptierte Institution. In den beiden letzten Fällen waren es vor allem die Menschen, die erkannten, daß jede wirtschaftliche, politische oder sogar militärische Institution – wie machtvoll sie auch sein mag – nur deshalb besteht, weil sie eine Daseinsberechtigung hat, und diese Daseinsberechtigung gründet sich auf die Haltung der Menschen gegenüber dieser Institution. Sie erteilen ihr Legitimität, und sie können sie ihr auch wieder entziehen. Das In-Frage-Stellen der Legitimität einer Institution ist wohl in der Geschichte einer der stärksten Auslöser für transformatorische Prozesse.

Dem Prinzip, das die Menschen ermächtigt, einer Sache die Berechtigung zu verweigern und so die Welt zu verändern, fügen wir ein weiteres hinzu. Man kann die Welt auch verändern, indem man willentlich die innere Vorstellung von Realität verändert.

Vorwort

Während der ersten zwanzig Jahre meines Berufslebens unterrichtete ich Elektrotechnik und Systemanalyse an einer größeren Universität. Weitere zwanzig Jahre arbeitete ich als Sozialwissenschaftler und Futurologe in einer Vertrags-Forschungs-Organisation, wo ich Klienten aus der Regierung und aus Firmen bei der strategischen Planung einer Vielzahl von Aufgaben im praktisch-politischen Bereich behilflich war. Meine spezielle Aufgabe bestand darin, daß sie sich mit meiner Hilfe die Situationen in der Zukunft vorstellten, in denen ihre Entscheidungen zum Tragen kommen würden. Es war ein ungewöhnliches Privileg, sich mit dieser Art von Gedankenpuzzle tagtäglich auseinanderzusetzen, und ich lernte dabei eine Menge. Im Laufe der Jahre begann sich in mir ein Bild von der Bedeutung unserer Zeit und von vielen möglichen zukünftigen Entwicklungen zu formen. Das Bild wurde immer klarer, und als ich dann diese Karriere beendete und mich einer dritten (der jetzigen) zuwandte, hatte ich nur noch wenig Zweifel daran, daß der Wandel, den wir momentan durchleben, ganz fundamentaler Natur ist. Obwohl ich mir bewußt war, daß einige Aspekte den meisten Menschen absurd erschienen, war ich gleichzeitig der Überzeugung (und diese Überzeugung festigt sich immer mehr), daß es jetzt an der Zeit ist, aktiv an einem *Wandel der grundlegenden Ideen* in unserer Welt zu arbeiten.

Im Jahr 1977 nahm ich die Einladung Edgar Mitchells und der Leitung des *Institute of Noetic Sciences* an, gemeinsam mit ihnen »das Wissen über die Natur und das Potential des menschlichen Geistes zu erweitern und dieses Wissen zur Verbesserung der Gesundheit und des Wohlergehens der Menschheit und unseres Planeten einzusetzen«. (Das Wort »noetisch« kommt vom griechischen Wort »nous«, es bedeutet Geist, Intelligenz, Verstehen und beinhaltet die drei Arten, Wissen zu erlangen: den Denkprozeß des Intellekts, die Wahrnehmung unserer Erfahrungen durch die Sinne und die intuitiven, geistigen oder inneren Wege des Wissens. Noetische Wissenschaft ist das systematische Studium dieser allumfassenden Wege des Wissens, die die Basis für das Bild sind, das wir uns von uns selbst, von unseren Mitmenschen und der Welt machen.)

Da die Arbeit des Instituts sich zentral mit dem gegenwärtigen »Paradigmenwechsel« befaßt – das ist genau der Bereich, in dem die der modernen westlichen Gesellschaft zugrunde liegenden Ideen am meisten in Frage gestellt werden – wußte ich, daß ich einen idealen Platz gefunden hatte.

Aber die Aufgabe ist nicht leicht. Die Menschen fühlen sich durch das (bewußte oder unbewußte) Wahrnehmen eines bevorstehenden Wandels in ihrem Leben bedroht. Die Aussicht, daß »Wahrheiten«, die ihnen ein Leben lang vertraut waren, durch andere Glaubenssätze abgelöst werden könnten, kann besonders bedrohlich sein. Deshalb neigen sie dazu, »sich zu wehren« – sich aktiv gegen den Wandel zu stellen. Denken Sie nur an die Bewegung der Fundamentalisten auf der ganzen Welt, die den von unserer modernen Gesellschaft verkörperten Wandel als Lebensstil ablehnen – den technologischen Wandel, die wachsende Macht der Institutionen, den Verfall herkömmlicher Wertvorstellungen.

Sie können sich vorstellen, daß eine kritische Untersuchung der Ideen, die die Grundlage unserer modernen Gesellschaft bilden, noch ein Stück bedrohlicher sein wird. Soziologische und historische Forschungen zeigen, daß bei ähnlich revolutionären Wandlungsprozessen stets eine Zunahme folgender Phänomene auftrat: psychische Krankheiten, soziale Unruhen und Polizeieinsatz zur Bekämpfung dieser Unruhen, Gewaltverbrechen, Terrorismus, religiöses Sektierertum und sexueller Hedonismus. Diese Anzeichen sind natürlich auch im Moment vorhanden und werden sich möglicherweise noch verstärken, bevor sie wieder auf ein normales Niveau absinken. Im Grunde sind sie alle Reaktionen auf die unterschwellige Angst und Unsicherheit in bezug auf die unbewußt wahrgenommene Bedrohung durch einen Wandel.

Zu begreifen, daß ein Wandel notwendig ist, macht wahrscheinlich die Bedrohung weniger massiv, denn man erkennt, daß die Menschheit nicht viel länger ihrem jetzigen, immer unbegehbarer werdenden Weg folgen kann. Gesellschaftlicher Wandel schließt jedoch den Wandel jedes einzelnen mit ein, und dieser Punkt verursacht die stärksten Ängste.

Die kommenden zehn bis zwanzig Jahre sind besonders

kritisch. Meiner Meinung nach liegt die Hauptherausforderung nicht darin, den sicher unvermeidlichen Wandel zu bekämpfen, noch darin, ihn überstürzt herbeiführen zu wollen. Sie besteht eher in dem Bestreben, unserer Gesellschaft zu einem Verständnis der Natur und Notwendigkeit der Kräfte des jetzt erlebten gesellschaftlichen Wandels zu verhelfen, um diesen Wandlungsprozeß mit gegenseitiger Unterstützung und Zuwendung mit möglichst wenig Schmerzen durchzustehen.

Wenn wir uns die Wahrheit sagen, den Dialog anregen und ernsthaft bemüht sind, die Welt durch die Augen des anderen zu sehen, können wir gemeinsam zu einem Verständnis dessen gelangen, was getan werden muß, und zu der gemeinsamen Verpflichtung, das es tatsächlich getan wird. Mein ganzes Leben lang habe ich die Ermahnung zu hören bekommen: »Rede nicht so viel, geh hin und tu etwas!« Das Problem liegt darin, daß in einer Zeit wie dieser das, was wir tun, sich später nur zu leicht als falsch herausstellt. Als guter Rat für solch unsichere Zeiten sollte die Maxime besser umgekehrt lauten: *Tu nicht einfach irgendwas, geh hin und sprich darüber.* In dieser dritten Karriere betrachte ich es als meine leidenschaftliche Aufgabe, diesen Dialog zu fördern und zu diesem Verständnis beizutragen. Das Buch ist ein Schritt in diese Richtung. Ich hoffe, es ist ein hilfreicher Schritt.

Willis W. Harman
Sausalito, California
September 1987

Einleitung

Stellen Sie sich vor, daß Sie als Historiker irgendwann im nächsten Jahrhundert zurückblicken: Was war Ihrer Meinung im 20. Jahrhundert das wichtigste Ereignis für die Welt? Einen Menschen auf den Mond zu schicken? Oder die Gründung der Vereinten Nationen? Oder die Entwicklung der Nuklearwaffen, des Computers und der künstlichen Intelligenz?

Ich vermute, daß es etwas sein wird, was uns, die wir heute leben, wesentlich weniger spektakulär erscheint, etwas, dessen Bedeutung auch in den nächsten Jahrzehnten noch nicht deutlich werden wird. Es wird etwas so Leises und Unauffälliges sein wie eine Veränderung der Denkweise, etwas, das aus den Tiefen des Unterbewußtseins heraufquillt, sich in der ganzen Welt ausbreitet und alles verändert.

Die gleiche Frage in bezug auf das 17. Jahrhundert zu beantworten ist wesentlich einfacher. Rückblickend erkennen wir ohne Schwierigkeiten, daß die wichtigste Entwicklung für die Welt nicht der Dreißigjährige Krieg und der Westfälische Frieden waren, auch nicht das Ende der Ming-Dynastie in China, noch nicht einmal die Gründung der Kolonien an der nordamerikanischen Atlantikküste. Nach einigem Nachdenken kämen sicherlich die meisten Menschen zu dem gemeinsamen Schluß, daß die völlige Veränderung der Sichtweise, die wir als wissenschaftliche Revolution bezeichnen, das Rennen gewinnt. Die wissenschaftliche Revolution begann in Westeuropa und veränderte letztendlich weltweit das Leben der Menschen auf so grundlegende Art und Weise, daß sich im Verlauf der Geschichte wohl kaum ein ähnlich fundamentaler Wandel finden läßt. Daß wir im letzten Drittel des 20. Jahrhunderts eine mindestens ebenso grundlegende und wesentlich raschere Veränderung der Denkweise erleben könnten, mag als Hypothese sehr gewagt erscheinen. Und doch ist das die in diesem Buch aufgestellte These.

Wir befinden uns bereits mitten in diesem Umdenkprozeß. Er wandelt unsere Auffassung von den Wissenschaften, er verändert in drastischer Weise unsere Einstellung zu einer gesunden Lebensweise, er revolutioniert unsere Auffassung von Erziehung, er bewirkt wesentliche Veränderungen in der Geschäfts- und Finanzwelt; er ist dabei, dem Krieg seine Legitimitation zu entziehen und einen Prozeß völligen Umdenkens in bezug auf Wege und Mittel zur Gewährleistung der nationalen und weltweiten Sicherheit einzuleiten.

Seine Auswirkungen fallen jedoch kaum ins Auge. Sie kristallisieren sich in den Forschungsstudien über Wertvorstellungen und Lebensstil nicht deutlich heraus. In der Wissenschaft scheint der Einfluß, den dieser Prozeß ausübt, wirklich sehr gering; die Beispiele in den anderen Lebensbereichen sind zwar beeindruckend, machen aber nur einen winzigen Teil des Ganzen aus. Am deutlichsten zeigt sich der Wandel wohl im wieder erwachenden Interesse an Gesundheit und optimaler Fitneß, aber selbst in diesem Bereich werden die tieferen Zusammenhänge nicht allgemein und offen diskutiert.

Wenige Menschen zweifeln heutzutage daran, daß die Welt zur Zeit eine Art Umstrukturierung erfährt. Die Beweise dafür sind allerorten anzutreffen; wie tiefgreifend diese Wandlung sein wird, ist jedoch schon eher umstritten. Einige sind der Meinung, daß den Fakten nach ganz offensichtlich ein fundamentaler Wandlungsprozeß im Gange ist, andere tun sich mit dieser Schlußfolgerung wesentlich schwerer.

Die meisten von uns wissen nicht so recht, ob sie davon angetan sein sollen, daß wir vielleicht gerade einen der grundlegendsten Wandlungsprozesse in der Geschichte der westlichen Welt durchlaufen. Man möchte mit seiner Einschätzung über die eigene Epoche nicht gern arrogant erscheinen: Denkt nicht jede Generation, sie lebe in einer einmaligen Epoche der Geschichte?

Dennoch müssen wir diese Möglichkeit ernsthaft in Betracht ziehen. Dieser schmale Band befaßt sich mit der These, daß sich auf der tiefsten Ebene der Glaubensstruktur unserer westlichen Industriegesellschaft ein Wandel vollzieht. Das Buch ist mit Absicht so dünn, denn sein Ziel liegt nicht darin, zu einem endgültigen Urteil zu kommen, sondern darin, einen kritischen Dialog anzuregen. Verweise erscheinen deshalb nicht als Fußnoten, sondern befinden sich am Ende des Buches.

Möglicherweise kommen wir zu keinem übereinstimmenden Ergebnis darüber, wie unsere Zeit richtig einzuschätzen ist. Aber es steht viel auf dem Spiel, und deshalb lohnt sich der Versuch. Wie wir es auch immer betrachten mögen: Unsere Zivilisation ist durch die jetzige Lage der Welt gefährdet. Die Passagiere des Planeten Erde haben eine stürmische Reise vor sich. Unsere Fähigkeit, diese Reise gemeinsam ohne Schiffbruch zu bestehen, hängt davon ab, ob es uns gelingt, unsere Verständnisbereitschaft zu erhöhen und unsere Ängstlichkeit zu verringern. Zu welchen Schlüssen dieser Dialog auch führen mag, die Beteiligung daran wird das dringend benötigte Verständnis fördern.

Erstes Kapitel

Wissenschaftliche Häresie: die Wandlung einer Gesellschaft

Jeder Wandel . . . hat auf einer neuen metaphysischen und ideologischen Basis gefußt oder vielmehr auf tieferen inneren Regungen und Intuitionen, deren rational formulierter Ausdruck sich zu einem neuen Bild des Kosmos und der Natur des Menschen formt.

Lewis Mumford

Es war einmal ein Kaufmannssohn namens Nikolaus Kopernikus, der in einer kleinen Stadt in Polen lebte. Er studierte Recht, Medizin und Mathematik. Bereits in seinen Zwanzigern war er ein international hervorragender Lehrer der Mathematik. Am meisten faszinierten ihn jedoch die komplizierten mathematischen Zusammenhänge der Astronomie . . .

Diese Geschichte kennt jeder. Wir wiederholen sie hier wegen ihres aktuellen Bezuges. *Warum fanden die Ideen des Kopernikus einen solchen Widerhall in ganz Westeuropa? Wie wurden solch gewaltige transformatorische Kräfte in Bewegung gesetzt? Angenommen, es wäre gegenwärtig ein ähnlicher Wandlungsprozeß im Gange – würden wir die Anzeichen dafür erkennen?*

Die kopernikanische Wende

Kopernikus hatte nicht die Absicht, ketzerisch zu sein, geschweige denn eine »Revolution« auszulösen. Er war Kanonikus und Rechtsgelehrter am Dom zu Frauenburg, der nördlichsten katholischen Diözese Polens, widmete jedoch einen Großteil seiner Zeit astronomischen Studien. Je weiter er in seinen Studien voranschritt, desto weniger befriedigte ihn das geltende theoretische System des alexandrinischen Gelehrten Ptolemäus. Dessen Deutung der Himmel war zur damaligen Zeit fester Bestandteil des astronomischen Gedankengutes, geradezu ein Glaubenssatz, der 1400 Jahre lang angewendet und gelehrt worden war. Dieses System war dem Wesen nach geozentrisch und bestand aus dem Firmament als riesiger kugelförmiger Kristallhülle, die sich um die kugelförmige Erde drehte, und zusätzlichen Mechanismen, die Sonne, Mond und Planeten bewegten. Das Modell bestand aus einem komplizierten System von kreisförmigen Umlaufbahnen mit zusätzlichen kreisförmigen Bewegungen, die Epizyklen genannt wurden und die beobachteten Unregelmäßigkeiten in der Bewegung der Planeten erklären sollten. Da die Beobachtungen immer genauer wurden, mußten mehr und mehr Epizyklen hinzugefügt werden, und das ganze Modell war sehr unhandlich geworden. Es eignete sich immer weniger, um damit zukünftige Positionen der Himmelskörper vorauszusagen.

Kopernikus war ein der griechischen Sprache mächtiger Gelehrter; als er in griechischen Schriften nachforschte, fand er in einigen von ihnen ein heliozentrisches Modell. Danach erklärten sich die scheinbaren Bewegungen der Sonne, des Mondes und der Planeten so, daß die Erde sich täglich um ihre Achse drehte und einmal jährlich die fixe Sonne umrundete. Auf den ersten Blick erschien die Vorstellung, daß die Erde sich um die Sonne drehen sollte, absurd; als Kopernikus sie aber auf seine Berechnungen anwendete (wobei er jedoch das Konzept einheitlich kreisförmiger Bewegung beibehielt), war das Ergebnis ästhetisch ansprechender, und das Modell erwies sich im Vergleich mit dem ptolemäischen als wesentlich einfacher.

Zunächst teilte er diese neuen Vorstellungen nur seinem engsten Freundeskreis mit. Unterdessen entwickelte er die Idee weiter und belegte sie mit Diagrammen und mathematischen Berechnungen. Um sein Modell an die astronomischen Beobachtungen anzupassen, mußte er zahlreiche komplizierte Ergänzungen vornehmen. Am Ende war Kopernikus' System zwar eleganter als das des Ptolemäus, aber kaum weniger kompliziert. (Erst Johannes Kepler, ein Zeitgenosse Galileis, ergänzte das Modell durch den Gedanken der elliptischen Umlaufbahn und fand eine wesentlich einfachere Beschreibung für die Gesetzmäßigkeiten der Planetenbewegungen.)

Nach drei Jahrzehnten des Reifens erschien Kopernikus' Werk *Sechs Bücher über die Umläufe der Himmelskörper* schließlich im Jahr 1543, seinem Todesjahr. Die zweite Auflage erschien 1566, und gegen Ende des Jahrhunderts hatte das Buch weitgehende Verbreitung sowohl in den protestantischen als auch in den katholischen Ländern Westeuropas gefunden. Sein Werk stellte nicht nur eine Alternative zum ptolemäischen Modell dar, sondern widersprach in mehreren Punkten sogar direkt Aristoteles' hochgeachteten Ideen. Aristoteles war beispielsweise von der Erde als Fixstern ausgegangen und hatte gelehrt, daß Gegenstände zu Boden fallen, weil das ihr »natürlicher« Platz sei – näher am Zentrum des Universums. Wenn Kopernikus mit seinem Modell recht hatte, dann mußte natürlich eine neue Erklärung für das Fallen von Gegenständen gefunden werden, da die Erde ihre Position nicht beibehielt. (Das Überprüfen dieser Frage führte Newton schließlich zu seinem Gravitationsgesetz.)

In den christlichen Ländern Westeuropas war Aristoteles' Doktrin fast zu einem religiösen Dogma erhoben worden. Manchen erschienen deshalb die neuen Ideen des Kopernikus als Häresie. Für andere, die Aristoteles' Dogma als erdrückend für die intellektuelle Entwicklung empfunden hatten, machte der Bruch mit traditionellen Doktrinen die kopernikanische Theorie noch attraktiver. (In seinem *Dialog über die beiden hauptsächlichen Weltsysteme* [1632] läßt Galilei beispielsweise seine fiktiven Personen unverblümt darüber diskutieren, wie logisch es erscheint, daß die Erde sich bewegt und nicht das Zentrum des Universums ist und daß deshalb Aristoteles' ganze Kosmologie jeglicher Basis entbehre. Die schwache Verteidigung Aristoteles' liegt bei seinem treuen Anhänger Simplicius, dessen loyale Argumentation gnadenlos angegriffen wird.)

Die Auswirkungen der kopernikanischen Ideen waren jedoch noch wesentlich weitreichender. Die Entthronung der Erde als Zentrum des Universums hinterließ einen tiefen Schock. Die Erde konnte nicht länger als Inbegriff der Schöpfung betrachtet werden, denn sie war ein Planet wie alle anderen. Sie war nicht länger der Ort allen Wandels und Verfalls, der von einem sich nicht wandelnden Universum umhüllt wurde. Der Glaube, daß der Mensch als Mikrokosmos das ihn umgebende Universum, den Makrokosmos widerspiegelt, verlor seine Gültigkeit. Genaugenommen war die sich daraus ergebende Folgerung die, daß dem Menschen im Rahmen der Schöpfung vielleicht doch keine so besondere Stellung zukäme. Kopernikus' Ideen wurden in Religion, Philosophie und Sozialtheorien zu einem Hauptthema kontroverser Diskussionen, die den Tenor modernen Denkens setzten. Sie bewirkten einen tiefgreifenden Wandel in den Wertvorstellungen der westlichen Welt. Tatsächlich wurde die kopernikanische Wende eine wirkungsvolle Herausforderung für das gesamte von alters her anerkannte Wertesystem und führte zwangsläufig zu einem völligen Wandel in den philosophischen Theorien über das Universum. Kopernikus' Theorien waren Ketzerei im großen Stil. Letztlich überwog aber die »wissenschaftliche Ketzerei«, und heute blicken wir auf sie zurück als einen zweifelsohne positiven Entwicklungsschritt.

Heute wissen wir, daß der Wandel im Denken, der durch die kopernikanische Entdeckung symbolisiert wurde, über den astronomischen und philosophischen Bereich weit hinausreichte. Er war Teil eines viel umfassenderen Wandels, der die ganze Sichtweise der Welt mit einschloß – eines Wandels, den wir heute als »wissenschaftliche Revolution« bezeichnen. Die »Revolutionäre« betrachteten sich als Kämpfer gegen traditionelle Denkweisen und Erziehungsmodelle. Der ketzerische Aufruhr richtete sich gegen das autoritäre System der Scholastik. Nach der scholastischen Philosophie hatte Gott die Welt erschaffen und lenkte sie zum Wohle des Menschen. Zum Begreifen der Welt gelangte man vor allem durch Zitieren anerkannter philosophischer und bibelkundiger Autoritäten. Das erlangte Wissen sollte in erster Linie dazu dienen, die Sinneserfahrungen in Übereinstimmung mit der geoffenbarten Religion zu bringen. Im Gegensatz dazu war der neue Ansatz empirisch: *Was wahr ist, ist das, was sich durch wissenschaftliche Untersuchungen als wahr belegen läßt. Beobachten und Experimentieren sind der Tradition übergeordnet.*

Im Jahre 1600 *wußte* also jeder gebildete Mann (und die meisten gebildeten Menschen waren Männer), daß die Erde das Zentrum des Kosmos war – der Ort des Wandels, des Verfalls und der Erlösung im Sinne des Christentums – und daß über dieser Erde die Planeten und Sterne kreisten, die als solche rein und unveränderlich waren, aber von irgendwelchen intelligenten oder göttlichen Wesen bewegt wurden und durch ihre Position und ihre Aspekte auch Ereignisse auf der Erde anzeigten und beeinflußten. Hundert Jahre später wußte der ebenfalls christliche Nachfahr dieses Mannes, zum Beispiel sein Urenkel – sofern er nicht in einem von der katholischen Kirche kontrollierten Land lebte –, daß die Erde nur einer von vielen Planeten war, der seine Umlaufbahn um einen von vielen Sternen zog; ein Planet, der unvorstellbare Distanzen zurücklegte und unvorstellbar weit von anderen Planeten entfernt war. All das geschah trotzdem noch unter der Lenkung Gottes, aber mit einem wichtigen Unterschied. Die Sichtweise des ersteren Mannes war *teleologisch*: Das Universum lebt und ist von Sinn durchdrungen; alle Lebewesen sind Teil einer großen Kette des Seins, in der der Mensch zwischen den Engeln und den niederen Tieren steht; alle Ereignisse finden ihre Erklärung in der göttlichen Absicht, die dahinter steht, oder in der Funktion, die sie in einer von Sinn erfüllten Welt haben. Für den Urenkel hingegen ist das Universum grundsätzlich leblos. Zwar wurde es vom Schöpfer erschaffen und in Gang gebracht, aber alle folgenden Ereignisse basierten auf mechanischen Kräften und gesetzmäßigem Verhalten. Der Urgroßvater akzeptierte als vernünftiger Mensch durchaus überwältigende Beweise, daß Zauber wirkt, daß Wunder passieren und daß es Hexen und andere Wesen mit übernatürlichen Kräften gibt; sein Nachfahr tat genauso überzeugt diese Geschichten als Scharlatanerie und Trugbilder ab.

Die wissenschaftliche Revolution stellte einen neuen Weg dar, Wissen zu erlangen und zu begründen. Wissen sollte nicht länger als Alleinbesitz der Priesterschaft gesehen werden, es mußte durch öffentliche Forschung erworben und durch allgemein anerkannte Verfahren belegt werden. Autorität sollte sich an Erfahrungen orientieren, nicht an orthodoxen Glaubenssätzen. Langsam wich die Rolle der »Vorhersehung« den »Naturgesetzen«, nach denen – wie man nun überzeugt war – Gott handelte. Statt aus der »Gnade« Gottes geschehend, verstand man Wandlungen jetzt eher als »Evolution«, »Entwicklungsstufen« und »materiellen Fortschritt«. Die Entwicklung der wissenschaftlichen Methode (von Francis Bacon wirkungsvoll formuliert) sollte der Anhäufung von Wissen dienen, das dann schließlich zur Beeinflussung der physischen Umwelt eingesetzt werden konnte – um so vielleicht die Lebensbedingungen des Menschen auf der Erde zu verbessern. Fortschritte im Bereich der Kunst und der Wissenschaft wurden mit einer Verbesserung der materiellen Bedingungen und mit geistiger Erfüllung *auf der Erde* verbunden, statt auf irgendeine ferne Zukunft im Himmel ausgerichtet zu sein.

An diesem Punkt hörte die Wandlung jedoch nicht auf. Rückblickend können Historiker und Sozialwissenschaftler jetzt feststellen, daß die kopernikanische Zeit einen historischen Wendepunkt darstellte. Davor lagen Jahrhunderte einer Epoche, die wir allgemein als das Mittelalter bezeichnen. Mit

Kopernikus wurden unwiderruflich die Weichen für den Beginn der Neuzeit gestellt. Sicherlich fanden auch während der Zeit des Mittelalters Veränderungen in der Gesellschaft statt. Die Veränderungen in den einzelnen Teilen Europas waren sehr unterschiedlich. Außerdem gab es zur Zeit der wissenschaftlichen Revolution auch andere kritische Entwicklungen – zum Beispiel die protestantische Reformation oder die wirtschaftliche oder kapitalistische Revolution. Darüber hinaus unterscheiden sich ja auch die modernen Zeiten Ende der achtziger Jahre des 20. Jahrhunderts von denen der fünfziger oder zwanziger Jahre. Sich eine bestimmte Zeitspanne herauszupicken, in der sich ein außerordentlicher Wandlungsprozeß vollzogen hat, ist also ziemlich künstlich. Trotzdem ist an der Idee des Wendepunktes etwas dran. Die Neuzeit *ist* grundsätzlich anders als das Mittelalter (so wie das Mittelalter sich wiederum vom Römischen Reich unterscheidet). Der Hauptunterschied besteht in der zugrunde liegenden Sicht der Realität.

Lewis Mumford beschäftigte sich mit dem Thema des fundamentalen sozialen Wandels in einem vor etwa dreißig Jahren erschienenen Büchlein mit dem Titel *The Transformations of Man* (1956). Irgendeine Art von Wandel findet natürlich ständig statt, und doch scheint es bestimmte Zeitabschnitte in der Geschichte zu geben, in denen die Gesellschaft einen noch fundamentaleren Wandel durchlebt, der alle ihre Institutionen und sogar noch grundlegendere Aspekte ihrer Kultur erfaßt. Mumford stellt die These auf, daß es in der gesamten Geschichte der westlichen Zivilisation nur vier oder fünf solcher »Transformationen« gegeben habe. Die letzte sei diejenige gewesen, die das Ende des Mittelalters kennzeichnete.

Mumford stellt fest, daß »jeder Wandel des Menschen ... auf einer neuen metaphysischen und ideologischen Basis gefußt hat oder vielmehr auf tieferen inneren Regungen und Intuitionen, deren rational formulierter Ausdruck sich zu einem neuen Bild des Kosmos und der Natur des Menschen formt«. Dreht man diese Äußerung um, so ist das wesentliche Merkmal der Transformation ein Wandel auf der tiefsten Ebene der sozialen Struktur. Jede uns bekannte Gesellschaft ruht auf einer Reihe von meistens stillschweigend akzeptierten Grundannahmen darüber, *wer wir sind, in welcher Art von Universum wir leben und was uns wirklich wichtig ist.*

Einige dieser Grundannahmen bilden die Basis für Institutionen und Sitten, für Denkmuster und Wertesysteme, die eine Gesellschaft charakterisieren.

Typisch für sie ist, daß sie nicht ausformuliert oder gelehrt werden, weil das auch gar nicht nötig ist – jeder Mensch, der in diese Gesellschaft hineingeboren wird, verinnerlicht sie wie durch Osmose. Sie werden als gegeben angenommen, als offensichtlich wahr betrachtet – und im Verlauf der ganzen Geschichte fast nie in Frage gestellt.

Ein von Thomas Kuhn in seiner Studie *Die Struktur wissenschaftlicher Revolutionen* (1973) geprägter Begriff wurde oft (manchmal recht locker) verwendet, um vom sozialen Wandel als »Paradigmenwechsel« zu sprechen. Wenn er in diesem Zusammenhang gebraucht wird, bezieht sich der Begriff »Hauptparadigma« für eine Gesellschaft auf die *grundlegende Art der Wahrnehmung, des Denkens, Wertens und Tuns, verbunden mit einer bestimmten Sichtweise der Wirklichkeit.* Das Weltbewegende an der kopernikanischen Wende war, daß sich die *grundlegende Sichtweise der Wirklichkeit* verschob; mit dieser Verschiebung wandelte sich auch »die grundlegende Art der Wahrnehmung, des Denkens, Wertens und Tuns« – durch diesen Wandel wurde die Neuzeit angekündigt.

Ein Anfang des 17. Jahrhunderts lebender Mensch hätte zum Beispiel die sich aus diesem Paradigmenwechsel ergebenden Konsequenzen kaum vorhersagen können – wenn er überhaupt fähig gewesen wäre zu erkennen, daß eine solche Verschiebung im Glaubenssystem stattfand. Er konnte bestenfalls hoffen, einige grobe Charakteristika der neuen Gesellschaft aufzuzeigen. Gleichermaßen können wir, falls sich gegenwärtig ebenfalls ein solcher Wandel vollzieht, diese Tatsache erkennen und einige Charakteristika der Gesellschaft für die Zeit nach dem Wandel voraussagen. Schon allein das könnte jedoch sehr nützlich sein und ist das Anliegen dieses Buches.

Anzeichen für den Paradigmenwechsel

Welche Art von Beweisen könnte einen solch ausgefallenen Vergleich, wie er in dem Begriff *zweite* kopernikanische Wende enthalten ist, rechtfertigen, oder was könnte uns an »eine *neue* Ketzerei« denken lassen, die die Welt ebenso stark beeinflussen könnte, wie die »wissenschaftliche Ketzerei« es einst tat? Wir wollen diese Frage hier vorläufig beantworten und in späteren Kapiteln dann genauer auf das Thema eingehen.

1981 erhielt Roger Sperry vom *California Institute of Technology* den Nobelpreis in Physiologie und Medizin für seine Studien über »split-brain«-Patienten. Sperry stellte umfangreiche Untersuchungen bei Patienten an, deren Gehirnhälften durch Abtrennung des beide Hälften verbindenden Corpus Callosum keine Verbindung mehr miteinander hatten. Er fand heraus, daß die rechte und die linke Gehirnhälfte sehr unterschiedliche Funktionen haben. (Sicher sind die Unterschiede nicht so groß wie der Mythos vom »linken und rechten Gehirn« aus der Populärpsychologie vermuten ließe, aber dennoch sind sie erheblich.) Ergänzend zu der ihm zuteil gewordenen Ehrung wurde Sperry 1981 eingeladen, den Leitartikel in der *Annual Review of Neuroscience* (Jahreszeitschrift für Neurowissenschaften) zu schreiben.

Der Leitartikel in einer Jahreszeitschrift gibt, wie sich schon aus dem Titel der Zeitschrift schließen läßt, normalerweise einen Überblick über die Forschungsergebnisse des vergangenen Jahres und macht unverhohlene Andeutungen, daß viel mehr erreicht werden könnte, wenn mehr Mittel für Forschung zur Verfügung stünden. Sperrys Artikel mit dem Titel *Changing Priorities* (Wechsel der Prioritäten) wich vom traditionellen Muster ab. Er schrieb über die Bedeutung des bis dahin vernachlässigten Bereichs der subjektiven Erfahrungen und stellte in diesem Bereich eine bedeutende Entwicklung fest, die er folgendermaßen beschrieb:

> Die gegenwärtigen Vorstellungen von der Beziehung zwischen Geist und Gehirn stellen einen völligen Bruch mit der althergebrachten materialistischen und behavioristischen Doktrin dar, die jahrzehntelang die Neurowissenschaft beherrschte; statt das Bewußtsein abzulehnen oder zu ignorieren, wird in dieser neuen Interpretation die Vorrangigkeit des inneren Bewußtseins als kausale Realität voll anerkannt.

Wahrscheinlich stimmen nicht alle von Sperrys Kollegen mit ihm überein, und sicher ein großer Teil der übrigen Wissenschaftler ebenfalls nicht. In den nachfolgenden Kapiteln werden wir uns damit beschäftigen, welche Beweise wir zur Bekräftigung dieser Aussage anführen können. Lassen Sie uns für den Moment annehmen, daß sie zutrifft. Wie revolutionär ist doch dieser Gedanke, daß die Wissenschaft plötzlich das Bewußtsein *als kausale Realität* anerkennen könnte.

In der Geschichte der meisten Wissenschaften gründeten sich wissenschaftliche Forschungen und Theorien stets auf eine sowohl *reduktionistische* als auch *positivistische* Metaphysik. Das heißt, daß die Wissenschaftler alle Phänomene anhand elementarer Abläufe zu erklären suchten (Farbe wurde zum Beispiel durch verschiedene Wellenlängen erklärt, Gasdruck durch die Bewegung der Gasmoleküle); real (oder zumindest diskutierbar) ist das, was *meßbar* ist, also das, was die physischen Sinne entweder direkt oder mit Hilfe wissenschaftlicher Instrumente wahrzunehmen imstande sind.

Diese einseitige Sichtweise erwies sich für viele Zwecke als äußerst nützlich, insbesondere um wissenschaftliche Erklärungen von präwissenschaftlichen Interpretationen, wie etwa göttliche Launen oder der Einwirkung göttlicher Gnade, abzugrenzen oder von solchen »natürlichen Tendenzen« wie dem Bestreben von Körpern, sich dem Zentrum des Universums zu nähern, oder der Abneigung der Natur gegen ein Vakuum.

Kennzeichen der Verhaltenswissenschaft (Behaviorismus) in den fünfziger Jahren war, daß nur direkt meßbare Verhaltensweisen und Kräfte (Stimuli) wissenschaftlich relevant waren – der Bereich der subjektiven Erfahrungen konnte nur anhand dieser äußerlich beobachtbaren Phänomene in die Diskussion mit einbezogen werden. Wissenschaftlich gesehen beschränkt sich deshalb die Erforschung des Bewußtseins auf Verhaltensweisen (wie Wahrnehmung oder Reaktion), die außerhalb des Organismus feststellbar waren. Frühe Ansätze, sich mit der bewußten inneren Wahrnehmung an sich auseinanderzusetzen (also mit Introspektion), wurden abgelehnt. Hartgesottene Behavioristen behaupteten, daß es unmöglich sei, verläßliche wissenschaftliche Aussagen aufgrund von Berichten über subjektive innere Erfahrungen zu machen (wie es die Phänomenologen und Gestaltler versucht hatten).

Mitte des Jahrhunderts zeichnete sich die Vorliebe für behavioristische Wissenschaft besonders in den Vereinigten Staaten deutlich ab. Dennoch bestand sowohl bei Wissenschaftlern als auch Nichtwissenschaftlern weiterhin der leise

Verdacht, daß etwas Wichtiges unbeachtet blieb. Letztlich ist unsere einzige *direkt* erfahrene Realität die unserer bewußten Wahrnehmung. Eine Wissenschaft, die anscheinend das Bewußtsein als kausale Realität völlig ignorierte, wo doch tägliche Erfahrungen immer wieder zu bestätigen schienen, daß es meine *Entscheidung* zu handeln ist, die Handlung hervorbringt, hatte etwas sehr Unnatürliches.

Andere Standpunkte, die man einzunehmen gezwungen war, wenn man mit der hochgestochenen aber vorherrschenden wissenschaftlichen Sichtweise in Einklang sein wollte, fühlten sich ebenso unnatürlich an. Wenn man das Gehirn als real akzeptierte und die bewußte Wahrnehmung als »Epiphänomen«, stellte sich ernsthaft die Frage: »Existiert der menschliche Geist?« Die komplexen Ergebnisse kreativer Imagination basierten angeblich auf vom Computer »Gehirn« zufällig hervorgebrachten Ergebnissen in Verbindung mit einer Art von Auswahl des »am besten Geeigneten«. Wir sollten glauben, daß die komplexen instinktiven Verhaltensweisen der Tiere und so komplexe physiologische Systeme wie die beiden Augen, die uns räumliches Sehen ermöglichen, entwicklungsgeschichtlich nur das Ergebnis von Zufallsmutationen und natürlicher Selektion seien.

Außerdem gab es »Anomalien«, die den Menschen immer wieder daran erinnerten, daß es mit der orthodoxen wissenschaftlichen Weltsicht nicht so ganz zum besten stand. Jahrhundertelang hatte es immer wieder Berichte über außergewöhnliche Phänomene wie Hellsehen, Telepathie, Levitation, Teleportation, »spontane« Geistheilung und andere übersinnliche Phänomene gegeben. Verschiedene Erklärungen dafür, warum diese Berichte wahrscheinlich falsch seien, wurden angeboten. Berühmte, kompetente Wissenschaftler machten sich für die eine oder andere der beiden Seiten stark. Vor einem halben Jahrhundert schien ziemlich klar, daß trotz der Behauptung einiger Personen, die sich mit parapsychologischer oder »übersinnlicher« Forschung beschäftigten, die informierte und gebildete Öffentlichkeit sich sicher war, daß der wissenschaftliche Fortschritt nach und nach eine plausible und natürliche Erklärung für diese Phänomene finden würde.

All diesen ungewöhnlichen, übersinnlichen Phänomenen war gemein, daß der *Geist* offensichtlich Einfluß auf die physische Welt nahm – entweder direkt, wie in den überlieferten Fällen spontaner Heilung, oder indirekt, wie bei angenommener telepathischer Kommunikation. Dasselbe galt jedoch auch für alltägliche, ganz normale Phänomene. Ich beschließe, meinen rechten Arm zu heben und – oh Wunder! – er hebt sich wirklich. Die Einstellung der Arbeit gegenüber führt zu Anspannung und Streß, und das Ergebnis ist ein Magengeschwür. Patienten, denen man sagt, eine bestimmte Pille – in Wirklichkeit schlichter Zucker – habe eine heilende Wirkung, erleben oft ein Verschwinden der Krankheitssymptome (den Plazeboeffekt). Auf der Basis unserer tagtäglichen Erfahrungen wäre es sehr eigenartig und unnatürlich, würden wir bestreiten wollen, daß das, was sich in unserem Geist abspielt, unser Handeln beeinflußt. Mehr als eine Generation von Studenten sind jedoch in ihrer Eigenschaft als spätere *Wissenschaftler* darauf trainiert worden, diese Tatsachen zu bestreiten.

Erst im Lichte dieser jahrzehntelangen *Ablehnung* der kausalen Realität des Bewußtseins erhält Roger Sperrys Äußerung ein solches Gewicht. Sie beinhaltet eine ähnliche revolutionäre Aussage wie damals Kopernikus' Theorien, nachdem vorher jahrhundertelang bestritten worden war, daß die Erde, als angeblicher Mittelpunkt des Universums und Brennpunkt des göttlichen Interesses, sich bewegen könne.

So wie die kopernikanische Wende in dem sicher stark vereinfachten Satz »Die Erde dreht sich um die Sonne« zusammengefaßt wurde, so läßt sich die »zweite kopernikanische Wende« unter »Bewußtsein als kausale Realität« resümieren.

Sobald wir jedoch »innere bewußte Wahrnehmung als kausale Realität« akzeptieren, läßt uns das sofort an Freuds beharrliche Behauptung denken, daß unbewußte Prozesse in bezug auf unser Verhalten ebenfalls kausal wirken. Der brauchbarste Ausgangspunkt für die Beurteilung dessen, wie und in welchem Maße diese neuen Faktoren die Dinge verändern werden, ist für uns der Gedanke der *unbewußten Glaubenssätze.*

Unbewußte Glaubenssätze

Diese unbewußten Glaubenssätze und das Maß, in dem sie unsere Wahrnehmung aller äußeren – und auch inneren – Dinge formen und verzerren können, sind so eminent wichtig zum Verständnis des allgemeinen Umdenkprozesses, daß wir einen kleinen Exkurs machen wollen, um das Konzept der Glaubenssätze näher zu beleuchten.

Jeder Mensch hat eine Reihe von Glaubenssätzen, mit Hilfe derer er seine Erfahrungen – sein Geschichtsbild, seine Vorstellung von Dingen, sein Bild von der Zukunft, davon, was wertvoll ist oder was man zu tun hat – ordnet. Weniger augenfällig ist vielleicht, daß wir sowohl bewußte als auch unbewußte Glaubenssätze haben. (Es gibt viele verschiedene Ansätze, mit denen versucht wurde, die Abläufe und Inhalte des Bewußten und Unbewußten zu erfassen. In der folgenden Diskussion haben wir einen Ansatz gewählt, der überzeugend und gleichzeitig weitgehend frei von psychologischem Jargon ist. Es handelt sich um das von dem Psychologen Milton Rokeach in *The Open and Closed Mind* [1960] verwendete Konzept des bewußten und unbewußten *Glaubenssystems.*) Ein Mensch mag sich nicht darüber im klaren sein, daß er solche unbewußten Glaubenssätze hat, aber man kann aus seinem Verhalten Rückschlüsse auf sie ziehen – aus Versprechern, Zwangshandlungen, Körpersprache und so weiter. Ein aus der Psychotherapie bekanntes Beispiel ist der unbewußte Glaube an die eigene Unfähigkeit und Minderwertigkeit. Auf bewußter Ebene mag die Person sich, zumindest die meiste Zeit, fähig und gleichwertig fühlen; unter gewissen Umständen zeigen jedoch das Verhalten, die Körperhaltung usw., daß sie sich unbewußt vielleicht ganz anders fühlt.

Deswegen können wir einem Menschen das, was er von sich annimmt, nicht unbesehen glauben. Er mag uns wissentlich täuschen, oder er rationalisiert Dinge und weiß gar nicht, was sein Innerstes glaubt. Die unbewußten Glaubenssätze eines Menschen müssen wir aus allem, was er sagt und tut, schließen. Das gilt für uns selbst genauso wie für andere. Wir *wissen nicht,* was wir unbewußt glauben, aber es ist sicherlich nicht das, was wir bewußt zu glauben glauben.

Das *Glaubenssystem* eines Menschen besteht aus einer Reihe von Glaubenssätzen und Erwartungen, die dieser Mensch von der Welt, in der er oder sie lebt, als gegeben annimmt – verbale und nonverbale, implizite und explizite, bewußte und unbewußte.

Das System von Glaubenssätzen muß nicht logisch in sich geschlossen sein; das ist es wahrscheinlich nie. Es kann verschiedentlich unterteilt sein und Glaubenssätze beinhalten, die logisch im Widerspruch stehen, die aber normalerweise nicht gleichzeitig ins Bewußtsein treten. Unbewußt wehrt der Mensch jegliche Tatsachen ab, die solche inneren Widersprüche enthüllen könnten. Diese Entscheidung, etwas *nicht* ins Bewußtsein treten zu lassen, ist wohlgemerkt unbewußt. Wir *wählen* genauso unbewußt, wie wir glauben.

Wir können uns das Glaubenssystem als aus mehreren »konzentrischen« Bereichen oder Schalen bestehend vorstellen. Im äußersten Bereich finden wir dem Bewußtsein relativ leicht zugängliche und deshalb auch leicht – zum Beispiel durch Erziehung – zu ändernde Glaubenssätze. Schon tiefer in das System eingebettet sind Glaubenssätze im mittleren Bereich, die weniger zugänglich und deshalb schwieriger zu ändern sind. Die Psychotherapie arbeitet mit einigen dieser unbewußten Glaubenssätze aus dem mittleren Bereich (zum Beispiel Beurteilungen eines »verinnerlichten« Elternteils). In diesem mittleren Bereich finden wir Glaubenssätze über das Wesen der Autorität (zum Beispiel darüber, ob ich meiner eigenen Erfahrung traue oder ob ich die Meinung einer externen Autorität annehme). Im innersten Kern des Glaubenssystems finden wir unbewußte Grundannahmen über das Wesen des Selbst und seine Beziehung zu anderen, sowie über das Wesen des Universums. Bezeichnenderweise verbringt ein Mensch den größten Teil seines Lebens, ohne daß sich diese grundlegenden Glaubenssätze wesentlich verändern. Findet eine solche Veränderung jedoch statt, so ist sie meistens mit einem für den Menschen sehr stressigen Lebensabschnitt verbunden.

Die Glaubenssätze erfüllen gleichzeitig zwei starke, diametral entgegengesetzte Aufgaben. Einerseits befriedigen sie das Bedürfnis nach einem kognitiven Rahmen für die Beurteilung neuer Erfahrungen – das Bedürfnis zu wissen, zu verstehen und entsprechend zu handeln; andererseits das Bedürfnis, bedrohliche Aspekte der Realität abzuwehren. Unsere Glaubenssysteme sind unsere Art, aus dem Rohmaterial an Erfahrungen etwas Sinnvolles zu machen. Sie können jedoch bei Bedarf auch eine gemachte Erfahrung verzerren, um die Illusion von Ordnung aufrechtzuerhalten – wie beispielsweise dann, wenn wir ein Ereignis »vergessen«, das nicht »paßt«. (Das Unterdrücken früher Kindheitserinnerungen an ein traumatisches Erlebnis ist dafür ein bekanntes Beispiel).

Ein Glaubenssystem kann insofern *offen* sein, als neue Daten eindringen und bestehende Glaubenssätze beeinflussen können. Ein Mensch kann für neue Informationen durchaus zugänglich sein, er wird die Informationen aber in dem Maße unbewußt zurückweisen, ausblenden oder entsprechend abändern, wie es nötig ist, um Bedrohungen und Ängste abzuwehren. Die Psyche kann, wenn sie geschlossen ist, das Bild der äußeren Welt verzerren und soweit reduzieren, daß dieser Schutz gewährleistet bleibt und dabei trotzdem die Illusion aufrechterhalten wird, die Welt zu verstehen. Je geschlossener das Glaubenssystem ist, desto mehr ist es als fest gewobenes Netz kognitiver Verteidigungsmechanismen gegen Ängste zu verstehen, das eine verwundbare Psyche schützen soll.

Wie bereits erwähnt, glauben wir nicht nur unbewußt, sondern wir wählen auch unbewußt. Das wird ganz besonders deutlich, wenn wir an die unterschwellige Wahrnehmung denken. Ein Beispiel für dieses bekannte Phänomen ist ein Bild, das so kurz auf eine Leinwand projiziert wird, daß der Person gar nicht bewußt ist, daß sie etwas gesehen hat. Durch eine körperliche Reaktion (wie beispielsweise eine Veränderung in der elektrischen Leitfähigkeit der Haut, die auf eine emotionale Reaktion hindeutet, oder ein »ereignisbezogenes Potential« im Gehirn, das auf Überraschtsein hindeutet) oder eine psychische Reaktion (beispielsweise beeinflußte freie Assoziation) wird deutlich, daß die Person das Bild auf unbewußter Ebene tatsächlich wahrgenommen, seine Bedeutung analysiert und eine entsprechende Reaktion »gewählt« hat.

Wir hätten gar nicht ins Labor gehen müssen, um ein solches Beispiel zu finden. Unbewußte Wahl finden wir auch im täglichen Leben. Ich kann mich beispielsweise bewußt entscheiden, eine bestimmte Handlung auszuführen, die im Widerspruch zu den unbewußten, mir womöglich bereits in frühester Kindheit eingepflanzten Glaubenssätzen steht, wonach diese Handlung *schlecht* ist. Als Ergebnis eines unbewußten Auswahlprozesses wird dem Bewußtsein dann ein Gefühl übermittelt – ein Gefühl, das wir als »Schuldgefühl« bezeichnen. Aus noch einem anderen Teil des Bewußtseins, der tiefsten Intuition, steigt vielleicht eine weitere Entscheidung auf: die, den Konflikt aufzulösen und sich der Schuldgefühle zu entledigen. Das ist nur ein Beispiel für eine eher allgemeine Beobachtung, nämlich, daß normalerweise der Mensch psychologisch gespalten ist. Während das Bewußtsein eine Reihe von Entscheidungen trifft, treffen andere Teile des Bewußtseins, die sich der bewußten Wahrnehmung entziehen, andere Entscheidungen. (Ein etwas altmodischer Terminus bezeichnet den Menschen, der diese verschiedenen Teile weitgehend in ein Ganzes integriert hat und so zu konfliktfreien Entscheidungen fähig ist, als *integren Menschen*).

Es gibt wenig Erkenntnisse in den Sozialwissenschaften, die so allgemein anerkannt sind wie die Tatsache, daß der größte Teil unserer gesamten mentalen Aktivitäten sich außerhalb der bewußten Wahrnehmung abspielt: *Wir glauben, werten, wählen und wissen ebenso unbewußt wie bewußt.* Außerdem werden unsere Wahrnehmungen, Wertvorstellungen, unsere Einstellung und unser Verhalten wesentlich stärker von dem beeinflußt, was sich im Unterbewußtsein abspielt, als von dem, was dem Bewußtsein leicht zugänglich ist. Obwohl diese Tatsache heute hinreichend publik gemacht wird, leben, denken und verhalten wir uns bezeichnenderweise so, daß wir die sich aus dieser Tatsache ergebenden zahlreichen Konsequenzen nicht ernst nehmen. (Stellen Sie sich vor, wie anders wir das Erziehungswesen sehen würden, wenn wir dieses Faktum ernst nähmen!)

Die Art und Weise, in der wir die Realität wahrnehmen, wird stark von unbewußt vorhandenen Glaubenssätzen beeinflußt. Die aus der Psychotherapie bekannten Phänomene der Ablehnung und des Widerstandes illustrieren, wie gründlich wir bei Dingen wegschauen, die bedrohlich für unsere inneren Bilder sind, wenn sie mit tief verinnerlichten Glaubenssätzen in Konflikt geraten. Untersuchungen über Hypnose, Selbsterwartungen und Erwartung des Versuchsleiters, Autoritätsgläubigkeit und Vorurteile, unterschwellige Wahrnehmung und selektive Aufmerksamkeit haben immer wieder ergeben, daß unsere Wahrnehmungen und »Realitätsüberprüfungen« wesentlich stärker als gemeinhin angenommen von Glaubenssätzen, Einstellungen und anderen mentalen Prozessen, die größtenteils unbewußt ablaufen, beeinflußt werden. Wir nehmen das wahr, was wir erwarten, was uns wahrzunehmen suggeriert wurde, was wir wahrnehmen »müssen« – und das Ganze in einem Maße, daß wir erschrekken würden, wäre es uns bewußt. Dieser Einfluß der Glaubenssätze auf die Wahrnehmung wird intensiviert, wenn viele Menschen das gleiche glauben. Kulturanthropologen haben eingehend belegt, daß Menschen, die in unterschiedlichen Kulturen leben, tatsächlich eine unterschiedliche Wirklichkeit wahrnehmen.

Was uns die Hypnose lehrt

Das Phänomen der Hypnose zeigt uns auf besonders deutliche Art und Weise, wie Veränderungen in den unbewußten Glaubenssätzen – in diesem Fall durch Suggestion hervorgerufen – die Wahrnehmung und die Erfahrungen wandeln können. Durch die Suggestion des Hypnotiseurs kann beispielsweise der Hypnotisierte dazu gebracht werden, ein Objekt oder eine Person wahrzunehmen, die vom Standpunkt eines Zuschauers aus gesehen in Wirklichkeit gar nicht vorhanden ist. Oder aber der Hypnotisierte kann dazu gebracht werden, etwas nicht zu sehen, was *da ist.* Die Suggestion einer soliden Mauer kann für den Hypnotisierten so wirklich werden, daß er sich seine Faust verletzt, wenn er »dagegenschlägt«. Die Suggestion, daß ein auf den Handrücken der Versuchsperson gelegter Bleistift aus heißglühendem Eisen ist, hinterläßt dort echte Verbrennungsspuren. Wenn der Hypnotisierte die Suggestion annimmt, daß er ein leichtes Objekt nicht hochheben kann, ist er dazu auch wirklich nicht in der Lage. Andererseits kann eine positive Suggestion dazu führen, daß der Körper Leistungen zu vollbringen vermag, zu denen er unter normalen Umständen nicht fähig wäre – beispielsweise eine feste Brücke zwischen zwei Stühlen zu bilden oder ein schweres Gewicht hochzuheben.

Eine der überzeugendsten und doch leicht zugänglichen Erfahrungen zur Bekräftigung dieser Tatsache ist ein Feuerlaufseminar. Seit diese Seminare Anfang der achtziger Jahre in den USA und Europa eingeführt wurden, haben viele Tausende von Menschen den Feuerlauf ausgeführt, der allem widerspricht, was man normalerweise erwarten sollte, wenn lebendes Fleisch mit Feuer in Kontakt kommt. Der Kern dieser Erfahrung ist, daß aus einem Holzfeuer ein glattes Bett aus glühender Holzkohle vorbereitet wird und die Teilnehmer, nachdem sie die Suggestion verinnerlicht haben, sie würden sich nicht verletzen, barfuß über die Kohlen laufen. Diese Seminare sind mit Gruppen von wenigen bis mehreren hundert Teilnehmern durchgeführt worden. Für gewöhnlich läuft jeder Teilnehmer tatsächlich über die Kohlen, und für gewöhnlich bleiben alle unverletzt. Und doch sind die Kohlen heiß (650°–750° Celsius), heiß genug, um sich die Fußsohlen ohne die schützende Suggestion kräftig zu verbrennen. Skeptiker haben behauptet, daß es eine »physische« Erklärung dafür gibt, wie beispielsweise die geringe Hitzeleitfähigkeit von Holzkohle, eine isolierende Ascheschicht oder den »Leidenfrost-Effekt« einer dünnen Schicht von verdampftem Schweiß. Unabhängig davon, welches der Mittlereffekt ist, die Tatsache bleibt bestehen, daß die Teilnehmer, wenn sie den unbewußten Glauben, daß brennende Kohlen die Füße verbrennen, ablegen, vor Verletzung geschützt sind; wird die Suggestion rückgängig gemacht, können schwerwiegende Verbrennungen dritten Grades das Ergebnis sein. Die Erfahrung ist so eindrucksvoll, weil jeder Zweifler das schmerzhafte Ergebnis zu spüren bekommt, wenn er den Glaubenssatz wieder ändert.

Der Schluß, den wir ziehen wollen, ist von keinerlei Beweisen abhängig; es ist also völlig unnötig, das Phänomen des Feuerlaufens wegdiskutieren zu wollen. (Einige Skeptiker haben hartnäckig behauptet, daß es gar nicht notwendig sei zu glauben, daß das Feuer einen nicht verletze; es genüge, fest daran zu glauben, daß man nicht daran glauben müsse! Die möglichen »Erklärungen«, die regelmäßig in den Medien und in der wissenschaftlichen Literatur angeboten werden, sind etwa das gleiche wie die Epizyklen, die dem ptolemäischen Modell hinzugefügt wurden – sie bieten dem Erklärenden Trost, tragen aber wenig zum wirklichen Verständnis der Sache bei.) Die grundlegende Tatsache, deren Konsequenzen gleichzeitig »stark« und »stärkend« sind, ist, daß unsere Wahrnehmung der Realität in erheblichem Maße von unseren verinnerlichten Glaubenssätzen beeinflußt wird. Unsere Glaubenssätze andererseits werden von dem beeinflußt, was wir als Realität erfahren – und was meistens die Glaubenssätze wiederum verstärkt. Wenn das nicht der Fall ist, fühlen wir uns für gewöhnlich sehr unwohl – und sind vielleicht dabei, etwas Wertvolles zu lernen!

Jeder von uns ist von Kindheit an durch das soziale Umfeld, von dem wir lernen, wie wir diese Welt wahrzunehmen haben, einer Vielzahl von Suggestionen ausgesetzt. Gelegentlich, insbesondere in der frühen Kindheit, machen wir Erfahrungen, die dieser kulturellen Norm nicht entsprechen – letzten Endes »korrigieren« wir dann aber während des Sozialisierungsprozesses diese Wahrnehmungen und hören auf, von der Norm Abweichendes zu erfahren. So wird jeder einzelne von uns von Kindheit an buchstäblich *hypnotisiert*, die Welt *so* wahrzunehmen, wie alle anderen in unserer Kultur.

In der modernen Welt geht diese »Kulturhypnose« so weit, daß wir eine Welt erleben, in der »wissenschaftliche Gesetze« immer befolgt werden – während in anderen, »primitiveren« Kulturen eine »Verletzung« dieser Gesetze recht häufig vorkommen kann. Das eben erwähnte Phänomen beispielsweise, daß innere Glaubenssätze so weit verändert werden können, daß Menschen ungestraft barfuß über glühende Kohlen laufen, läßt sich seit Jahrhunderten in verschiedenen älteren Gesellschaften nachweisen. In einigen Fällen stehen dort Menschen sogar eine halbe Stunde oder länger auf den Kohlen oder schütten sich einen glühenden Kohlenregen über den Kopf.

In einigen »primitiven « Gesellschaften wird zur Überbrükkung räumlicher Entfernungen »Hellsehen« regelmäßig angewandt (um Vieh, das sich aus dem Gesichtsfeld entfernt hat, aufzuspüren, oder um zu erkunden, ob bei entfernt wohnenden Verwandten alles in Ordnung ist). In unserer modernen Gesellschaft wurde im allgemeinen das Phänomen des »Hellsehens« als physische Unmöglichkeit abgetan. Wie soll man schließlich »sehen« können, was in Hunderten oder Tausenden von Kilometern Entfernung vor sich geht? Und doch haben seit einigen Jahren – seit das Interesse an diesem Phänomen erwacht ist, weil man hofft, es für militärische Zwecke nutzen zu können – die sowohl in den Vereinigten Staaten als auch in der Sowjetunion ausgeführten Forschungen positive Ergebnisse erbracht.

Berichte vom indischen Subkontinent über die außergewöhnliche Fähigkeit von Yogis, Körperabläufe willentlich zu beeinflussen, trafen so lange auf beträchtliche Skepsis, bis durch das Biofeedback-Training bewiesen wurde, daß wir alle die potentielle Fähigkeit besitzen, Gehirnwellen, Kreislauf, Herzschlag und ähnliches in wesentlich stärkerem Maße zu beeinflussen als bisher angenommen.

Diese verschiedenen Beispiele verdeutlichen die Schwierigkeit festzustellen, bis zu welchem Grad die von uns wahrgenommene »Realität« auf unserer kulturellen Hypnose beruht. Wir neigen dazu, es eigenartig zu finden, daß andere »primitive« oder »traditionelle« Kulturen die Realität *so* wahrnehmen, wie sie es tun – und daß sich ihre Sichtweise so eklatant von der modernen wissenschaftlichen Weltsicht unterscheidet. Es ist schwieriger, sich mit dem Gedanken anzufreunden, daß wir in der modernen westlichen Welt bei der

Wahrnehmung unserer Umgebung wohl ebenfalls unsere kulturellen Eigenheiten haben – daß unsere Wirklichkeit auf ihre Weise vielleicht ebenso begrenzt ist, wie die des Mittelalters uns heute erscheint. Da die westliche Wissenschaft das »beste« je erdachte Wissenssystem ist, scheint es uns vernünftig, unsere Werte als »normal«, unsere Vorlieben als »natürlich« und die von uns wahrgenommene und gemessene Welt als »real« anzusehen.

Langsam beginnen wir zu begreifen, daß der Vergleich zwischen unserer und der kopernikanischen Zeit vielleicht gar nicht so weit hergeholt ist, wie es zunächst erschien. Für einen im frühen 17. Jahrhundert lebenden Menschen war es nicht gerade angenehm, Informationen in sein persönliches Glaubenssystem aufzunehmen, die die traditionellen Glaubenssätze in Frage stellten – selbst wenn diese Glaubenssätze einige Unebenheiten aufwiesen, die man glätten mußte. Es war schwierig, herausfordernde Informationen zu »sehen«, da das alte Glaubenssystem ja ein zusammenhängendes Bild der Welt darbot, ein Bild, das *funktionierte.* Ebensowenig ist es für manche von uns im späten 20. Jahrhundert angenehm, die Beschränktheit unseres vorherrschenden Glaubenssystems zu erkennen (selbst wenn es auf der besten verfügbaren Wissenschaft beruht). Es ist schwierig für uns, Beweise zu »sehen«, die nicht in unser Bild passen und die darauf schließen lassen, daß die konventionelle Weltanschauung vielleicht dabei ist, sich grundlegend zu ändern. Trotz unseres Unbehagens ist es nötig, diese Möglichkeit in Betracht zu ziehen.

Zweites Kapitel

Bewußtsein als kausale Realität

Jüngste konzeptionelle Entwicklungen in der Erforschung von Geist und Gehirn, die Reduktionismus und mechanistischen Determinismus einerseits und Dualismus andererseits ablehnen, ebnen den Weg für einen rationalen Ansatz in der Theorie und Festsetzung von Werten und für eine natürliche Verbindung von Wissenschaft und Religion.

Roger Sperry

Es mag vielleicht erstaunen, daß es eine solche Neuerung ist, das Bewußtsein als »kausale Realität« zu betrachten. Passiert es nicht ständig, so fragt man sich, daß eine *innere Entscheidung* zu handeln etwas in der objektiven Welt *auslöst*? Natürlich ist das Bewußtsein eine kausale Realität, so denkt man. Wie könnte man jemals anderer Meinung darüber gewesen sein?

Die Entstehung der wissenschaftlichen Weltsicht

Wir sollten uns ins Gedächtnis rufen, wie die Wissenschaft, so wie wir sie kennen, entstanden ist. Die moderne Sichtweise der Welt, die sich im 17. Jahrhundert zu entwickeln begann, resultierte aus der Auflehnung dessen, was damals als gesunder Menschenverstand angesehen wurde, gegen ein Denksystem, das man abzulehnen begann. Die neue Sichtweise war ein Glaubensbekenntnis an die Sinne als Gegensatz zum spekulativen Denken und an die sichtbare Welt als Gegensatz zur unsichtbaren. Sie betonte (als Reaktion gegen die Autorität des Scholastizismus) das Empirische und (als eine bessere Erklärung als die »spirituellen Kräfte« des Mittelalters) das Reduktionistische. Es waren auch genügend Gründe vorhanden, um das Objektive, das allen sichtbar ist, vom Subjektiven zu unterscheiden, das sich lediglich im eigenen Denken abspielt. Außerdem gab es gute Gründe dafür, sich auf das Objektive zu konzentrieren – einer davon war einfach der, daß so ein schnellerer Fortschritt möglich wurde, ein anderer ebenso zwingender Grund war die Vermeidung von Gebietsstreitigkeiten mit den religiösen Institutionen. So konnten die frühen Wissenschaftler Bereiche wie die Astronomie, Mechanik und Anatomie neu erforschen, ohne die religiösen Dogmen der damaligen Zeit direkt in Frage zu stellen. Statt dessen jedoch den menschlichen Geist erforschen zu wollen – sich mit Dingen wie dem persönlichen Ziel, Schicksal und Willen des Menschen zu beschäftigen – war noch gewagter.

Der Versuch des Eindringens in Geist und Psyche des Menschen erschien auch oft den Wissenschaftlern selbst als unangemessen. Viele von ihnen (an erster Stelle Descartes, ein zutiefst religiöser Mensch) erkannten die begrenzte Anwendbarkeit dieses neuen Ansatzes. Sie zogen eine Trennlinie zwischen jenen Bereichen menschlicher Erfahrungen, die wegen ihrer grundlegend unpersönlichen und mechanischen Natur für die wissenschaftliche Untersuchung geeignet erschienen, und den Bereichen, bei denen das nicht der Fall war.

Auf diese Weise konnten sich die Wissenschaftler die Freiheit nehmen, sich neuen Entdeckungen zu widmen und unbelastet von einer Verantwortlichkeit für die Urgründe der Existenz dieses Feld den Theologen, Philosophen und Dichtern zu überlassen. Durch diese Aufteilung der Bereiche hatten die Wissenschaftler relativ freie Hand bei der Erforschung physischer Phänomene. Sie schuf eine akzeptierte Barriere, in deren Schutz sie nach Belieben ihren Forschungen nachgehen konnten, ohne Einschränkung durch persönliches Gewissen und/oder politische und religiöse Zensur.

Wir müssen noch einmal klarstellen, welch bedeutender Wendepunkt das 17. Jahrhundert war. Geschichte und gesellschaftliche Entwicklung sind keineswegs so mundgerecht verpackt oder gehen in so linearer Abfolge vor sich. Offensichtlich konzentrierte man sich während der Blütezeit des Mittelalters, im 12. und 13. Jahrhundert, nicht nur auf das Spirituelle und das Jenseits, sondern interessierte sich auch sehr für wirtschaftliche, politische und soziale Belange, die das Leben auf der Erde betrafen. Schon das 13. Jahrhundert brachte in Westeuropa eine reiche Zahl an Erfindungen hervor: Es wurden so wichtige Neuerungen eingeführt wie Eisenaxt und Pflug, Pferdekummet, Hufeisen und Steigbügel, Wind- und Wassermühle und verschiedene Handwerkstechniken. Aus irgendeinem Grund nahm der technologische Aufschwung im 14. und 15. Jahrhundert ab und erblühte im 17.

und 18. Jahrhundert aufs neue – in der Zeit, die wir heute als Beginn der industriellen Revolution und der modernen Arbeitsmoral betrachten. Obwohl also der Zeitpunkt der wissenschaftlichen Revolution und die Art und Weise, in der sie sich abspielte, tatsächlich von der Entwicklung der sie umgebenden Gesellschaft als Ganzes beeinfußt wurde, war die Beziehung zwischen beiden sehr komplexer Natur.

Bis zum 19. Jahrhundert hatte die Wissenschaft ihre Aktivitäten dann auf neue Forschungsbereiche ausgeweitet, wobei zunehmend die Forderung nach ausschließlich kognitiven Erklärungen erhoben wurde. Wissenschaftlichkeit wurde mit dem zuverlässig Meßbaren gleichgesetzt und klammerte einen großen Bereich menschlicher Belange nun als »subjektiv« oder »metaphysisch« aus.

In bezug auf diesen Punkt gleicht die Geschichte der Wissenschaft der altbekannten Geschichte von dem Betrunkenen, der seinen Hausschlüssel im Dunkeln auf der Straße verloren hat und ihn unter der Straßenlaterne an der Ecke sucht, weil »das Licht da besser ist«. Aus verständlichen Gründen spielte sich die neue Suche nach der Wahrheit, »empirische Wissenschaft« genannt, in ihren Anfängen dort ab, »wo das Licht besser war« – nämlich bei der Erforschung der quantitativ meßbaren Aspekte der physischen Umgebung, wobei die für Geisteswissenschaft und Religion zentralen Fragen des menschlichen Geistes und der Psyche ausgelassen wurden. Da die Wissenschaft sich nach und nach ein Prestige erwarb, folgerte man zunehmend, daß es einfach nichts anderes zu sagen *gäbe*. (Das ist so, als ob der oben erwähnte Schlüsselsucher schließlich zu der Überzeugung gekommen wäre, daß es außer dem von der Laterne erleuchteten Stück Straße keine andere gäbe).

Jedes Wissenssystem wird von den Charakteristika der Gesellschaft geprägt, die es hervorbringt. Wir sind gewöhnt, diese Strömung in der Gegenrichtung zu verfolgen und zu sehen, auf welche Weise die moderne Gesellschaft vom wissenschaftlichen und technologischen Fortschritt beeinflußt worden ist. Es ist jedoch von enormer Wichtigkeit, beide Strömungsrichtungen zu sehen. Daß unsere Gesellschaft heute so ist und nicht anders, haben wir zum Teil den Früchten von Wissenschaft und Technologie zu verdanken. Das Gegenteil trifft jedoch auch zu: Unsere Wissenschaft ist heute so und nicht anders, weil sie zum Teil durch das spezielle Wesen der Gesellschaft bedingt ist, in der sie entwickelt wurde.

Eine Betrachtungsweise der wissenschaftlichen Revolution ist es also, sie als Veränderung in dem von der Gesellschaft als wertvoll eingestuften Wissen zu sehen. Die Gesellschaft im Mittelalter hatte kein sonderliches Interesse an Technologie. Die ineinander verwobenen und von uns als Reformation, Aufstieg des Kapitalismus und wissenschaftliche Revolution bezeichneten Entwicklungen brachten neue Dynamik ein. Die ihnen zugrundeliegenden Veränderungen im Glaubenssystem beinhalteten auch, daß der Manipulation der physischen Umwelt durch Technologie stärkere Bedeutung beigemessen wurde. Dies wiederum machte eine Definition des Wissens erforderlich, das für die Entwicklung der Technologie benötigt wurde – also eines Wissens, das Voraussagen und Kontrolle ermöglichte. Während der ersten zwei Drittel des 20. Jahrhunderts wurden wissenschaftliche Kenntnisse und die »wissenschaftliche Methode« zunehmend gleichgesetzt mit Voraussage- und Kontrollwissen. Daß andere Gesellschaften (wie beispielsweise das alte Griechenland, Indien und Europa im Mittelalter), andere Arten von Wissen geschätzt hatten, die anderen Zielen als der technologischen Eroberung der Natur dienten, ging weitgehend unter.

Wie die Wissenschaft durch die Gesellschaft geprägt wird, zeigt sich beispielsweise auch darin, für welche Zwecke staatliche und private Mittel und Forschungsgelder zur Verfügung gestellt werden. In den Vereinigten Staaten wird heute die Politik betrieben, staatliche Mittel fast ausschließlich für wissenschaftliche Forschung bereitzustellen, die (a) der Wirtschaft, (b) dem militärisch-technologischen Fortschritt oder (c) den neuen medizinischen Technologien dient. Andere Geldquellen, wie zum Beispiel Stiftungen, sind ebenfalls stark in dieser Richtung orientiert.

Im allgemeinen betrachtet jede Gesellschaft bestimmte Fragen als von großem Interesse (zum Beispiel: Welche Art von Wissen erweitert die technologische Kapazität?) und andere als von wesentlich geringerem Interesse (beispielsweise: Welche Art von Erforschung des Inneren vermittelt das Gefühl eines tieferen Sinnes und Zieles im Leben?). Deshalb *ist das Wissenssystem jeder Gesellschaft beschränkt* – sogar die moderne Wissenschaft.

Außerdem besteht jedes dauerhafte Wissenssystem die Prüfungen, denen es unterzogen wird. Das heißt, die menschliche Erfahrung bestätigt es meistens, denn sonst würde es seine vorrangige Position nicht halten können. Deshalb gibt es Kulturen, in denen die ganze Natur lebt und mit dem Menschen kommuniziert, und Kulturen, in denen einzelne Götter für Wetter, Ernte und Vieh zuständig sind. Egal welches Wissenssystem eine Kultur hat, es *funktioniert.* Es wurde verschiedentlich überprüft, und die Realität wird als mit dem Glaubenssystem übereinstimmend wahrgenommen.

Das Problem der modernen wissenschaftlichen Weltsicht besteht zum Teil darin, daß sie in kritischen Bereichen des persönlichen und sozialen Lebens versagt hat – im Bereich der Auswahl und Einhaltung grundlegender Wertvorstellungen. Roger Sperry betont in seiner bahnbrechenden Arbeit *Changing Priorities* (»Verschiebung der Prioritäten«):

> Glaubenssätze, die den eigentlichen Sinn und Zweck des Lebens betreffen, wie damit verbunden eine bestimmte Weltsicht, die die Auffassung von gut und böse formt, sind direkt – oder implizit – entscheidend von der Vorstellung vom bewußten Selbst und der Beziehung zwischen Geist und Gehirn abhängig wie von der Art von Lebenszielen und der kosmischen Sicht, die diese ermöglichen. Direkt und indirekt beruhen soziale Werte darauf ... ob davon ausgegangen wird, daß das Bewußtsein sterblich, unsterblich, reinkarnierbar oder kosmisch ist ... lokalisiert und mit dem Gehirn verknüpft oder seinem Wesen nach universal ...
>
> Jüngste konzeptionelle Entwicklungen in der Erforschung vom Geist und Gehirn, die Reduktionismus und mechanistischen Determinismus einerseits und Dualismus andererseits ablehnen, ebnen den Weg für einen rationalen Ansatz in der Theorie und Festsetzung von Werten und für eine natürliche Verbindung von Wissenschaft und Religion.

So hat bei uns im Westen die Vernachlässigung der Bereiche subjektiver Erfahrungen zu einer ernsten Verunsicherung in den geltenden Wertmaßstäben geführt. Denn letztendlich hat jede Kultur die Basis für ihre höchsten Wertvorstellungen und für ihre Sinngebung in eben diesem Bereich des Subjektiven, Transzendenten und Spirituellen gefunden.

Wovon die konventionelle Wissenschaft stillschweigend ausgeht

Für den gebildeten Menschen der westlichen Welt ist es ernüchternd, feststellen zu müssen, daß die Wissenschaft, ähnlich wie die traditionellen Glaubenssysteme »primitiver« Kulturen, bis zu einem gewissen Ausmaß eine Welt beschreibt, die durch bestimmte Grundvoraussetzungen geformt ist. Um dies zu verdeutlichen, schauen Sie sich bitte die folgende Reihe von zehn Prämissen an, die man in einem vor ein paar Jahrzehnten veröffentlichten Text wohl kaum in Frage gestellt hätte.

Eine rationale Reihe von Prämissen für ein wissenschaftliches Zeitalter

1. Die einzig vorstellbare Art und Weise, Wissen zu erlangen, liegt in den physischen Sinnen und möglicherweise noch in einer Art Informationsweitergabe der Gene. Das einzige Verfahren zur Erweiterung unseres Verständnisses der Natur des Universums ist die empirische Wissenschaft – das heißt die Erforschung der meßbaren Welt durch den Einsatz von Instrumenten, die die Möglichkeiten unserer Sinneswahrnehmung erweitern.

2. Alle qualitativen Eigenschaften (zumindest diejenigen, die wir wissenschaftlich erfassen können), sind letztlich auf quantitative Eigenschaften reduzierbar (Farbe läßt sich beispielsweise auf Wellenlänge reduzieren, Denken auf meßbare Gehirnwellen, Haß und Liebe auf die chemische Zusammensetzung von Drüsensekreten).

3. Es läßt sich eine klare Trennlinie zwischen der objektiven Welt ziehen, die von jedermann wahrnehmbar ist, und der subjektiven Welt, die nur der einzelne, ganz für sich allein, wahrnimmt. Wissenschaftliche Erkenntnisse beschäftigen sich mit dem ersteren; das letztere kann wohl für den einzelnen von Bedeutung sein, seine Erforschung führt aber nicht zur gleichen Art von öffentlich belegbarem Wissen.

4. Das Konzept des freien Willens ist ein vorwissenschaftlicher Versuch, ein Verhalten zu erklären, das durch wissenschaftliche Analyse offenbart wird als eine Kombination von Kräften, die von außen auf den einzelnen einwirken, und dem Organismus eigene innere Druckmechanismen und Spannungen.

5. Was wir unter dem Begriff Bewußtsein und Bewußtheit unserer Gedanken und Gefühle kennen, ist ein sekundäres Phänomen, das auf physische und biochemische Prozesse im Gehirn zurückzuführen ist.

6. Was wir unter dem Begriff Gedächtnis kennen, ist nichts anderes als im Zentralnervensystem gespeicherte Daten, vergleichbar mit der Datenspeicherung in einem Digitalcomputer.

7. Da das Wesen der Zeit nun einmal so ist, wie es sich uns darstellt, gibt es logischerweise keine Möglichkeit, Kenntnis über zukünftige Ereignisse zu erlangen, es sei denn durch rationale Vorhersagen, die auf bekannten Ursachen und Gesetzmäßigkeiten beruhen.

8. Da geistige Aktivität lediglich auf dynamisch wechselnden Zuständen im physischen Organismus (vor allem im Gehirn) beruht, ist es völlig undenkbar, daß diese mentale Aktivität irgendeine direkte Wirkung auf die physische Welt außerhalb des Organismus ausübt.

9. Die Evolution des Universums und des Menschen entstand aus physischen Ursachen (wie Zufallsmutation, natürliche Auslese) und es besteht keinerlei Grund zu der Annahme, daß dieser Evolution, der Entwicklung des Bewußtseins oder den Bestrebungen des einzelnen irgendein universaler Zweck zugrunde liegt.

10. Das individuelle Bewußtsein überlebt den Tod des Organismus nicht. Wenn es tatsächlich einen Sinnzusammenhang geben sollte, in dem das individuelle Bewußtsein nach dem Tod des physischen Körpers weiterbesteht, so können wir ihn in unserem Leben nicht erfassen, noch können wir auf irgendeine Art Kenntnis darüber erlangen.

Beim Sichten der wissenschaftlichen und philosophischen Literatur vom Anfang dieses Jahrhunderts stoßen wir wieder und wieder auf Passagen, die bestätigen, daß die obengenannten Prämissen damals weitverbreitet waren und keinesfalls übertrieben dargestellt sind. Hier einige Beispiele:

> Chemie und Physik liefern uns heute bereits so viele Erklärungen für Vorgänge innerhalb der Zellen und für Zusammenhänge, die vor Jahren naturwissenschaftlich noch nicht erklärbar waren, daß Grund zu der berechtigten Annahme besteht, eines Tages mit Hilfe von Chemie und Physik auch das letzte noch nicht erklärbare Verhalten der Zellen (und somit auch des Menschen) erklären zu können.
>
> Sir Charles S. Sherrington, Physiologe

> Die Hypothese, daß der Mensch nicht frei ist, ist für die Anwendung der wissenschaftlichen Methode auf das Studium menschlichen Verhaltens wesentlich. Die Vorstellung vom innerlich freien Menschen, der für das Verhalten des »äußeren« biologischen Organismus verantwortlich gemacht wird, ist nichts anderes als ein vorwissenschaftliches Erklärungsmodell für die Ursachen, die durch wissenschaftliche Analyse entdeckt werden ... Die Wissenschaft besteht darauf, daß Handeln durch auf das Individuum einwirkende Kräfte initiiert wird und daß [Freiheit] nur eine andere Bezeichnung für Verhaltensweisen ist, für deren Ursache wir noch keine Erklärung gefunden haben.
>
> B. F. Skinner, Psychologe

> Daß der Mensch das Produkt von Ursachen ist, die das, was sie bewirken, nicht kennen; daß sein Ursprung, sein Wachstum, seine Hoffnungen und Ängste, seine Vorlieben und Glaubenssätze nichts anderes sind als das Ergebnis einer zufälligen Anordnung von Atomen; daß kein Feuer, kein Heldentum, kein noch so intensives Denken oder Fühlen das einzelne Leben über den Tod hinaus bewahren kann; daß das jahrhundertelange Bemühen, all die Hingabe, all die Inspiration, all der strahlende Glanz menschlicher Genialität zu nichts anderem bestimmt sind, als beim großen Sterben des Sonnensystems ausgelöscht zu werden, und daß der gesamte Tempel menschlicher Errungenschaften unweigerlich unter den Trümmern eines zerstörten

Universums begraben sein wird – all das ist zwar nicht ganz unumstritten, aber doch nahezu so gewiß, daß keine Philosophie, die diese Dinge übergeht, hoffen darf, von Bestand zu sein. Bertrand Russell, Philosoph

In der Wissenschaft müssen wir uns so verhalten, als ob die mechanistische Theorie des Lebens zuträfe, wir sind aber in keiner Weise verpflichtet, sie als metaphysisch gültige Tatsache anzusehen ... Wissenschaftlicher Fortschritt ist nur durch jene möglich, die so experimentieren, als ob Mechanismus eine Tatsache sei. Joseph Needham, Biologe

Das Kind bezieht seine Identität aus seinem sozialen Umfeld. Das soziale Umfeld bleibt bis zu seinem Tod die einzige Quelle, aus der sich diese Identität speist ... Bemerkenswert ist, daß die Denker des 20. Jahrhunderts übereinstimmend zu dem Schluß kommen, daß der Sinn des menschlichen Lebens willkürlich ist ... Die Welt menschlichen Strebens ist im Grunde fiktiv. Solange wir das nicht begreifen, verstehen wir nichts vom Menschen.

Ernest Becker, Philosoph

Andererseits wären die zehn obengenannten Aussagen jeder anderen als der modernen westlichen Kultur völlig fremd. Darüber hinaus finden wir in Erfahrungsberichten und in der laufenden Forschung über das Bewußtsein und über außergewöhnliche Fähigkeiten eine beeindruckende Anzahl von Beweisen, die jede der zehn aufgeführten Prämissen zu widerlegen scheinen.

Und doch war es der zunehmend an Prestige gewinnenden wissenschaftlichen Weltsicht in der Vergangenheit vor allem aufgrund *solcher* Annahmen möglich, spirituelle, ästhetische und intuitive Erfahrungen der Menschheit als sekundär abzutun und so Wertsysteme, die sich auf diese subjektiven Erfahrungen gründeten, in Mißkredit zu bringen.

Wie wir jedoch gesehen haben, zeigen die Hypnoseforschung und andere Bereiche experimenteller Psychologie, daß, wenn ein Mensch ein Bild von der Wirklichkeit erst einmal verinnerlicht hat, weitere Erfahrungen dieses Bild eher noch bestätigen. Die Wirklichkeit wird so wahrgenommen, daß sie im Einklang mit der bestehenden Vorstellung steht, was manchmal nur mittels einer starken Verzerrung des

Wahrgenommenen und ausgeklügelter Argumentation möglich ist. Es konnte beispielsweise mehrfach bewiesen werden, daß die hypnotisierte Person die Realität nicht nur in Einklang mit den verinnerlichten Suggestionen wahrnimmt, sondern auch sehr logisch klingende Erklärungen dafür parat hat, warum die Realität »tatsächlich« so ist. Untersuchungen über Autoritarismus und Vorurteile zeigen ganz klar, daß Menschen gleichen ethnischen Ursprungs oft den von dieser ethnischen Gruppe erwarteten Charakteristika entsprechend gesehen werden. Der polnische Anthropologe Bronislaw Malinowski beobachtete bei den Bewohnern der Trobriandinseln, die glauben, ein Kind erbe die typischen Merkmale stets vom Vater, daß sie in der Regel Ähnlichkeiten des Kindes mit der Familie mütterlicherseits einfach nicht bemerkten. In Erfahrungsberichten aus der Psychotherapie finden sich zahllose Beispiele von Patienten, die ihr Zwangsverhalten rational begründen.

Um es noch einmal zusammenfassend zu sagen: Wir sehen eine sehr wichtige wechselseitige Beziehung zwischen der erfahrenen Welt und der Wissenschaft, die entwickelt wird. Die gewonnenen wissenschaftlichen Erkenntnisse beeinflussen unsere Sichtweise der Welt. Aber die Art und Weise, wie die Welt innerhalb einer bestimmten Kultur wahrgenommen wird, beeinflußt auch die Art von Wissenschaft, die sich in eben dieser Gesellschaft entwickelt.

Wählen Sie Ihre Metaphysik

Daß die Wissenschaft einer Gesellschaft dadurch geprägt wird, wie in dieser Gesellschaft allgemein die Wirklichkeit erlebt wird, und umgekehrt, kann ein zutiefst beunruhigender Gedanke sein, wenn man die sich daraus ergebenden Konsequenzen betrachtet. Wir, die wir in einer modernen Gesellschaft erzogen worden sind, gehen natürlich davon aus, daß unsere wissenschaftliche Sichtweise der Wirklichkeit völlig richtig ist und die anderer, »vorwissenschaftlicher« oder »primitiver« Kulturen falsch. Wir müssen jedoch die Möglichkeit in Betracht ziehen, daß sich manche dieser anderen Sichtweisen aus einem anderen kulturellen Blickwinkel ergeben und daß sie andere Aspekte der gesamtmenschlichen Erfahrung betonen; sie sind eher komplementär als falsch. Außerdem besteht die Möglichkeit, daß eine zukünftige »transmoderne« Sichtweise sich vielleicht beträchtlich von unserer jetzigen unterscheidet – und ebenso richtig ist.

So unwahrscheinlich es auch manchem vorkommen mag: Wir scheinen gerade einen solch fundamentalen Wandlungsprozeß zu durchlaufen. In seinem Kern stellt er wiederum eine Herausforderung an das vorherrschende autoritäre Wissenssystem dar. Bis jetzt gibt es nur wenige sichtbare Beweise für diese große Veränderung. Wir können den Leser auffordern, die sich abzeichnende Struktur zu beobachten, können aber nicht behaupten, daß sie sehr augenfällig wäre.

Der Klarheit halber vereinfachen wir die Sache etwas und stellen uns drei grundlegend verschiedene Arten impliziter Metaphysik vor:

M-1

In der ersten dieser drei Arten ist der Grundstoff des Universums Materie-Energie. Wir erfahren etwas über die Realität, indem wir die meßbare Welt studieren. (Der positivistische Ansatz sieht das als einzigen Weg an, um Wissen zu erlangen). Was das Bewußtsein auch sein mag, es entspringt der Materie (das heißt dem Gehirn), sobald der evolutionäre Prozeß genügend weit fortgeschritten ist. Was immer wir über das Bewußtsein erfahren können, muß letztlich im Einklang mit der Art von Wissen stehen, das aus der Erforschung des physischen Gehirns resultiert, denn ein Bewußtsein außerhalb eines lebenden physischen Organismus ist uns nicht nur unbekannt, sondern auch unvorstellbar.

M-2

Der zweite metaphysische Ansatz ist dualistisch. Es gibt zwei völlig verschiedene Grundstoffe im Universum: Materie-Energie-Stoff und Geist-Verstand-Stoff. Materie-Energie-Stoff wird mit Hilfe des wissenschaftlichen Instrumentariums erforscht, Geist-Verstand-Stoff muß auf andere, ihm angemessenere Art und Weise erforscht werden (wie zum Beispiel durch subjektive Erforschung des Inneren). Daraus entwickeln sich im Grunde zwei komplementäre Wissensbereiche; natürlich überlappen sie sich teilweise (so wie im Bereich der übersinnlichen Phänomene).

M-3
Ein dritter metaphysischer Ansatz geht vom Bewußtsein als Grundstoff des Universums aus. Der Geist oder das Bewußtsein sind primär, und Materie-Energie entsteht in gewisser Weise aus dem Geist. Die physische Welt ist für den kollektiven Geist das, was ein Traumbild für den Geist des Individuums ist. Mit der Realität, die hinter der Welt der Erscheinungen steht, kann man nicht durch die physischen Sinne, sondern letztlich nur durch tiefste Intuition in Kontakt kommen. Bewußtsein ist nicht das Endprodukt einer materiellen Evolution, sondern war vielmehr als erstes da!

Diese drei grundlegenden metaphysischen Sichtweisen werden kurz zusammengefaßt:

Drei metaphysische Sichtweisen

M-1 Materialistischer Monismus:
Materie erschafft Geist

M-2 Dualismus:
Materie und Geist

M-3 Transzendentaler Monismus:
Geist erschafft Materie

Der fundamentale Wandel innerhalb der westlichen Gesellschaft, von dessen Existenz wir hier ausgehen, läßt sich mit Hilfe dieser drei metaphysischen Ansätze ausdrücken. Er ist im wesentlichen die Verlagerung von M-1 nach M-3 als vorherrschendem metaphysischen Ansatz. Zunächst mag dieser Gedanke so ungeheuerlich erscheinen, wie es die Vorstellung eines heliozentrischen Universums für viele Menschen in Europa am Anfang des 17. Jahrhunderts war. M-3 erscheint dem westlichen Verständnis ziemlich fremd, oder wäre ihm zumindest vor einer Generation noch so erschienen. (Es ist uns längst nicht mehr so fremd wie noch vor 25 Jahren, wenn wir nach dem wachsenden, offenen Interesse an östlicher Philosophie und Religion urteilen. Betrachten wir doch nur den steigenden Umsatz von Büchern über transzendentale Themen, das Auftauchen »metaphysischer« und transzendentaler östlicher Vorstellungen wie Reinkarnation, Karma, lebensverändernder todesnaher Erfahrungen in Filmthemen und versteckten Andeutungen, die rege Teilnahme an meditativen

Praktiken, Workshops und Seminaren, das weitverbreitete Interesse für das Phänomen des *»channeling«* und andere Anzeichen.)

Obwohl Descartes ein dualistisches Weltbild vertrat, hatte sich die Wissenschaft bis zum 20. Jahrhundert zunehmend stärker einem M-1-Ansatz verschrieben. In den letzten zehn Jahren etwa haben einige Wissenschaftler erkannt, daß der extrem positivistische Ansatz sich einfach nicht mit der menschlichen Erfahrung deckt, und haben über die Notwendigkeit geschrieben und gesprochen, die Wissenschaft auf eine M-2-Metaphysik umzustellen. (Nobelpreisträger Sir John Eccles ist ein Beispiel dafür.) Insgeheim sind etliche Wissenschaftler der Ansicht, daß unter Einbezug all ihrer Erfahrungen die M-3-Metaphysik am besten paßt. Außerdem scheint dieser metaphysische Ansatz dem esoterischen »ewigen Wissen« der weltweiten spirituellen Traditionen zugrunde zu liegen. Im Moment scheint dieser Standpunkt weit von dem Weltbild entfernt zu sein, wie es uns die verschiedenen Wissenschaften darstellen. (Auf lange Sicht könnte aber die Wissenschaft sehr wohl *auch* zu dieser neuen metaphysischen Sichtweise kommen – mit diesem Punkt werden wir uns in einem späteren Kapitel ausführlicher befassen.)

Die obige Dreiteilung, ebenso wie die Auseinandersetzung damit, ist um der Klarheit willen absichtlich sehr vereinfacht dargestellt. Der eine oder andere Philosoph oder Wissenschaftler bevorzugt andere Varianten dieser drei metaphysischen Ansätze. Roger Sperry beispielsweise vertritt eine Position, die er *Mentalismus* nennt und die wir als M-1a bezeichnen könnten. Im mentalistischen Konzept fällt der Ursprung des Mentalen (das heißt mentaler Phänomene) mit der materiellen Evolution des Gehirns zusammen, liegt jedoch keinesfalls vor dem Entstehen komplexer Nervenschaltungen. Ist es jedoch einmal vorhanden, läßt sich daraus eine Art »absteigender Kausalität« ableiten (die subjektive Geistesverfassung beeinflußt beispielsweise physiologische Vorgänge). Das Gegenteil davon ist die »aufsteigende Kausalität«, von der die meisten Wissenschaftler generell ausgehen (zum Beispiel chemische Veränderungen im Körper rufen einen subjektiven Zustand hervor). Ein anderer Ansatz, den wir als M-1b bezeichnen könnten, wird als *Panpsychismus* bezeichnet und im »postmodernen« Denken viel diskutiert. Es handelt sich dabei um die Annahme, daß über die physisch wahrnehmbaren Eigenschaften der Materie hinaus schon von jeher ein »innerer Aspekt« existiert hat, der dem Geist ähnelt. Wir sollten erkennen, daß die Wissenschaft, obwohl sie sich in ihrer gegenwärtigen Erscheinungsform im wesentlichen innerhalb einer M-1-Weltanschauung entwickelt hat, durchaus mit einer M-2-oder M-3-Metaphysik vereinbar wäre. Sie ist damit vereinbar, würde aber von diesen anderen Standpunkten aus gesehen als Bild des Universums unvollständig erscheinen.

Außerdem ist es äußerst wichtig zu erkennen, daß man nicht davon ausgeht, die Gültigkeit eines metaphysischen Ansatzes *beweisen* zu wollen. Die Wirklichkeit ist bei weitem zu komplex, um durch ein Konzept adäquat begrifflich erfaßbar zu sein – egal um welches Konzept es sich handelt. Wir sind potentiell fähig, Aspekte der Wirklichkeit zu verstehen, die in exakter verbaler Form niemals adäquat ausgedrückt werden können. Deshalb ist die Frage: »Welcher dieser drei metaphysischen Ansätze ist denn nun der *wahre*?« unangemessen. Angemessen ist die Frage: »Welcher dieser Ansätze fügt sich am besten in die *Gesamtheit* menschlicher Erfahrungen ein?«

Die Wahrscheinlichkeit einer M-3-Dominanz

Es ist eine kühne Behauptung, die wir aufstellen: die M-1-Dominanz nimmt ab, und die M-3-Metaphysik ist auf dem besten Wege, nicht nur in dieser Gesellschaft, sondern auch in den meisten anderen Gesellschaften dieser Welt die Vorherrschaft zu gewinnen. Die Tatsache, daß in der westlichen Gesellschaft seit der kopernikanischen Wende vor fast vierhundert Jahren kein solch fundamentaler Wandel mehr stattgefunden hat, rechtfertigt die Bezeichnung »die zweite kopernikanische Wende«. Während die erste kopernikanische Wende eine Neuordnung unserer Vorstellungen vom äußeren Raum mit sich brachte, ist Thema dieser zweiten kopernikanischen Wende unser Verständnis der *inneren* Räume.

Als allererstes möchten wir festhalten, daß die M-3-Ausrichtung in der menschlichen Geschichte keineswegs neu ist. Wie wir im vierten Kapitel noch genauer aufzeigen werden, ist sie seit Tausenden von Jahren in den meisten spirituellen Traditionen der Welt Teil des esoterischen Verständnisses des inneren Kreises der *Gnosis*. Ähnliches gilt für den Begriff der Kulturhypnose, dessen spezifischer Inhalt zwar von Kultur zu

Kultur unterschiedlich sein kann, hinter dem sich aber dennoch ein inneres Verstehen verbirgt, das dem von uns als M-3 Bezeichneten sehr nahe kommt. Überall in der westlichen (und östlichen) Kulturgeschichte trifft man auf eine esoterische Tradition, nach der das Individuum potentiell »dehypnotisiert« oder »erleuchtet« werden kann. Einige Zitate werden uns dieses Faktum in Erinnerung rufen:

> Im normalen Wachzustand ... erkennt der Mensch die reale Welt nicht ... Er lebt in einem hypnotischen Schlaf ... daraus zu »erwachen« bedeutet für ihn, »dehypnotisiert« zu werden.
>
> P. D. Ouspensky *(Auf der Suche nach dem Wunderbaren)*

> Die Menschheit schläft, sie ist nur mit nutzlosen Dingen beschäftigt und lebt in einer falschen Welt.
>
> Sanai von Afghanistan, AD 1130

> Unser bewußtes Denken trägt alle Charakteristika eines Traumes ... Das Bild, das es uns von der Welt vermittelt, ist illusorisch ... In einem Zustand höheren Bewußtseins wird das Bewußtsein in einer Weise erweckt, die nicht mehr ausschließlich oder haftend ist ... es wird aus der Hypnose befreit, in der es sich für gewöhnlich befindet.
>
> Hubert Benoit, Zen-Gelehrter

> Wir wollen nicht die Wahrheit erfahren. Wir wollen nicht, daß uns irgend jemand aus unserem Traum erweckt.
>
> Swami Vivekananda

Was sollen wir also von der physischen Realität halten? Die bereits kurz erwähnte Analogie zum Traum ist ein guter Ansatzpunkt. Wenn wir träumen, hat der Traum normalerweise eine Handlung – es finden Ereignisse statt, und es scheint eine Art kausaler Beziehung zwischen ihnen zu bestehen. Während wir träumen, erscheint uns alles im Traum ziemlich real. Wenn wir erwachen, stellen wir fest, daß das, was sich so wirklich anfühlte, nur ein Traum war. Die Gesetze der Kausalität sind andere als die, die im Schlaf galten. Im Traum mag es uns so vorgekommen sein, als ob ein Ereignis die Ursache für ein anderes gewesen wäre, und so weiter. Dem erwachten Selbst ist klar, daß »Ich, der Träumer« die

Ursache des Traumes bin – der Traumereignisse, der Zusammenhänge etc.

Nun lassen Sie uns das Ganze auf den Wachzustand übertragen. In unserem normalen Zustand erscheint die Welt uns real; verschiedene Dinge ereignen sich, und es gibt offensichtlich kausale Bezüge zwischen ihnen. Einige dieser Bezüge sind so verläßlich, daß wir »wissenschaftliche Gesetze« formulieren, um sie zu beschreiben. (Nur selten scheint der Geist dergestalt in die materielle Welt einzugreifen, daß anomale Phänomene auftreten). Nehmen wir aber einmal an, wir würden aus dem »Traum« der materiellen Welt »erwachen«. Dann würde uns klarwerden, daß das Kausalgesetz anders ist, als wir annahmen (und als es uns gelehrt wurde): »Ich, der Träumer« (oder »Wir, die kollektiven Träumer«) bin/sind die Ursache der Ereignisse und Zusammenhänge. Der außerhalb des Bewußtseins existierende kollektive/universale Geist ist Schöpfer der Welt, die der bewußte Geist des Individuums erlebt.

Diese Betrachtungsweise der Realität muß dem gebildeten westlichen Geist so abwegig erscheinen, daß er sie nur schwer ernst nehmen kann. Obwohl sie eher für östliche Philosophien charakteristisch zu sein scheint, ist sie tatsächlich auch in westlichen Traditionen vorhanden und widerspricht, wie wir gesehen haben, auch nicht unbedingt der gängigen wissenschaftlichen Sichtweise.

Vergessen wir nicht, daß wir hier nicht beweisen wollen, daß die M-3-Metaphysik *wahr* ist. Wir versuchen lediglich zu verstehen, wie es dazu kommt, daß einige Leute – unter ihnen auch hochgebildete – zu dem Schluß gelangen konnten, daß diese Art Weltanschauung sich besser in die Gesamtheit der menschlichen Erfahrungen einfügt als die positivistische, reduktionistische wissenschaftliche Weltsicht.

Dieses Buch ist im weiteren überwiegend der Erforschung der Bereiche menschlicher Erfahrungen gewidmet, die für eine M-3-Metaphysik zu sprechen scheinen, und beleuchtet die Folgen für die Gesellschaft, falls dieser Ansatz sich tatsächlich durchsetzen sollte.

Drittes Kapitel

Herausforderungen für Positivismus und Reduktionismus

Sofern nicht eine gigantische Verschwörung im Gange ist, zu der ... hochgeachtete Wissenschaftler aus verschiedenen Bereichen gehören, von denen viele ursprünglich den Thesen der parapsychologischen Forscher feindlich gegenüberstanden, muß der einzig mögliche Schluß, zu dem ein unvoreingenommener Beobachter kommen kann, der sein, daß es Menschen gibt, die sich Wissen – das entweder in anderen Menschen oder in der äußeren Welt existiert – auf einem Wege aneignen, der der Wissenschaft noch unbekannt ist. H. J. Eysenck

Es gibt einige Bereiche, wie beispielsweise diejenigen, mit denen wir uns in diesem Kapitel beschäftigen wollen, die durch eine auf M-1 basierende Wissenschaft nicht hinreichend erforscht werden können, da sie anscheinend nicht in das Schema von Positivismus und Reduktionismus passen. Es ist zwar keineswegs klar, wie eine zukünftige, auf der M-3-Metaphysik basierende Wissenschaft aussehen könnte, sicherlich wird eine solche Wissenschaft aber diese Bereiche wesentlich besser mit einbeziehen.

Die Rolle des Geistes bei Gesundheit, Krankheit und Heilung

Lassen Sie uns mit Gesundheit, Krankheit und Heilung beginnen. Eine der faszinierendsten Eigenschaften des menschlichen Organismus ist die Fähigkeit, seine Gesundheit zu schützen und zu erhalten. Im allgemeinen werden wir dann krank, wenn diese Fähigkeit gestört ist – und der Hauptstörfaktor ist der geistige Zustand des Menschen.

Im wesentlichen verläßt sich jeder von uns auf drei komplexe und eng miteinander verbundene Körpersysteme zur Erhaltung unseres Wohlbefindens – das Nervensystem, das Streßalarmsystem und das Immunsystem. Das Nervensystem besteht aus dem Gehirn, dem Rückenmark und den Nervenbahnen, die alle Teile des Körper durchziehen. Es ist die Kommunikations- und Befehlszentrale bei externen und internen Veränderungen wie auch der Regulator für externe und interne Reaktionen.

Das Nervensystem läßt sich in das zentrale und das vegetative Nervensystem unterteilen. Letzteres verfügt über zwei grundlegende Funktionsweisen: die parasympathische und die sympathische Reaktion. Die parasympathische Reaktion besteht in einem Zustand von Ruhe, Entspannung, Heilung, physischer Instandsetzung und Regeneration. Nahrung wird verdaut, Muskeln entspannen sich und füllen ihre Energiereserven auf, Gewebe regeneriert sich, und all das, ohne daß das Gehirn bewußt eingreift. Die sympathische Reaktion hingegen besteht in einem allgemeinen Alarmzustand, in Wachsamkeit und der Bereitschaft, physisch auf externe Bedrohung oder Gefahren für den Körper zu reagieren. Die sympathische Reaktion (auch Kampf- oder Fluchtreaktion, *fight-flight* genannt) wird instinktiv ohne bewußte Steuerung ausgelöst. Normalerweise ist sie von Gefühlen der Wut oder Angst begleitet (bzw. durch diese ausgelöst). Zu den Reaktionen des Körpers zählen möglicherweise eine Beschleunigung des Herzschlags, eine stärkere Kontraktion des Herzens, erhöhter Blutdruck und erhöhte Atmungsfrequenz, eine Umleitung der Blutzufuhr von den inneren Organen zu den Muskeln, die Absonderung von Schweiß, eine Erweiterung der Pupillen sowie andere Vorbereitungen auf das intensive Handeln, das zu Angriff, Verteidigung oder Flucht gehört.

Die Reaktion des sympathischen Nervensystems ist einer der Auslöser für das zweite Selbstschutzsystem, das Streßabwehrsystem. Sozusagen die »Hardware« des Streßabwehrsystems sind der Hypothalamus, die Hirnanhangdrüse, die Nebennieren sowie andere Drüsen, insgesamt etwa ein Dutzend, die zusammen das endokrine System bilden. (Streßreaktion ist nur eine der Funktionen des endokrinen Systems, das außerdem eine Reihe von regulativen und integrativen Aufgaben im Körper erfüllt.) Das Streßreaktionssystem antwortet auf externe und interne Streßquellen mit einem breiten Spektrum an schützenden, regenerierenden und selbstschützenden Reaktionen, die alle durch frei zirkulierende chemische Stoffe im Körper gesteuert werden, welche Hormone heißen. Eine starke Emotion, verbunden mit dem Wahrnehmen einer lebensbedrohenden Situation, führt beispielsweise bei verschiedenen Drüsen des endokrinen Systems zur Ausschüttung bestimmter Hormone in den Blutkreislauf. Das wiederum steigert die Häufigkeit und Stärke der Herzkontraktionen und verengt die peripheren Blutgefäße, wodurch der Blutdruck steigt und der Kreislauf angeregt wird; außerdem werden dadurch die Bronchiolen erweitert und so die Atmung erleichtert; die Pupillen werden ebenfalls größer, um bessere Sicht zu ermöglichen, und die Blutgerinnungsfähigkeit nimmt zu, um einer möglichen Verletzung vorzubeugen. Diese Vorgänge tragen dazu bei, den Organismus für Angriff oder Flucht vorzubereiten.

Das dritte Selbstschutznetzwerk des Körpers ist das Immunsystem. Dieses System ist relativ dezentralisiert und schließt die weißen Blutkörperchen (Leukozyten), den Blutkreislauf, das Lymphsystem sowie bestimmte Drüsen und besondere Bereiche mit ein. Die Hauptakteure dieses Immunsystems sind etwa eine Billion (10^{12}) Lymphozyten (eine Art von weißen Blutkörperchen) und etwa 100 Trillionen (10^{20}) Moleküle, genannt Antikörper, die von den Lymphozyten produziert und abgegeben werden. Diese Antikörper bilden eine Art innerer Armee, die Eindringlinge und Feinde aufspürt und vernichtet, die durch die Haut eindringen oder durch die Luft oder das Essen in den Körper gelangen. (Wenn das Immunsystem plötzlich nicht mehr funktionieren würde, würden die Mikroben im Körper dafür sorgen, daß dieser so rasch verwesen würde, wie er es in einer warmen Umgebung nach dem Tod tut.)

Wenn es aktiviert wird, sendet das Immunsystem verschiedene schützende Zellen und Substanzen in den Körper aus, die über den Blutkreislauf und die Bahnen des Lymphsystems zur Gefahrenstelle eilen – zu einer Infektion, einem Stich, einer Krebszelle oder einem Fremdkörper beispielsweise. Eine zunehmende Anzahl weißer Blutkörperchen ersetzen diejenigen, die im Kampf umkommen. Bestimmte weiße Zellen (die B-Lymphozyten) erzeugen spezielle Stoffe (Antikörper), die den jeweiligen Eindringling anzugreifen und zu vernichten imstande sind. (Da es Millionen verschiedener Arten von möglichen Eindringlingen gibt und die Antikörper auf diese Fremdkörper so spezifisch zugeschnitten sind, muß es Millionen von verschiedenen Antikörpern geben – und die richtige Art muß produziert werden, um gezielt den jeweiligen Eindringling abzuwehren.) Andere Akteure des Immunsystems beheben dann den Schaden und spüren weitergehende Schäden auf.

Vor kurzem wurde entdeckt, daß diese drei Systeme – das Zentralnervensystem, das Hormonsystem und das Immunsystem – durch »Molekularbotschafter« miteinander kommunizieren, die Neuropeptide genannt werden. Die Botschaften können aus jedem Teil des Körpers kommen; anscheinend sind emotionale und geistige Aktivität viel weniger auf das Gehirn konzentriert als vordem angenommen wurde.

Die Gesundheit hängt vom ständigen gemeinsamen Bemühen dieser drei Systeme ab. Jedes von ihnen funktioniert sehr gut auch ohne unser bewußtes Einwirken. Wenn die Systeme schlecht funktionieren, werden wir krank. Die Rolle des Geistes bei der Erzeugung von Krankheiten wird zunehmend klarer erkannt, seit wir mehr Einsichten in psychosomatische Störungen und Streß gewonnen haben.

Streß zum Beispiel ist unsere psycho-physische Antwort auf von uns *wahrgenommene* externe Veränderungen und Schwierigkeiten. Eine Überreaktion oder unangemessene Reaktion auf diese externen Streßfaktoren fügt dem Körper im Laufe der Zeit schwere physiologische Schäden zu und kann beim Zusammentreffen mit einer Anfälligkeit in bestimmten Körperregionen zu Krankheit führen. Heute ist es ziemlich klar, daß eine streßauslösende innere Einstellung ein wichtiger Faktor bei vielen Krankheiten, wie beispielsweise bei Magen- und Zwölffingerdarmgeschwüren, Herz-Kreislauf-Krankheiten, Migräne und Spannungskopfschmerz, Arthritis und Asthma ist. Bestimmte Persönlichkeitstypen sind für diese Streßkrankheiten offensichtlich besonders anfällig – insbesondere für Herz-Kreislauf Krankheiten. Streßkrankheiten haben seit langem Infektionskrankheiten als Volkskrankheit unserer modernen Gesellschaft abgelöst.

Streß kann sich auch auf das Immunsystem unseres Körpers auswirken. Wenn das Immunsystem nicht gut funktioniert, wehrt es möglicherweise krankheitserregende Viren und Bakterien nicht ab, und das Ergebnis kann sein, daß wir krank werden. Oder es stöbert Krebszellen, wenn sie erscheinen, nicht auf und zerstört sie nicht, so daß das Wachstum bösartiger Zellen völlig außer Kontrolle gerät. Auch andere Krankheiten treten auf, wenn die Fähigkeit des Körpers zur Produktion von Antikörpern gestört ist. Wieder andere Leiden, die Autoimmunkrankheiten genannt werden (wie rheumatische

Arthritis und multiple Sklerose), entstehen dann, wenn das Immunsystem unangebrachterweise die eigenen Körperzellen angreift. Hier gibt es wiederum verschiedene Verhaltensmuster – Persönlichkeitstypen –, die unterschiedlich anfällig für Störungen des Immunsystems und die dadurch ausgelösten Krankheiten sind.

Wissenschaftliche Beschreibungen beschäftigen sich noch wesentlich genauer mit den Mechanismen dieser Schutzsysteme, als wir es hier tun. Je mehr wir über die Komplexität zum Beispiel des Immunsystems erfahren, desto wunderbarer erscheint es uns, und desto weniger »haben wir das Gefühl«, daß die rein mechanistische Sichtweise zutreffend ist. Viele kritische Fragen bleiben weitgehend unbeantwortet – beispielsweise die, wie all die verschiedenen Teile des Systems miteinander kommunizieren und zusammenarbeiten, um die spezifischen Eindringlinge aufzuspüren und genau die richtige Art von Antikörpern zu produzieren, um die angreifenden Eindringlinge abzutöten oder außer Gefecht zu setzen, und um danach im Körper aufzuräumen. Auf welche Art und Weise verwandeln sich im Gehirn erzeugte Gedanken in eine Funktionsstörung des Immunsystems?

Wenn uns die Rolle des Geistes beim Erzeugen von Krankheiten in Erstaunen versetzt, dann nicht minder beim Vollziehen des Heilungsprozesses. Ein Beispiel für diese besondere Art des Zusammenwirkens ist der »Plazebo-Effekt«. Das Grundphänomen ist hier in seinem Wesen der Hypnose recht ähnlich. Wenn der Patient glaubt, daß eine inaktive Substanz (beispielsweise eine Zuckerpille) in Wirklichkeit eine sehr wirkungsvolle Medizin ist, kann das eine heilende Wirkung haben, die eindeutig vom Geist des Patienten hervorgebracht wird, da die inaktive Substanz selbst keinerlei medizinische Wirkung hat. Ein inzwischen berühmt gewordener Fall ist uns von einem der Pionierforscher auf dem Gebiet der psychologisch bedingten Krankheitsfaktoren, Dr. Philip West, bekannt. Er behandelte einen schwer krebskranken Mann, der darum bat, mit der Versuchsdroge Krebiozen behandelt zu werden. Zu dieser Zeit wurde Krebiozen von seinen Verfechtern als Wundermedizin gegen Krebs propagiert. Bereits nach einer Dosis dieser Medizin »schmolzen« die Tumore des Patienten dahin »wie Schneebälle im heißen Ofen«. Während der Patient vorher zum Atmen eine Sauerstoffmaske benötigt hatte, begann er nun sogar, sein eigenes Flugzeug zu steuern. Kurz darauf las er jedoch, daß Studien ergeben hätten, Krebiozen sei ohne Wirkung. Der Krebs breitete sich in seinem Körper wieder aus, und er mußte in stationäre Behandlung. Aufgrund dieser dramatischen Wende entschloß sich sein Arzt, ihn anzulügen, und beschwor ihn, den Studien keinen Glauben zu schenken; er werde ihm ein neues, noch viel wirksameres Krebiozen verabreichen. In Wirklichkeit bekam der Patient nur Wasser; trotzdem besserte sich sein Zustand aber wesentlich. Der Genesungsprozeß setzte sich so lange fort, bis er in einem Artikel las, daß die *American Medical Association* (Amerikanische Ärztekammer) und die *Food and Drug Administration* (Amt für Ernährung und Drogen) die Unwirksamkeit von Krebiozen zweifelsfrei nachgewiesen hätten. Er erlitt sofort einen Rückfall und starb wenige Tage später.

Regeneration ist ein mit der Heilung eng verbundenes Prinzip. Angenommen, ein kleiner Teil des Körpers wird zerstört; eine kleine Wunde entsteht. Während das Immunsystem die Wunde säubert, ist der übrige Körper damit beschäftigt, das fehlende Gewebe zu ersetzen. Die richtigen Zellarten vermehren sich so lange, bis das entstandene Loch ausgefüllt und das ursprüngliche Aussehen wiederhergestellt ist. Das beschleunigte Gewebewachstum setzt sich nicht endlos fort und läßt nicht etwa einen häßlichen Narbenwulst entstehen; es »weiß, wann es aufhören muß«. Die Geweberegeneration beim Menschen ist nicht so spektakulär wie bei einigen Nicht-Säugetieren. Beim Menschen wächst beispielsweise ein amputiertes Bein nicht wieder nach, während sich beim Hummer eine fehlende Schere wieder neu bildet. Das Grundprinzip aber ist das gleiche. Es scheint ein Schema eingespeichert zu sein, das den Regenerationsprozeß steuert. Wenn unsere Wissenschaft auf eine M-1-Metaphysik basiert, »muß« das Grundmuster irgendwie im Körper gespeichert sein, möglicherweise in den Zellen oder im Zentralnervensystem – und wir geben uns alle erdenkliche Mühe, das glaubhaft zu machen. Wenn die gängige Metaphysik jedoch M-2 oder M-3 ist, kann dieses Grundschema auch eine Vorstellung oder ein Gedanke sein, etwa wie die geistige Vorstellung eines Bildhauers von seinem Werk, bevor er mit der Arbeit beginnt.

An dieser Stelle möchten wir noch einmal daran erinnern: Wir wollen hier nicht behaupten, daß das Phänomen des

Heilens – oder irgendein anderes Phänomen – die Unrichtigkeit der M-1-Metaphysik *beweist.* Das positivistische, reduktionistische wissenschaftliche Paradigma kann so zurechtgebogen werden, daß es auf nahezu alles paßt, so wie das ptolemäische Weltbild, das für immer genauer werdende astronomische Berechnungen zurechtgebogen werden konnte. Vielleicht ist es letzten Endes vor allem der Sinn fürs Ästhetische, der uns veranlaßt, uns für die Metaphysik oder für den konzeptionellen Rahmen zu entscheiden, der sich mit der geringsten Anstrengung den Erfahrungen anpassen läßt.

Aufmerksamkeit und Wille

Die seit kurzem in der kognitiven Wissenschaft meistgebrauchte Metapher ist die der Informationsverarbeitung. Lassen Sie Morton Hunt (in seiner bekannten Arbeit zu diesem Gebiet *The Universe Within*) mit seinen Worten sagen, wie Bewußtsein hier verstanden wird: »Was die Philosophen als Geist betrachteten – im Unterschied zum Gehirn – ist nichts Eigenständiges, sondern eine Reihe außerordentlich komplizierter Prozesse, die Integration von Millionen oder gar Billionen von Nervenreizen. Einige dieser Makroreize nennen wir »Ideen«, sie sind aber in Wirklichkeit eine Vielzahl physischer Mikroreize – eine Verkettung von Impulsen, die im Gedächtnis kodiert, verarbeitet und gespeichert werden ... Der Geist ist ... das komplette Programm der Symbolmanipulationen des Gehirns ... Geist ist für das Gehirn, was Verdauung für den Magen ist: Das Gehirn ist das, was *ist*, der Geist ist das, was das Gehirn *tut.*«

Der Inhalt des Bewußtseins sind in Wirklichkeit »Gruppen von physischen Mikroreizen«. Die positivistischen und reduktionistischen Annahmen könnten wohl kaum präziser zusammengefaßt werden. Bei unserer kulturellen Prägung klingt es absolut vernünftig – aber man hat trotzdem das Gefühl, daß das nicht alles sein kann.

Einer der problematischsten Aspekte der menschlichen Erfahrung vom M-1-Standpunkt aus gesehen ist der *Wille.* Es gibt nichts, was für die Erfahrung des Selbst von zentralerer Bedeutung ist als die Erfahrung des Willensaktes – des »Ich wähle«, »Ich entscheide«. Der offensichtliche Konflikt zwischen dem Willen und der deterministischen These der positivistischen Wissenschaft ist eines der ältesten Probleme der Psychologie. »Existiert der freie Wille?« war dazu die vielgestellte Frage.

Vom M-1-Standpunkt aus betrachtet erscheint der Begriff des freien Willens wirklich als paradox. Denn wenn wir davon ausgehen, daß die Wissenschaft in allem kompetent und deterministisch ist und die Gesetze der Physik universal sind, dann wäre der freie Wille nichts weiter als ein Gefühl, das mit einer vorbestimmten Handlung einhergeht. Das heißt, ich handle so, wie all die externen und internen Kräfte, die auf mich einwirken, es bedingen, und empfinde es als meine Wahl, so zu handeln. Wenn wir also den freien Willen als eine Illusion ansehen, müßten wir solche Konzepte wie Freiheit, moralisches Handeln, vernunftbestimmtes Verhalten und so weiter ebenfalls aufgeben.

Es gibt einen Sinnzusammenhang, in dem das Gefühl, frei wählen zu können, tatsächlich eine Selbsttäuschung sein kann, und wir müssen diesen Fall von der eigentlichen, tieferen Frage unterscheiden. Wir haben bereits erwähnt, daß wir offensichtlich sowohl unbewußt als auch bewußt wählen. Wenn ich also vernunftmäßig entscheide, daß es nicht gut ist, den Teller nicht leerzuessen, könnte diese Entscheidung in Wirklichkeit das Ergebnis verinnerlichter elterlicher Ermahnungen sein, die besagen, daß es *schlecht* ist, nicht alles aufzuessen. Es ist jedoch eine Sache, unbewußtes und bewußtes Wählen als Tatsache anzuerkennen. Eine ganz andere Sache ist es, zu behaupten, beides sei illusorisch und es gäbe gar kein Selbst, das wählt.

Seit langem beschäftigt eine Beobachtung diejenigen, die der Meinung gewesen sein mögen, die Wissenschaft müsse deterministisch sein. So rationalistisch sich dieser Standpunkt auch begründen läßt: Es ist unmöglich, sich so zu verhalten, als sei er wahr. Wie logisch die deterministische Hypothese sich auch immer anhören mag – auf das Leben angewendet, *spürt* man, daß sie nicht zutrifft. In seinem Buch *Das Ich und sein Gehirn* (1987) verweist Sir John Eccles zusammen mit Sir Karl Popper auf die Arbeit H. H. Kornhubers, um ein interessantes Charakteristikum des Willens hervorzuheben. Kornhuber entdeckte, daß in der Großhirnrinde elektrische Potentiale existieren, die nach dem Willen zu handeln, aber vor der motorischen Handlung selbst erzeugt werden. Er beobachtete jedesmal einen Zeitraum von einem Bruchteil einer Sekunde zwischen dem bewußten Willensakt und der daraus resultierenden Handlung. Während dieses kurzen Zeitraums ist eine große Unruhe in den elektrischen Potentialen zu beobachten, die sich dann rasch auf den entsprechenden Bereich im Gehirn ausrichten, um die gewünschte Handlung hervorzubringen. Diese Verzögerung zwischen dem Wunsch zu handeln und der tatsächlichen Handlung ist ziemlich deutlich meßbar. Eccles kommentiert dazu: »Wir können diese Versuche als überzeugenden Beweis dafür ansehen, daß vom Willen gesteuerte Bewegungen frei angeregt werden können, unabhängig von irgendwelchen bestimmenden Einflüssen aus dem Neuronennetzwerk des Gehirns.«

Andererseits gibt es darüber offenbar einige Arbeiten, die auf das genaue Gegenteil hindeuten – insbesondere über elektrische Potentiale im Nervensystem, die auftauchen, bevor sich der Mensch seines Entschlusses zu handeln bewußt wird. Dann sind da noch die Notsituationen, in denen man sofort mit Korrektur- oder Präventivmaßnahmen reagiert und sich erst später bewußt wird, daß man sich »instinktiv« für die richtige Handlung entschieden hat. Welches auch immer die beste Art sein mag, das Phänomen des Willens zu begreifen, es bleibt schwierig, ihn in die M-1-Metaphysik einzupassen.

Lassen Sie uns ein recht bekanntes Experiment des Hypnoseforschers Ernest Hilgard betrachten, das sich mit der Frage beschäftigt: Wer trifft die Wahl? Eine Versuchsperson wurde hypnotisiert, und ihr wurde gesagt, daß ihre linke Hand (nicht die Schreibhand) keinen Schmerz empfinden würde. Man veranlaßte die Person, ihre linke Hand in einen Behälter mit eiskaltem Wasser und Eiswürfeln zu halten. Obwohl das normalerweise sehr schmerzhaft ist, berichtete die Versuchsperson – wie erwartet –, daß sie sich ganz wohl fühle. Dann bat man die Person darum, mit der rechten Hand »automatisch zu schreiben« – die Hand einfach schreiben zu lassen, »was sie will«, ohne daß die Person ihr besondere Beachtung schenkte. Mehrere Minuten danach befragt, wie die eingetauchte Hand sich anfühle, antwortete die Person, sie fühle sich gut an. Gleichzeitig beschwerte sich jedoch die rechte Hand bitterlich und schrieb Dinge wie »es tut weh« und »autsch«. Ein Teil der Psyche (das »berichterstattende« Bewußtsein eingeschlossen), ist sich des Schmerzes nicht bewußt, während ein anderer Teil ihn spürt und ausdrückt. Diesen »anderen Teil der Psyche« nennt Hilgard den »versteckten Beobachter«.

Mit dem Willen ist es offensichtlich nicht so einfach. Aufmerksamkeit ist mit dem Phänomen des Willens sehr eng verknüpft. Während ich in meinem Arbeitszimmer sitze, kann ich dem, was ich lese, Aufmerksamkeit schenken. Zur gleichen Zeit kann mein Geist aber auch abschweifen und sich mit etwas beschäftigen, was gestern passiert ist; oder ich kann mich damit beschäftigen, ob mein Körper es bequem hat – ob nichts juckt, nichts wehtut oder ähnliches; oder ich kann meine Aufmerksamkeit auf ein Geräusch richten, das unauffällig die ganze Zeit da war, während ich las.

Aufmerksamkeit ist wichtiger, als es auf den ersten Blick scheinen mag, denn davon, wie aufmerksam ich bin, hängt es ab, was ich wahrnehme, und was ich wahrnehme, beeinflußt die Interpretation meiner Erfahrung. Wenn ich mir die Worte eines Menschen anhöre, kann ich zu einer ganz anderen Interpretation des Gesprächs kommen, als wenn ich der Körpersprache der Person Aufmerksamkeit schenke und die unterschwelligen Botschaften beachte, die die unruhig umherschweifenden Augen, die Haltung und die Gestik mir vermitteln. Sowohl Aufmerksamkeit als auch der Wille sind alltägliche Phänomene, die sich nur sehr schwer in eine M-1-Weltsicht einordnen lassen. Wer ist das Selbst, das wählt? Wer ist das Selbst, das aufmerksam ist?

Geist, Instinkt und Evolution

Das komplexe Instinktverhalten der Tiere ist ein weiterer Bereich, der ähnliche Fragen aufwirft. Es lassen sich unzählige Beispiele nennen. Wir wollen ein von Rupert Sheldrake in seinem Buch *Das schöpferische Universum* beschriebenes Beispiel anführen.

Der europäische Kuckuck legt seine Eier in die Nester anderer Vogelarten. Die Jungvögel werden von diesen unfreiwilligen Pflegeeltern ausgebrütet und gefüttert und bekommen ihre wirklichen Eltern nie zu Gesicht. Gegen Ende des Sommers fliegen die erwachsenen Kuckucke in ihr Winterquartier nach Südafrika. Etwa einen Monat später sammeln sich die jungen Kuckucke und ziehen auch fort, in die gleiche Region Afrikas, wo sie mit den älteren zusammentreffen. Sie wissen instinktiv, daß sie ihr Quartier wechseln müssen und wann. Sie erkennen instinktiv andere junge Kuckucke und stoßen zu ihnen, und sie wissen instinktiv, in welche Richtung sie fliegen müssen und welches ihr Ziel ist.

Haben Kuckucke ein kompliziertes, computerähnliches Programm in ihren Genen eingespeichert? Die M-1-Wissenschaft tendiert dazu zu sagen: »So muß es wohl sein«. Oder nehmen die jungen Kuckucke mit dem großen Kuckucksgeist am Himmel Verbindung auf und erhalten ihre Anweisungen von dort? Es klingt absurd, und doch stellt Sheldrake mit seinem Konzept von der »formbildenden Verursachung« eine ganz ähnliche These auf.

Nach diesem Konzept sind Systeme auf eine bestimmte Art und Weise organisiert, weil ähnliche Systeme in der Vergangenheit genauso organisiert waren. Die charakteristischen Verhaltensweisen biologischer Organismen werden durch unsichtbare Organisationsfelder beeinflußt, die unabhängig von Raum und Zeit operieren. Diese hypothetischen *morphogenetischen Felder* sind eine Art gesammelter Aufzeichnung vergangener Verhaltensweisen, die zugunsten jener Verhaltensweisen ausgerichtet sind, die sich für die Spezies als vorteilhaft erwiesen haben – ganz ähnlich wie bei der natürlichen Auslese. So lernt zum Beispiel die Spinne ihr Netz zu weben und zu reparieren – nicht dadurch, daß sie ihre Eltern imitiert oder durch eine genetische Programmierung, sondern durch das nicht meßbare, kumulative morphogenetische Feld, das die *trial-and-error*-Lernprozesse aller vorhergehender Generationen umfaßt.

Eines der von Sheldrake angeführten Beispiele schildert eine Reihe von Experimenten, die der Psychologe William McDougall Anfang der zwanziger Jahre an der Harvard Universität durchführte und durch die geprüft werden sollte, ob erlernte Verhaltensmuster vererbbar sind. McDougall setzte Ratten in einen speziell dafür konstruierten Wasserbehälter, aus dem sie sich befreien konnten, wenn sie einen nicht beleuchteten Gang entlangschwamm. Wenn statt dessen eine Ratte zu einem hell erleuchteten Gang schwamm, erhielt sie einen Elektroschock. Das Lerntempo der Ratten wurde gemessen, indem man die Fehlversuche zählte, die sie machten, bevor sie direkt zum unbeleuchteten Gang schwammen. Erstaunlicherweise stellte sich dabei heraus, daß die nachfolgenden Rattengenerationen wesentlich schneller lernten als die Generationen vor ihnen. Das Experiment erstreckte sich über zweiunddreißig Rattengenerationen und wurde erst nach fünfzehn Jahren abgeschlossen. Zwischen der ersten und der letzten Rattengeneration gab es eine mehr als zehnfache Steigerung der Lerngeschwindigkeit. Viel erstaunlicher aber war, daß bei unabhängig davon durchgeführten Studien in Schottland und Australien, durch die McDougalls Experimente wiederholt werden sollten, dort die erste Rattengeneration fast ebenso schnell lernte wie McDougalls zweiunddreißigste Rattengeneration. Ein Teil der Ratten »lernte« die Aufgabe sogar sofort, ohne einen einzigen Fehler zu machen.

Mit konventionellen Maßstäben sind diese Ergebnisse völlig unerklärlich. Nicht nur, daß erlerntes Verhalten eigentlich nicht vererbt werden kann – es gibt auch keine Erklärung für die Übermittlung von Erlerntem an völlig voneinander isolierte Gruppen von Ratten. In Sheldrakes Konzept, daß Verhaltensmuster einem kumulativen, nichtkörperlichen, morphogenetischen Feld enstammen, das räumlich unbegrenzt ist, lassen sich die beobachteten Resultate mühelos einordnen. Diese Vorstellung mag vom Standpunkt eines M-1-Blickwinkels aus betrachtet eine äußerst gewagte Hypothese sein; von einer M-2- oder M-3-Metaphysik aus betrachtet, in der Bewußtsein nicht so begrenzt wird, daß es unsere gewohnten physikalistischen Erwartungen erfüllt, scheint diese Vorstellung jedoch gar nicht so abwegig.

Die meisten Wissenschaftler würden zustimmen, daß instinktive Verhaltensweisen, egal woher sie stammen, zu den Eigenschaften gehören, die sich im Prozeß der Evolution entwickeln und jeder nachfolgenden Generation einer Spezies auf genetischem Weg übermittelt werden.

Die Entstehung der verschiedenen Lebensformen auf der Erde, so wie sie allgemein verstanden wird, ist in ihrem groben Verlauf hinreichend bekannt. Etwa vor fünfzehn Milliarden Jahren begann die Entstehung des Universums, so wie wir es heute kennen, mit dem »Urknall«. Vor etwa drei Milliarden Jahren entwickelten sich die ersten Lebensformen auf der Erde und vor zweihundert Millionen Jahren die ersten Säugetiere. Obwohl einige Aspekte der Entstehung des Lebens noch unsicher sind, nehmen die Wissenschaftler gemeinhin an, daß es durch eine Art zufälliger Verbindung von Nukleinsäuren und Proteinen entstanden ist. Im Laufe der Zeit erschienen immer mehr verschiedene Lebensformen, die hauptsächlich durch Zufallsmutation und natürliche Auslese entstanden. Während dieses evolutionären Prozesses entwikkelte sich das Charakteristikum Geist oder Bewußtsein. (Nichtmaterielles Bewußtsein soll aus einer materiellen Welt heraus entstanden sein – aus einer Welt der Materie und Energie. Wie wir bereits gesehen haben, ist *ein* Versuch, dieses Paradox einzuordnen, die Behauptung, daß der Geist nichts anderes als ein Prozeß sei – er ist das, »was das Gehirn tut«.)

Die Darwinsche Evolutionstheorie basiert im Grunde auf einigen wenigen Annahmen. Eine der grundlegenden Annahmen ist die, daß ein ständiger Kampf ums Überleben stattfindet, in dem die große Mehrzahl aller Wettbewerber verliert. Eine weitere grundlegende Annahme besagt, daß es ein natürliches Spektrum von Varianten bei allen Spezies gibt, sowohl was unwichtige als auch was wichtige Eigenschaften betrifft. Bei stark im Wettbewerb stehenden Organismen stellen einige dieser Variationen einen Vorteil oder Nachteil im Kampf ums Überleben dar. So entsteht eine natürliche Auslese, wobei die Organismen, die für ihre Lebensbedingungen schlechter ausgestattet sind, wahrscheinlich aussterben, während die besser ausgerüsteten Organismen bessere Chancen haben zu überleben und Nachkommen zu hinterlassen. Das Ergebnis ist eine langsame Veränderung der Spezies in Richtung einer besseren Anpassung.

Die meisten Varianten bei Organismen der gleichen Spezies beruhen nach heutigen Erkenntnissen auf Mutationen des genetischen Materials, das auf Desoxyribonukleinsäure (DNA) basiert. Mutationen sind geringfügige Veränderungen in der Molekularstruktur der DNA, die auf die Einwirkung von schädlichen chemischen Stoffen oder Strahlung zurückgehen und im Grunde zufällig sind.

Die neo-darwinistische Evolutionshypothese (das heißt, die Darwinsche Theorie in abgewandelter Form, unter Einbeziehung der neueren Erfahrungen über genetische Vererbungsmechanismen) ist bereits des öfteren angegriffen worden. Einer dieser Angreifer ist Lamarck mit seinem Konzept der Vererbung erworbener und erlernter Charakteristika. (Das war die Hypothese, die McDougall in seinen eben beschriebenen Experimenten überprüfen wollte.) Was die genetische Weitergabe erworbener Charakteristika an nachfolgende Generationen betrifft, wird diese Hypothese generell verworfen. Als kumulativer Lernprozeß der Spezies betrachtet, der im morphogenetischen Feld irgendwie erhalten bleibt, also nach Sheldrakes Theorie, könnte diese Vorstellung neue Nahrung erhalten. Ein anderer Einwand betrifft die Annahme, daß die immense Vielzahl der auf der Erde lebenden Organismen durch allmähliche Transformation, das heißt durch geringfügige Veränderungen bei jeder nachfolgenden Generation, entstanden ist. Abgesehen von anderen Punkten ist die Anzahl und Struktur der Chromosomen bei den Organismen unterschiedlich, was darauf schließen läßt, daß einige abruptere und grundlegendere Veränderungen stattgefunden haben müssen.

Am unerklärlichsten ist für die neo-darwinistische Auffassung des Evolutionsprozesses das Auftauchen komplexer Strukturen und Verhaltensweisen, die offenbar erst in ihrer endgültigen Form einen Überlebenswert aufweisen, nicht aber in den Zwischenstadien. Ein oft erwähntes Beispiel ist das räumliche Sehen. Säugetiere und viele andere Lebewesen haben binokulares Sehvermögen. Das Auge selbst ist ein hervorragend konstruiertes Instrument der visuellen Wahrnehmung; das räumliche Sehen, bei dem beide Augen benutzt werden, erhöht die Tiefenschärfe. Sind beide Augen erst einmal vorhanden, ist der Wert, den sie fürs Überleben haben, offensichtlich. Wie sollen wir uns aber eine allmähliche Entwicklung des räumlichen Sehens in winzigen Stufen vorstellen, wobei jede der Stufen das Ergebnis einer Zufallsmutation ist und dennoch genügend Überlebenswert an sich aufweist, um als Charakteristikum für die Weitergabe an die nächste Generation ausgewählt zu werden? Oder können wir uns andererseits vorstellen, daß ein zufällig vorhandener Organismus mit einem Satz das Stadium des primitiven binokularen Sehens erreicht und genügend Überlebenswert aufweist, um durch aufeinanderfolgende Generationen natürlicher Auslese dann bis zur gegenwärtigen Form perfektioniert zu werden? Obwohl bei dieser Art von Erklärungen eine erhebliche Menge dem »Zufall« überlassen bleibt, sind sie in einer M-1-orientierten Wissenschaft dennoch die bevorzugte Erklärungsweise.

Lassen Sie uns eine Erklärungsweise in Betracht ziehen, bei der von einer Art teleologischem »Sog« innerhalb des Evolutionsprozesses gesprochen wird, einem Drang der Evolution in Richtung auf ein gesteigertes Bewußtsein, vermehrte Komplexität und Freiheit – kurz gesagt, die Evolution *bewegt sich auf etwas zu* (nicht im Sinne einer Vorherbestimmtheit, sondern im Sinne einer bevorzugten Richtung). Bei dieser Erklärung des Evolutionsprozesses hat der Organismus zwei Augen entwickelt, weil er von einer tiefen Ebene inneren Verstehens her besser sehen wollte! Vielleicht wird eine Spezies auf dem langen Pfad der evolutionären Entwicklung nicht nur durch Zufallsmutationen und natürliche Auslese in eine Richtung gedrängt, sondern auch durch die Art teleologischer Kraft angezogen, von der in Henri Bergsons *Denken und schöpferisches Werden* die Rede ist und noch viel deutlicher in Teilhard de Chardins *Der Mensch im Kosmos.* In diesem Erklärungsmodell existiert *der Geist vor dem Gehirn,* und Evolution ist sowohl durch die Freiheit des Organismus zu wählen als auch durch seinen inneren Sinn für die »richtige« Richtung charakterisiert. Diese Erklärungsweise wurde in der modernen wissenschaftlichen Diskussion bisher als völlig unakzeptabel angesehen – dennoch ist sie der aufkommenden Ansicht, daß das Bewußtsein in unser gesamtes wissenschaftliches Bild des Universums miteinbezogen werden müsse, wesentlich geistesverwandter.

Außergewöhnliche Fähigkeiten

Im Verlauf aller Diskussionen um die Beschränkungen der M-1-Wissenschaft hat ein Thema besonders hitzige Kontroversen ausgelöst, und zwar die Diskussion über den Bereich der außergewöhnlichen Fähigkeiten, insbesondere jener, die in gewisser Weise dem grundlegenden wissenschaftlichen Realitätsbild zu widersprechen scheinen. Im zweiten Kapitel haben wir zehn stillschweigend akzeptierte Grundannahmen der konventionellen Wissenschaft angeführt. An dieser Stelle wollen wir uns nun mit Fähigkeiten und Phänomenen beschäftigen, die anscheinend eine Herausforderung an eine oder mehrere dieser Prämissen darstellen.

Im ersten Kapitel haben wir bereits ein solches Phänomen erwähnt, das seit neuestem als überzeugender Beweis für den Einfluß der Suggestion in Mode gekommen ist – der Feuerlauf. Viele kühne Versuche sind unternommen worden, um diese Erfahrung irgendwie mit der M-1-Metaphysik in Einklang zu bringen – isolierende Asche, isolierende Dampfschicht etc. Von welchem Mittlermechanismus man auch immer ausgeht, die Tatsache bleibt bestehen, daß bei Ausrichtung der Aufmerksamkeit in die eine Richtung die nackten Füße sehr schnell durch die heißen Kohlen verursachte Verbrennungen aufweisen und daß bei Ausrichtung der Aufmerksamkeit auf eine *andere* Vorstellung die Füße unverletzt bleiben.

In allen Kulturen mit Tradition gibt es Geschichten von Männern und Frauen mit scheinbar wunderbaren Kräften, und die Existenz solcher Kräfte wird von allen Religionen anerkannt. Man sagt, daß in vielen Teilen der Welt verschiedene paranormale Fähigkeiten in esoterischen Traditionen wie Schamanismus, Hexerei, Tantra-Yoga und Spiritismus bewußt gepflegt werden. Selbst in unserer modernen westlichen Gesellschaft gibt es immer wieder Berichte über offensichtlich unerklärbare Phänomene wie Telepathie, Hellsehen, Präkognition, Erinnerung an vergangene Leben, Spuk, Poltergeister, Psychokinese und ähnliches.

Seit hundertfünfzig Jahren werden solche angeblich paranormalen Phänomene wissenschaftlich untersucht; diese Studien wurden aber selten wirklich aus vollem Herzen von den Forschungsinstitutionen, in deren Rahmen sie durchgeführt wurden, unterstützt. Obwohl in einigen Fällen Betrug und Täuschung vorlagen und obwohl einige angeblich paranormale Vorgänge letztlich ganz normale Ursachen hatten, bleibt ein Rest von Phänomenen übrig, die jedem bekannten physikalischen Grundsatz zu spotten scheinen. Darüber hinaus haben zahlreiche Experimente, in denen die sogenannte außersinnliche Wahrnehmung oder die Psychokinese getestet wurde, Ergebnisse gebracht, bei denen die Chance für eine Erklärung durch den »Zufall« eins zu einer Million und mehr stand.

Insofern als diese Phänomene durch die bekannten Gesetze der Physik und Chemie nicht erklärbar sind, dürften sie vom Standpunkt der M-1-Metaphysik aus gesehen nicht existieren. Wenn es sie offenbar trotzdem gibt, müssen sie entweder auf noch unbekannten physikalischen Gesetzen beruhen oder auf nicht physikalischen Kausalzusammenhängen oder verbindenden Prinzipien.

Im folgenden findet sich eine gebräuchliche Einteilung der übernatürlichen Phänomene:

Außersinnliche Wahrnehmung

bei der Informationen anscheinend unter solchen Bedingungen empfangen werden, bei denen die Übermittlung über die normalen Sinneskanäle ausgeschlossen ist.

Telepathie
bei der diese Kommunikation anscheinend direkt von Psyche zu Psyche stattfindet.

Hellsehen
wo anscheinend Informationen empfangen werden, die der Person normalerweise gar nicht zugänglich wären – beispielsweise das Phänomen der Fernwahrnehmung.

Präkognition
bei der die Person Zugang zu Informationen über Ereignisse hat, die noch nicht stattgefunden haben – manchmal in Form von »Erinnerungen« an ein *zukünftiges* Ereignis.

Retrokognition
bei der die Person offenbar Wissen über oder »Erinnerungen« an Ereignisse der Vergangenheit hat, die ihr normalerweise nicht bekannt sein können.

Psychokinese

wo der geistige Zustand eines Menschen anscheinend direkten Einfluß auf seine physische Umgebung ausübt.

Einfache Psychokinese
bei der der geistige Zustand offenbar auf Entfernung und ohne physischen Kontakt das Bewegen oder Verformen eines Gegenstands bewirkt, wie zum Beispiel beim Metallbiegen.

Levitation
der eigenen Person

Teleportation
das offensichtliche Verschwinden eines Gegenstandes von einem Ort und sein Auftauchen an einem anderen Ort.

Materialisation und Dematerialisation

Gedankenfotografie
bei der eine gedankliche Vorstellung oder ein mentaler Zustand als Bild auf einem Film »fotografiert« erscheinen.

Geistheilung und Geistchirurgie

Kommunikation mit körperlosen Wesen, manchmal von physischen oder fast-physischen Phänomenen begleitet.

Ein gesunder Skeptiker ist für gewöhnlich überzeugt davon, daß es die meisten der aufgeführten Phänomene gar nicht geben kann, und daß die wenigen, die es tatsächlich gibt, letztlich »natürliche« und »wissenschaftliche« Erklärungen finden werden. Die schlichte Tatsache ist jedoch, daß alle diese Erscheinungen (wie beispielsweise der Feuerlauf) von den verschiedensten Kulturen und über Jahrtausende hinweg immer wieder berichtet wurden und daß sie alle von genauen, wissenschaftlich hochgebildeten Beobachtern untersucht wurden. Das bedeutet jedoch nicht, daß sie für die Wissenschaft hinreichend »bewiesen« sind – im Gegenteil: Die erlangten Ergebnisse bleiben widersprüchlich und schlecht definierbar (die Gründe hierfür werden wir im nächsten Kapitel untersuchen). Wenn wir trotzdem die Tatsache berücksichtigen wollen, daß ganze Kulturen möglicherweise »Realitäten« sehen, die andere Kulturen nicht sehen, dann können wir die experimentellen Untersuchungen und Erfahrungsberichte über übersinnliche Phänomene nicht völlig beiseite schieben.

H. J. Eysenck, Psychiatrieprofessor in London, faßte das vor dreißig Jahren wie folgt zusammen:

»Sofern nicht eine gigantische Verschwörung im Gange ist, zu der dreißig Universitätsfakultäten auf der ganzen Welt und Hunderte von hochgeachteten Wissenschaftlern aus verschiedenen Bereichen gehören, von denen viele ursprünglich den Thesen der parapsychologischen Forscher feindlich gegenüberstanden, muß der einzig mögliche Schluß, zu dem ein unvoreingenommener Beobachter kommen kann, der sein, daß es Menschen gibt, die sich Wissen – das entweder in anderen Menschen oder in der äußeren Welt existiert – auf einem Wege aneignen, der der Wissenschaft noch unbekannt ist.«

Vom M-1-metaphysischen Ansatz aus betrachtet ist dies alles äußerst verwirrend und führt zur fruchtlosen Suche nach »physikalischen Mechanismen«. Vom M-2-Standpunkt aus, ist das Auftreten dieser Phänomene schon weniger beunruhigend, es bleibt aber unklar, welche Untersuchungsmethode zum Verständnis der konsistenten Inkonsistenz der erhaltenen Daten beitragen könnte.

Vom M-3-Blickwinkel aus gesehen wird das schwer faßbare Wesen übersinnlicher Phänomene als Auswirkung von psychologischen Widerständen gesehen. Die Existenz solcher Phänomene ist an sich nicht möglich, aber sie brechen mit den Regeln, die der kollektive Geist (sozusagen) »vereinbart hat«. Während sie also zwar gelegentlich vorkommen mögen, gibt es auf tiefster unbewußter Ebene einen Widerstand gegen genau die Art von Daten, die der Wissenschaftler anstrebt – Daten, die die Existenz dieser anomalen Vorgänge »wissenschaftlich beweisen« würden.

Von allen Herausforderungen für das positivistische reduktionistische Wissenschaftsverständnis sind diese außergewöhnlichen Fähigkeiten die unmittelbarste, offenste, am schwersten faßbare und meistdiskutierte Herausforderung.

Viertes Kapitel

Das neue Paradigma in der Psychologie: Legitimierung des Transpersonalen

Wahrheit ist nicht das Beweisbare. Wahrheit ist das Unausweichliche.
St. Exupéry

Das grundlegende Problem der westlichen Wissenschaft ist seit langem bekannt. Wenn die Welt, von der die Wissenschaft uns berichtet, die Realität ist, wie kommt es dann, daß wir uns in ihr so wenig zu Hause fühlen? Wenn meine unmittelbarste Erfahrung der Realität meine eigene bewußte Wahrnehmung ist, warum räumt die Wissenschaft dem Bewußtsein dann nicht mehr Raum ein? Es hat in der Vergangenheit immer wieder Versuche gegeben, dem Bewußtsein eine zentralere Bedeutung innerhalb des Wissenssystems zukommen zu lassen. Einige dieser Versuche (beispielsweise die Phänomenologie, Introspektion und Gestaltlehre) scheiterten daran, daß sie grundlegende methodologische Kriterien nicht erfüllten. Andere (wie die Psychologie des tibetanischen Buddhismus) entstammen fremden Kulturen und finden erst seit neuestem ernsthafte Beachtung.

Wenn wir erst einmal erkannt haben, daß eine bestimmte Ausrichtung in *jedem* Wissenssystem unvermeidlich ist (zwei der wichtigsten Hauptquellen sind stillschweigende metaphysische Annahmen und die Tendenz zu kulturell verwertbarem Wissen), rückt die Frage nach der Überprüfbarkeit dieses Wissens in den Vordergrund. Wissenschaftliche Erkenntnisse zu überprüfen ist eine diffizilere Angelegenheit, als man annehmen könnte. Zwei Kriterien werden im allgemeinen für die wissenschaftliche Untersuchungsmethode als charakteristisch angesehen, nämlich *Objektivität der experimentellen Vorgehensweise* und *Reproduzierbarkeit der Ergebnisse.*

Wenden wir uns dem Begriff der Objektivität zu. Im gegebenen Zusammenhang bedeutet dieser Begriff, daß man versucht, zu einer Wirklichkeitssicht zu gelangen, die frei von persönlichen Gefühlen und Vorurteilen ist. Das setzt für die Untersuchungen nicht nur eine Vorgehensweise voraus, bei der die Ergebnisse von den Wünschen und Hoffnungen des Forschers klar abgegrenzt sind, sondern auch eine Offenheit gegenüber neuen Erkenntnissen, die möglicherweise zum Umdenken zwingen. Deshalb geht es hier nicht nur um ein Charakteristikum der wissenschaftlichen Untersuchungsmethode, sondern auch um einen *Charakterzug des Forschers.*

Die Geschichte wissenschaftlichen Denkens wird oft so gelehrt, daß die Scholastiker im Mittelalter als völlig unaufgeschlossen gegenüber neuen Gedanken dargestellt werden. Der Wissenschaftler andererseits wird so dargestellt, als sei er neuen Fakten gegenüber stets aufgeschlossen und geradezu begierig, sich seine Theorien durch neue Erkenntnisse zerstören zu lassen – um sie dann in immer umfassenderer Weise wieder zu erstellen. Die Geschichte berichtet, wie die Wissenschaftler Galilei, Bruno und Harvey von den etablierten Machtorganen, die sich auf die klassischen Autoritäten beriefen, schikaniert und angefeindet wurden. Die Schikanen und Anfeindungen, denen Semmelweis, Pasteur, Darwin, Freud und viele andere seitens ihrer eigenen Kollegen ausgesetzt waren, werden dabei oft einfach übergangen.

Wenn man hinter den Vorhang der Wissenschaftsgeschichte schaut, findet man zahllose Beispiele von Wissenschaftlern, die von ihren Kollegen geschmäht wurden, weil ihre Theorien und Forschungen nicht in den gängigen konzeptionellen Rahmen der Zeit »paßten«. Es hat jedoch wenig Sinn, die nur allzu menschliche Schwäche dieser Wissenschaftler zu kritisieren. Bewußt mag wohl der Wunsch nach Offenheit und Objektivität da sein, unbewußt bewirkt das Bedürfnis, Bestehendes zu schützen, vielleicht ein ganz anderes Verhalten. Wir sprechen hier nicht nur von dem Wissenschaftler, der so in sein Ego verstrickt ist, daß er es sich psychologisch gesehen nicht leisten kann, mit seiner eigenen Theorie in Konflikt stehende Beweise anzuerkennen. Der Anspruch objektiv sein zu wollen, wird noch wesentlich problematischer und allgegenwärtiger, wenn die unbewußten Annahmen in Frage gestellt werden, auf denen die eigene Kultur (oder wissenschaftliche Subkultur) gründet.

Im frühen siebzehnten Jahrhundert waren die damaligen Autoritäten wohl nicht gerade offen für unerwartete Anzeichen dafür, daß um den Jupiter Satelliten kreisen. Wir können jedoch davon ausgehen, daß sie durchaus gewillt waren, im Rahmen der gängigen Methoden Behauptungen über prophetische Träume, Wunderheilungen, das Auftauchen einer Gestalt, die der Jungfrau Maria ähnelte oder Berichte über einen meditierenden Mönch, der vom Boden abhebt und dann offenbar in der Luft schwebt, zu untersuchen. So ist, was oft vergessen wird, *Objektivität* im entscheidenden Maße *von den vorherrschenden (teilweise unbewußten) Grundannahmen über das Wesen der Wirklichkeit abhängig.*

Denken wir beispielsweise an die Ergebnisse, zu denen die von der *Académie Française* 1772 einberufene Kommission kam, die sich mit den Berichten über von uns heute als Meteoriten bezeichnete Objekte befaßt hatte – also über jene Himmelskörper, die als feuriger Schweif am Himmel auftauchen und dann als verglühte Metallteile und Steine auf der Erde aufschlagen. (Antoine Lavoisier, der »Vater der modernen Chemie«, gehörte übrigens ebenfalls zu dieser Kommission.) Die Kommission kam nach langen Beratungen und der Untersuchung von diversem Beweismaterial zu dem gleichen Ergebnis wie vor Beginn der Beratung: Es gibt keine heißen Steine, die vom Himmel gefallen sind, denn im Himmel gibt es keine Steine, die herunterfallen könnten. Die gängige Interpretation des Newtonschen Modells des Sonnensystems ließ keinen Raum für die Existenz dieser außerirdischen Objekte. Deshalb mußte es eine andere Erklärung für die berichteten Phänomene geben – optische Täuschungen, vom Blitz erhitzte Steine oder von Wirbelstürmen oder Vulkanausbrüchen in die Luft geschleuderte Steine etc. Das Ansehen der Kommission war so groß und ihre Argumente so überzeugend, daß sämtliche Museen in Westeuropa ihre Meteoritenexemplare wegwarfen. Deswegen existieren heute kaum Meteoriten, die vor 1790 gefunden wurden.

In neuerer Zeit wurden die Wissenschaftler, die die häufigen Berichte über unbekannte Flugobjekte (UFOs) ernst nahmen, schikaniert und verlacht. Die Hauptbegründung dafür ist offenbar, daß es innerhalb des gängigen konzeptionellen Rahmens keine Erklärung für diese Phänomene gibt; also darf es die unzähligen beobachteten Phänomene auch nicht gegeben haben; die erstaunlichen Fotos von UFOs müssen alle gefälscht sein und das unterstützende Beweismaterial entstammt irgendeiner Verschwörung mit betrügerischen Absichten.

In diesem Zusammenhang ist die Geschichte des Lichts in der Physik interessant. Schon 1650 führte der italienische Physiker Francesco Grimaldi Versuche durch, bei denen er Licht durch einen schmalen Schlitz fallen ließ und ein Muster von hellen und dunklen Streifen erhielt, das wir heute als Interferenzmuster bezeichnen würden. Das Interesse für dieses Experiment war nur von kurzer Dauer, da allgemein Newtons Ansichten galten, der von Lichtpartikeln ausging. Thomas Youngs bahnbrechende Studien aus dem Jahre 1802, in denen Interferenzexperimente beschrieben wurden, die auf eine Wellentheorie hindeuteten, wurden von einem Mitglied der *Royal Society* als »wertlos und nichtssagend ... bar jeden Anspruchs auf Anerkennung« bezeichnet. Dieser beleidigende Angriff auf Young schmälerte lange Jahre sein Ansehen. Die Wellen der Diskussion schlugen hoch. Ein Kritiker warnte davor, daß die Wellentheorie »keine andere Wirkung als die haben kann, den Fortschritt der Wissenschaft zu behindern und all die wilden Phantome der Phantasie wiederaufleben zu lassen, die Newton aus dem Tempel der Wissenschaft vertrieben hat«.

Trotz solch vehementer Opposition trug die Wellentheorie einen vorläufigen Sieg davon. Abwehr und Spott richteten sich nun auf im 18. Jahrhundert begonnene Versuche, den Druck von Licht zu messen, das auf einen festen Körper trifft. Der Grund der Anfeindung lag in der a priori-Annahme, nach der es nicht vorstellbar war, daß nichtmaterielle Wellen Druck ausüben konnten. (Später wurde der Druck von Licht nicht nur nachgewiesen, sondern auch in die Theorie eingepaßt.) Maxwells mathematische Theorien über elektromagnetische Wellen stießen zunächst auf weitverbreitete Ablehnung, da man sich so etwas wie einen alles durchdringenden »Äther«, der die Wellen transportiert, nicht vorstellen konnte. Bis zu seinem Tod lehnte Lord Kelvin Maxwells Hypothese ab und beharrte darauf, daß Roentgens Entdeckung von Strahlen, die wie Licht extrem kurze Wellenlänge haben, eine Art ausgeklügelter Humbug sein müsse – weil es das nach der a priori-Annahme nicht geben könne. In der Zwischenzeit hatte Einstein die Photon- oder »Lichtpartikel«-Theorie vorgelegt, und die Gegner warfen ein, daß die Annahme dieser Theorie die Wissenschaft um Jahrhunderte zurückwerfen würde.

Bohrs Komplementaritätsprinzip brachte schließlich die Lösung der Wellen-Partikel-Kontroverse. Dieses Prinzip besagt in seinem Kern, daß die Wellen- und Partikel-Theorien sich ergänzende Aspekte einer Realität sind, die weder durch die eine noch durch die andere Metapher allein in ihrer Ganzheit erfaßt werden kann. Wir können sowohl die Wellenlänge als auch die Position eines Photons genauestens messen, aber die beiden Quantitäten erscheinen nicht im selben Modell, und ein Versuch, beide gedanklich gleichzeitig zu erfassen, führt zu einer paradoxen Situation. Das Prinzip der Unschärferelation besagt nämlich, daß, je genauer unser Wissen über die Wellenlänge ist, desto größer wird unsere Unkenntnis der Position und umgekehrt. Das heißt, was in einem Modell »real« ist, ist im anderen Modell schwer definierbar, wenn nicht gar trügerisch. (Man beachte die bestrickende Analogie zu der Beziehung zwischen Bewußtsein und Materie-Energie in diesem Punkt.)

Welche Erklärungsmodelle akzeptabel sind, ändert sich mit dem Zeitgeschmack. Die sedative Wirkung von Opium wurde in der vornewtonschen Zeit damit erklärt, daß es »dormitiv«, also einschläfernd sei. Im ausklingenden 17. Jahrhundert, in dem der Glaube vorherrschte, daß alle Facetten der physischen Erfahrung sich letztlich auf kleinste Teilchen zurückführen ließen, war die bevorzugte Erklärung für die sedative und analgetische Wirkung des Opiums die, daß Opiummoleküle durch ihre runde Form die Nervenstränge beruhigen, entlang derer sie sich bewegen. Heutzutage fühlen wir uns wahrscheinlich wohler bei der Erklärung, daß die schmerzstillende Wirkung auf dem Einfluß beruht, den die Opiummoleküle auf das Schlafzentrum des Gehirns ausüben und auf das Verbinden der endorphinartigen Moleküle im Opiat mit den Rezeptoren im Zentralnervensystem. Aber die Situation hat sich nicht wesentlich verändert. Wir verfügen über keine begriffliche Erfassungsmöglichkeit für das Wesen des Schlafs, der Sedation oder des Schmerzes und seiner Linderung – weil wir die Rolle des Bewußtseins bei diesen Abläufen nicht adäquat begrifflich erfassen können.

Im Verlauf des 18. Jahrhunderts hielt die *Royal Society* Beweismaterial für die Existenz verschiedener Phänomene der Hexerei zurück. Später wurden ähnliche Beweise anerkannt und untersucht – aber als Manifestation hypnotischer Kräfte. Die Hypnose selbst wurde früher von wissenschaftlichen Kreisen als rein »körperlicher Magnetismus« abgelehnt. (Zu der Untersuchungskommission, die 1784 zu dem Ergebnis kam, daß es kein »magnetisches Fluidum« gebe, gehörten Benjamin Franklin und Lavoisier. Fälle erstaunlicher Genesung von Krankheiten wurden zwar nicht bestritten, wohl aber der »reinen Vorstellungskraft« zugeschrieben.) Die erste umfassende Beschreibung der Wirkung der Hypnose wurde im Jahre 1826 vorgelegt. Hier wurden Phänomene aufgeführt wie Amnesie, Analgesie (Schmerzunempfindlichkeit), halluzinatorische Aktivitäten, gesteigerte Erinnerungsfähigkeit, Überbeeinflußbarkeit und Willfährigkeit, telepatische Verständigung, »Sehen ohne Augen« (Hellsehen), hellseherische Fähigkeiten zur Diagnose und Voraussagen von Krankheiten, die Verordnung von geeigneten Gegenmitteln sowie die Fähigkeit, Krankheiten anderer Menschen auf sich zu nehmen und sie zu heilen.

Die Hypnose war, was ihre Erforschung an Universitäten betrifft, bis Mitte des 20. Jahrhunderts ein ziemliches Tabuthema. Das ist sicher zum Teil darauf zurückzuführen, daß sie früher mit außersinnlicher Wahrnehmung in Verbindung gebracht wurde. Heute schließt die Definition von Hypnose solche Phänomene nicht mehr mit ein, und sie werden selten im Rahmen von Laboruntersuchungen beobachtet und aufgezeichnet. Das kann entweder bedeuten, daß sie nie existiert haben oder daß ihr Vorkommen von vorneherein ausgeschlossen ist, weil der zeitgenössische Forscher nicht an sie glaubt. (Die Beschwerde F. W. H. Myers – einer der hervorragendsten Forscher des 19. Jahrhunderts auf dem Gebiet der außersinnlichen Wahrnehmung –, daß die Erforschung der Telepathie in England durch ihre Assoziation mit dem fragwürdigen Gebiet der Hypnose behindert werde, entbehrt nicht einer gewissen Ironie!)

Um 1840 bedienten sich die Ärzte John Elliotson in London und James Esdaile in Kalkutta in starkem Maße der hypnotischen Suggestion, um mit deren Hilfe schmerzlos größere chirurgische Eingriffe, unter anderem auch Beinamputationen, durchzuführen. Medizinische Zeitschriften verweigerten die Veröffentlichung der Ergebnisse mit der Begründung, es gäbe keine denkbare Erklärung für die angeblich analgetische Wirkung. Obwohl Hunderte von offensichtlich schmerzlosen größeren chirurgischen Eingriffen vorgenommen worden waren, einige sogar öffentlich, wurden Ärzte und Patienten »der Täuschung und geheimen Absprache« bezichtigt. Die Patienten, so wurde behauptet, hätten einfach Schmerzlosigkeit vorgespielt, während ihnen ohne Narkose ein Bein amputiert oder sie am Unterleib operiert wurden!

Wir haben bereits erwähnt, daß die Parapsychologie während ihrer ganzen jahrhundertealten Geschichte immer ein sehr umstrittenes Gebiet war. Die Angriffe gegen sie reichten vom Spott hinter vorgehaltener Hand bis zur offenen Anfeindung. Die Kritiker neigten dazu zu vergessen, daß schon vor den ersten ernsthaften Versuchen, überwachte Experimente in diesem Bereich durchzuführen, jahrzehntelang alle Daten über das spontane Auftreten augenscheinlich paranormaler Phänomene sorgfältig gesammelt worden waren. Sie behaupteten oder wiesen offen auf fehlerhafte Versuchstechniken hin (wie fehlende Ausschaltung von Sinnesreizen, systematische Fehler, die vielleicht auf dem unbewußten Wunsch des Forschers zur Bestätigung seiner Hypothese über ASW zurückzuführen waren, fehlerhafte Anwendung der statistischen Methoden), sprachen von Leichtgläubigkeit und bewußter Täuschung. Die Versuchsergebnisse wurden eines nach dem anderen auseinandergenommen und zunichte gemacht, wobei man sich universell einsetzbarer Begründungen wie Zufall, Fehler und Betrug bediente. Mitte des Jahrhunderts machte der Neurophysiologe D. O. Hebb eine für die gängige wissenschaftliche Ansicht charakteristische Äußerung: »Ich akzeptiere ASW überhaupt nicht, weil sie unsinnig ist. Meine externen Untersuchungskriterien, sowohl die der Physik als auch der Physiologie, sagen mir, daß es ASW nicht gibt, trotz der dafür vorgebrachten Beweise.« (Noch kürzer und bündiger war die Äußerung eines bekannten zeitgenössischen Wissenschaftlers, der, als man ihm einige besonders überzeugende Beweise für Hellsehen vorlegte, zurückschnaubte: »Ich würde es auch dann nicht glauben, wenn es wahr *wäre*!«)

Es läßt sich anhand dieser Beispiele leicht feststellen, daß einige der besten Wissenschaftler ihre Schwierigkeiten damit hatten, objektiv zu sein. Dieses Problem stellt sich dann ganz direkt, wenn es um Berichte persönlicher Erfahrungen geht, die ja für die Bewußtseinsforschung grundlegend sind.

Betrachten wir eine übliche Art von Untersuchung – das Testen eines neuen Schmerzmittels durch Verabreichung an eine große Reihe von Versuchspersonen und Erstellung einer statistischen Datenanalyse. Schmerz ist eine subjektive Reaktion, die von unterschiedlichsten subtilen Variablen beeinflußt wird, wie zum Beispiel vom Wunsch der Versuchsperson zu kooperieren, vom Placeboeffekt, von der gewollten oder ungewollten Schmerzunterdrückung durch Autosuggestion, von der individuellen Verschiedenheit oder einer von Tag zu Tag wechselnden Reaktion der Versuchsperson. Selbst beim Einsatz von hochentwickelten Doppelblind-Versuchstechniken würde man von einer Forschung, die sich so stark auf Berichte von subjektiv empfundenem Schmerz stützt, wohl kaum erwarten, daß rigide Maßstäbe von Objektivität und Wiederholbarkeit sich hier anwenden ließen. Noch würde man erwarten, daß eben aufgrund dieser immanenten Schwierigkeit die wesentlichen Gesichtspunkte dieser Forschung ernsthaft zu kritisieren wären.

Bei der Erforschung der geistigen Kräfte sind die Probleme der Objektivität und Wiederholbarkeit sogar noch viel stärker. Wir wollen zwei Beispiele nennen: die Forschung über den Einfluß von Vorstellungskraft und Suggestion bei der Krebsbekämpfung und die Forschung auf dem Gebiet der Psychokinese. Auf beiden Gebieten haben kompetente Forscher bereits beachtliche Arbeit geleistet. Auf beiden Gebieten weisen die Ergebnisse stark auf die Existenz echter Phänomene hin. Aufgrund der Tatsache jedoch, daß kein »Mechanismus« gefunden wurde, auf den die Phänomene zurückzuführen wären, werden strikte Anforderungen an die Forschungsergebnisse gestellt – und, mit diesem strengen Maßstab gemessen, werden sie dem wissenschaftlichen Anspruch nicht gerecht. Die Forscher mit einer positiven Einstellung den Phänomenen gegenüber kommen zu eher positiven Ergebnissen, die Skeptiker tendieren zu negativen Ergebnissen – somit stellt sich die Frage der Objektivität. Die Ergebnisse sind zudem, sogar unter offenbar ähnlichen Bedingungen, sehr unterschiedlich. Die Skeptiker neigen dazu, diese Merkmale der Untersuchungen als Beweis für das Nichtvorhandensein der Phänomene zu sehen. Die Ergebnisse könnten jedoch genausogut darauf hindeuten, daß die Forderung nach Objektivität und Wiederholbarkeit in diesem Forschungsbereich, auf den die übliche Bedeutung dieser Begriffe nicht paßt, fehl am Platze ist. Wenn man die Meinung vertritt, daß der Geist des Individuums die Umgebung auch auf Distanz beeinflussen kann, folgt daraus ganz klar, daß die geistige Einstellung des Forschers die Ergebnisse auch beeinflussen kann – streng objektiv zu sein, ist also unmöglich. Sobald wir erkennen, daß der Mensch eine Wahl sowohl bewußt als auch unbewußt trifft (so wie bei Süchtigkeit – wo eine bewußte Wahl getroffen wird, die eine bewußte Wahl aufhebt, oder wie beim Schuldgefühl – wo eine aus einem Teil des Unbewußten stammende Botschaft eine bewußt getroffene Wahl mißbilligt), müssen diese Phänomene neu gedeutet werden. Unbewußte und bewußte Wahl spielen eine Rolle bei Krebsheilung und bei Psychokinese. Auf der bewußten Ebene mag die Person eine Sache wollen, auf der unbewußten Ebene jedoch das Gegenteil. Unter Einbeziehung dieses unkontrollierbaren Faktors ist exakte Wiederholbarkeit unmöglich.

Deshalb scheinen rigide Interpretationen der Objektivität und Verläßlichkeit durch Wiederholbarkeit unangemessen, wenn das untersuchte Phänomen Bewußtsein und subjektive Erfahrungen mit einschließt. Es gibt jedoch ähnliche Kriterien, die angemessen *sind*; zum Beispiel das buddhistische Ideal des *Nicht-Verhaftetseins* (non-attachment), das als Ersatz für den Faktor Objektivität sehr geeignet wäre. Nach der buddhistischen Tradition (die auf metaphysischen M-3-Annahmen beruht) kann die Wahrnehmung nur dann unverzerrt sein, wenn kein Verhaftetsein an Theorien, Erwartungen, Ergebnisse, Wünsche, materielle Entlohnung und ähnliches vorhanden ist.

Was die Verläßlichkeit betrifft, so muß es, wenn wir in einem Bereich arbeiten, in dem keine exakte Wiederholbarkeit kontrollierter Versuche zu erwarten ist (oder selbst wenn, wie bei der astronomischen Forschung, die Wiederholbarkeit der Messung von Systemen vom Menschen weder gestört noch kontrolliert werden kann), doch einen Weg geben, um die Glaubwürdigkeit erlangten Wissens beurteilen zu können. Es ist möglich, daß der Beweis für diese Glaubwürdigkeit auf der Basis mehrfacher Negativ-Tests zu erbringen sein wird (Wissenschaftler haben sich beispielsweise oft bei der Wahl zwischen zwei Theorien, die gleichermaßen zu den vorliegenden Fakten paßten, für diejenige entschieden, die vom ästhetischen Gesichtspunkt her eleganter war.)

Die Forschung über multiple Persönlichkeiten ist ein interessanter Bereich, der einige der Schwierigkeiten aufzeigt, die bei Daten aus persönlichen Erfahrungsberichten auftreten. Das bewußte »normale« Selbst ist sich meistens sicher, *ein* Geist in *einem* Körper zu sein. Das Traumselbst kennt eine ganz andere Welt, ist sich aber sowohl im Traum als auch im Wachzustand sicher, daß es dasselbe »Ich« ist. Es gibt jedoch Menschen – Opfer einer »multiplen Persönlichkeitsstörung« –, die anscheinend zwei oder mehrere verschiedene Persönlichkeiten besitzen. (Dr. Jekyll und Mr. Hyde sind das klassische literarische Beispiel dafür.) Normalerweise liegen die Ursachen dieser Störung fast immer in einer schweren Mißhandlung, die man als Kind erlitten hat, und das Phänomen ist für die Betroffenen in der Regel verwirrend und schmerzlich. Neuere Untersuchungen darüber sind von verschiedenen Gesichtspunkten her interessant und geben einige methodologische Rätsel auf.

Bei solch einem Menschen (einem »Multiplen«) beherrschen abwechselnd verschiedene Persönlichkeiten (die sich oft der anderen vorhandenen Teilpersönlichkeiten gar nicht bewußt sind) den physischen Körper. Die alternierenden Persönlichkeiten können sich in folgendem stark voneinander unterscheiden: in Sprach- und Denkmustern, in ihren Stimmungen, ihrem Temperament, in stimmlichen Charakteristika, in ihrem Geschlecht, in der Physiognomie, in Haltungs- und Bewegungsmustern, in erinnerten Ereignissen, im angegebenen Alter und der Lebensgeschichte und anderen individuellen Persönlichkeitscharakteristika. Die verschiedenen Persönlichkeiten verfügen oft über unterschiedliche körperliche Fertigkeiten, individuelle Fähigkeiten und intellektuelle Kenntnisbereiche. Möglicherweise sprechen sie auch verschiedene Fremdsprachen. Der Eindruck, daß völlig verschiedene Persönlichkeiten sich durch ein und denselben Körper ausdrücken, wird dadurch noch verstärkt, daß diese verschiedenen Veränderungen mit den Persönlichkeitsveränderungen in Korrelation gesetzt werden, die der Psychiater oder Forscher subjektiv wahrnimmt.

Das seit kurzem sehr rege Forschungsinteresse in diesem Bereich ist zum Teil auf die Entdeckung zurückzuführen, daß bei diesen Fällen von Persönlichkeitsveränderung auch physiologische und biochemische Veränderungen beobachtbar sind, zum Beispiel im Gehirnwellenmuster, in der chemischen Zusammensetzung der Körperflüssigkeiten, im Immunsystem, im Auftreten von Allergien, im elektrischen Hautwiderstand und so weiter. Diese Entwicklung läßt wenig Zweifel daran, daß die alternierende Persönlichkeit in gewissem Sinne »wirklich existiert«, und zwar so wirklich wie die normale Persönlichkeit. Die Forschung auf dem Gebiet der multiplen Persönlichkeiten könnte ein völlig neues Licht auf eine Reihe von Fragen zum Bewußtsein werfen.

Beim Studium der multiplen Persönlichkeiten tauchen eine ganz andere Art methodologischer Fragen auf. Der größte Teil der konventionellen Wissenschaft sucht Phänomene reduktionistisch zu erklären. Aber »Persönlichkeit« ist genauso wie »Gesundheit« und »Liebe« ein ganzheitlicher Begriff. Wie soll man in einem Bereich die Wahrheit herausfinden, bei dem es um etwas Ganzheitliches geht, das nicht nur Verhalten oder andere meßbare Dimensionen umfaßt, sondern auch die volle Bandbreite subjektiver Erfahrungen? Der fruchtbarste Weg scheint mir zu sein, diese inneren Erfahrungen, die oft sehr bewegend und tiefgreifend sind, in einer Atmosphäre des gegenseitigen Vertrauens und Austausches mit einzubeziehen – die nichts mit der kalten, unpersönlichen Atmosphäre eines Kontrollversuchs gemein hat.

Der Wechsel von einer Persönlichkeit zur anderen kann von der alternierenden Persönlichkeit willentlich herbeigeführt sein oder spontan passieren – oft ausgelöst durch die emotionale Reaktion auf eine Situation. Einige alternierende Persönlichkeiten können destruktiv erscheinen: Sie können beispielsweise masochistisch sein oder die multiple Persönlichkeit durch soziopathisches Verhalten in Schwierigkeiten bringen. Manchmal hat eine alternierende Persönlichkeit auch die Rolle eines Helfers. Eine der Persönlichkeiten kann beispielsweise ungewöhnlich große physische Kräfte haben und als Beschützer auftreten, wenn die Situation es erfordert. Eine andere kann als Heiler auftreten und in Notfällen ihr außergewöhnliches Wissen über das Heilen einsetzen. Eine andere Teilpersönlichkeit kann sich des Körpers bedienen, während die Hauptpersönlichkeit »schläft«, und das Abendessen vorbereiten, den Abwasch machen oder andere Hilfeleistungen ausführen. Wenn eine Persönlichkeit gestreßt oder müde ist, übernimmt vielleicht eine andere und zeigt sich als sehr aktiv und effektiv.

Unter bestimmten Umständen »verschmelzen« Teilpersönlichkeiten auf Dauer mit der Hauptpersönlichkeit oder »verlassen« sie. In beiden Fällen kann das dazu führen, daß der Patient sich wohler fühlt und effektiver arbeitet. Anders ausgedrückt sind diese Ereignisse Teil eines »Heilprozesses«. In seltenen Fällen, in denen ein Multipler nicht »geheilt« werden will, ist es unter Umständen praktischer, wenn der Körper sozusagen von einem gut funktionierenden Komitee regiert wird, als auf eine einzelne Persönlichkeit beschränkt zu sein.

Im Verlauf einer Therapie kann sich manchmal eine bestimmte Teilpersönlichkeit zeigen, die als »innerer Helfer« bezeichnet wird. Diese besondere Persönlichkeit ist normalerweise dem Therapeuten gegenüber sehr kooperativ, sie gibt sogar manchmal Ratschläge und weist auf Fehler hin. Negative Gefühle wie Haß, Wut, Besorgnis, Angst oder Depressivität treten bei ihr anscheinend nie auf. Normalerweise ist sie heiter und herzlich und hat viel Humor. Diese »Helfer«-Persönlichkeit ist offensichtlich bei jedem der Fälle potentiell vorhanden, sie zeigt sich vielleicht nur nicht spontan. Im Unterschied zu den anderen Teilpersönlichkeiten, die für gewöhnlich berichten, sie seien während eines traumatischen Zeitabschnittes in der frühen Kindheit »geboren« worden, sagt diese Persönlichkeit eher »Ich bin immer dagewesen«. Wenn man sie über den Tod befragt, berichtet sie, daß beim Tod der Körper verwest, die anderen Persönlichkeiten sich auflösen und nur »Ich bleibe da«. (Es ist interessant, diese jüngsten Ergebnisse mit dem folgenden Zitat aus den *Upanischaden* [Indien, 1000 v. Chr.] zu vergleichen: »Das *Atman*, das Selbst, wird nicht geboren und stirbt nicht ... es ist jenseits der Zeit, ungeboren, immer da und ewig. Es stirbt nicht, wenn der Körper stirbt.«)

Es scheint eine Verbindung zwischen dem Phänomen der multiplen Persönlichkeiten und anderen Arten von dissoziativen Zuständen zu geben, von denen einige durchaus nicht als pathologisch betrachtet werden, sondern ganz im Gegenteil hoch angesehen sind. Sicherlich haben wir alle in gewisser Weise alternierende Persönlichkeiten. Jeder von uns hat Zeiten erlebt, in denen wir uns stark vom internalisierten Elternteil oder vom rebellischen Kind in uns beherrscht fühlten. Eine dissoziative Erfahrung, die oft als äußerst hilfreich betrachtet wird, ist die des außerkörperlichen Erlebens. Manchmal tritt sie im Zusammenhang mit einer Erfahrung von Todesnähe auf. Viele Menschen berichten, daß ein solches Erlebnis eine positive, transformierende Wirkung auf ihr Leben gehabt habe. Ein weiteres Beispiel ist das subjektive Erleben einer Art inneren Genius – so wie die Muse des Poeten oder Sokrates' »Daimonion« –, das vielleicht die Antwort auf eine Frage, die Lösung eines Problems, eine musikalische Komposition oder die Idee für ein Kunstwerk liefert.

Manchmal erscheint eine Teilpersönlichkeit sowohl der Hauptpersönlichkeit als auch außenstehenden Beobachtern als kenntnisreich, weise und wohltätig, weit mehr als es die Fähigkeiten und der Charakter der Gastpersönlichkeit vermuten lassen würden. Eine solche Wesenheit kann sich beispielsweise als spiritueller Führer bezeichnen. In diesem Fall läßt sich eine Verbindung zum Phänomen des »Channeling« ziehen. Der Begriff »Channeling« bezeichnet normalerweise eine Art von Kommunikation, die außerhalb des »normalen« bewußten und unbewußten geistigen Bereiches der Person liegt und die ihr normales geistiges Potential in manchen Bereichen auch zu übersteigen scheint. Diese »andere« Quelle kann allem Anschein nach – oft sagt sie es sogar selbst von sich – eine Persönlichkeit sein, die schon einmal als Mensch auf der Erde gelebt hat, oder aber eine Art außerirdisches Wesen, das nicht im üblichen Sinne einen Körper besitzt. Zu anderen Zeiten oder unter bestimmten Umständen wurden für einige Erscheinungsformen dieses Phänomens andere Begriffe benutzt – unter anderem die Bezeichnungen »Inspiration«, »Kreativität«, »Ur-intuition«, »Medium«, »religiöse Erfahrung« und »Offenbarung«.

Die Geschichte der Wissenschaft, der Mathematik, der Kunst und der intellektuellen Errungenschaften ist voll von persönlichen Berichten, in denen diese – anscheinend von außerhalb des normalen Selbst kommende – Art von Kommunikation bezeugt wird. Die geoffenbarten Schriften vieler religiöser Traditionen sollen angeblich aus solchen Quellen stammen. Das Phänomen des Channeling, wie immer man es interpretieren mag, hat die Geschichte der Menschheit zutiefst beeinflußt. Die Wissenschaft hat dazu bisher jedoch sehr wenig zu sagen gehabt, außer vielleicht dem Eingeständnis, daß die meisten ihrer eigenen Denkfortschritte offensichtlich auf diese Art und Weise vermittelt wurden. Wenn dieses Phänomen überhaupt untersucht worden ist, dann im Kontext der Pathologie – wie das Phänomen der multiplen Persönlichkeiten.

Falls die Forschung in dieser Richtung weitergeht (und davon können wir ausgehen, nachdem ihre potentielle Bedeutung jetzt weitgehend erkannt wird), stehen wir vor einer noch grundlegenderen methodologischen Frage als den bereits gestellten. Wenn wir nach einem tieferen Verständnis unseres eigenen Bewußtseins streben, stoßen wir dann nicht vielleicht mehr und mehr auf Fragen, die tatsächlich über unsere Wissenschaft hinausreichen, ja sogar über eine zukünftige, erweiterte Form von Wissenschaft – obgleich *nicht notwendigerweise über das höchste menschliche Verstehen*?

Nehmen wir einmal an, wir kämen zu dem Schluß, daß in einigen Fällen von alternierenden Persönlichkeiten oder Channeling die Verbindung zu einer Quelle aufgenommen wird, die anscheinend normale menschliche Intelligenz, menschliches Wissen und menschliche Weisheit weit übersteigt. In diesem Fall müßten wir wohl von unserer Tendenz Abstand nehmen, bei allem zu fragen, wofür man es »nutzen« kann, denn der Versuch, eine solche Quelle auszubeuten, käme etwa der Wahnvorstellung einer Laborratte gleich, sie würde die Versuche am Wissenschaftler durchführen. Unsere anmaßende Einstellung hier im Westen, daß alles in der Natur dazu da ist, um für unsere Zwecke ausgebeutet zu werden, muß vielleicht durch einen wesentlich bescheideneren Standpunkt ersetzt werden, wenn wir vom Universum lernen sollen, was immer es uns zu lehren hat.

Kreativität und unbewußtes Wissen

Wir haben bereits erwähnt, daß wir auf unbewußter Ebene vieles »wissen«, was normalerweise unserem Bewußtsein nicht zugänglich ist. Dieses unbewußte Wissen hat einen viel stärkeren Einfluß auf unser Erleben, als gemeinhin angenommen wird.

Untersuchungen über Biofeedback-Training zeigen, daß wir unbewußt »wissen«, wie wir unsere Muskelverspannungen lösen, unsere Gehirnwellen beeinflussen, unseren Herzschlag und Blutdruck ebenso wie Blutfluß und Hauttemperatur ändern können – wir wissen nur nicht, daß wir es können, bevor es ein Feedbackgerät anzeigt. Wenn ich zur Messung der Temperatur ein kleines Thermometer an meiner Zeigefingerkuppe befestige und mich darauf konzentriere, wie schön es wäre, wenn die Temperatur in meiner Fingerspitze um zwei Grad ansteigen würde, dann steigt sie tatsächlich an! Unbewußt weiß ich, wie ich die Kapillaren erweitern, die Blutzufuhr erhöhen und die Temperatur in der Fingerspitze ansteigen lassen kann. Bewußt habe ich keine Ahnung, wie das geht. Ich wußte solange nicht, daß ich das kann, bis es mir das Thermometer angezeigt hat. Wenn ich außerdem erst einmal ein »Gefühl« dafür entwickelt habe, wie es geht, kann ich auf das Thermometer verzichten und die Fingerspitze ohne Rückmeldung erwärmen. (Kindern fällt das leichter als Erwachsenen. Wenn man einem kleinen Kind sagt, es solle sich vorstellen, wie die Haut ganz heiß wird, ist es unter Umständen möglich, daß es die Temperatur um drei bis vier Grad ansteigen läßt!)

Unbewußt »wissen« wir, wie dieser bemerkenswerte Organismus, genannt Körper, zu steuern ist. Wir wissen, wie man Magengeschwüre macht und wie man sie lindert, wie man Migräne erzeugt und wie man dem Schmerz abhilft, wie man Wunden heilt, verletztes Gewebe erneuert und bei der richtigen Menge damit aufhört. Wir wissen offensichtlich, wie wir unsere Fußsohlen schützen können, daß wir unverletzt über glühende Kohlen laufen können. Unbewußt weiß die schwangere Frau, wie sie den Fötus heranbilden und den Geburtsprozeß einleiten muß.

Unser Unterbewußtsein weiß, wie es kontinuierlich geistige Aktivität ausüben kann, die wir bewußt gar nicht ausführen oder begreifen könnten. Ein alltägliches Beispiel ist das Abrufen vom im Gedächtnis gespeicherten Informationen – zum Beispiel der Name einer Person. Es hilft dabei überhaupt nicht, sich anzustrengen: »Moment, fing der jetzt mit P oder mit B an?« Sie geben auf und »schicken einen Befehl« an einen anderen Teil des Gehirns, den Namen ausfindig zu machen. Einige Zeit später, mitten in einem Gespräch über ein völlig anderes Thema, taucht der Name plötzlich auf! Unbewußt wissen wir ganz genau, wie wir die gespeicherten Daten durchsuchen, den Namen anhand von kleinsten Hinweisen identifizieren und ihn in unser Bewußtsein bringen können. Bewußt haben wir nicht die geringste Ahnung, wie das zu bewerkstelligen ist.

Das mag ein sehr simples Beispiel für den Vorgang sein, den wir – wenn es um eine komplexere Aufgabe als das Erinnern geht – den kreativen Prozeß nennen. Der Kern kreativer Problemlösung und intuitiv gelenkter Entscheidungsfindung ist dem oben aufgeführten Erinnerungsbeispiel sehr ähnlich. Wir benutzen die Begriffe Kreativität und Intuition für die Situationen, in denen unbewußtes Wissen dem Bewußtsein zugänglich gemacht wird. (Das trifft auch auf ästhetische und spirituelle Erfahrungen zu.) Manchmal wird der »Befehl« zur Lösung eines speziellen Problems oder zur Beantwortung einer Frage »gespeichert«; manchmal taucht das Endprodukt eines solch kreativen Lösungsprozesses einfach unvermittelt auf. Ein Teil des Unterbewußtseins aber – ein kreatives/intuitives Bewußtsein – weiß, wie die Lösung zu finden ist oder wie das erzeugte Produkt dem Bewußtsein zugänglich gemacht werden kann. Der Schlüssel zur Kreativität liegt darin, den Zugang zu diesem kreativen Bewußtsein zu öffnen, Hindernisse zu beseitigen und Widerstände aufzulösen.

In diesem Drama innerer Kreativität gibt es mindestens drei Akteure: das Bewußtsein, das etwas wissen möchte; das kreative/intuitive Bewußtsein, das es weiß, und noch ein weiterer Teil des Unterbewußtseins, der, aus welchem Grund auch immer, den Zugang zu diesem intuitiven Bewußtsein ganz oder teilweise blockiert. (Noch vor kurzem wäre es vom wissenschaftlichen Standpunkt aus als sehr naiv betrachtet worden, es so auszudrücken, aber die Erfahrung mit geteiltem Bewußtsein, bei dem die verschiedenen Teile gegensätzliche Ziele »wählen«, wird in der zeitgenössischen Literatur über Kreativität oft beschrieben.) Eine der wirkungsvollsten Techniken zur Auflösung von Widerständen und zur Freisetzung des kreativen Potentials ist die Affirmation (das Aussprechen eines sich selbst bewahrheitenden Glaubenssatzes) und das innere Bilderleben.

Affirmation und inneres Bilderleben

Die Neuprogrammierung unbewußter Glaubenssätze, die ein vollständigeres Wahrnehmen unserer kreativen/intuitiven Fähigkeiten verhindern, hängt von einer Schlüsseleigenschaft des Unbewußten ab, nämlich der, *daß es auf lebhaft vorgestellte Bilder im wesentlichen so reagiert, als ob sie real erlebte Erfahrungen wären.* Um unbewußte Glaubenssätze zu verändern, müssen wir uns also nur neue Glaubenssätze lebhaft genug vorstellen, dann werden sie wahrscheinlich »wahr«. Da die unbewußten Glaubenssätze über lange Zeit hinweg wieder und wieder erlebt und bestätigt wurden, müssen die neuen Glaubenssätze und/oder Vorstellungen ebenfalls über einen langen Zeitraum hinweg wiederholt eingesetzt werden, und zwar am besten in einem Zustand tiefster Entspannung, in dem die Türen des Unterbewußtseins am weitesten geöffnet sind. Dieses Grundprinzip findet sich in einer Reihe von Seminaren, Workshops und Lehrtechniken, die darauf abzielen, die Effektivität zu erhöhen und Intuition und Kreativität freizusetzen.

Es gibt viele praktische Anwendungsbeispiele für das Prinzip, daß wir alles, was wir bekräftigen und in das unbewußte Glaubenssystem einprogrammieren, auf subtile Weise herbeiführen. Wenn wir uns einen Vorsatz oder ein Ziel setzen und es bekräftigen und uns vorstellen, es wäre schon erreicht, wird damit das Unbewußte so programmiert, daß es dieses Ziel verwirklicht – oft sogar auf Wegen, die der bewußte Teil des Geistes weder geplant hat noch versteht. Trainer im Sport trainieren beispielsweise die Sportler darauf, sich Siegesleistungen vorzustellen. Ärzte trainieren ihre Krebspatienten darauf, sich selbst zu heilen, indem sie sich ein funktionierendes Immunsystem vorstellen, das den Körper von den Krebszellen befreit. Manager lernen zu bekräftigen, daß angestrebte Ziele bereits erreicht sind. Das zugrundeliegende Prinzip ist seit langem Kernstück des esoterischen Wissens des inneren Kreises aller spirituellen Traditionen der Welt. Die bekannteste Ausformulierung innerhalb der christlichen Tradition findet sich im Markus-Evangelium 11,24: »Alles, was ihr bittet in eurem Gebet, glaubet nur, daß ihr's empfanget, so wird es euch werden.«

In der Praxis mag der Prozeß der Umwandlung unbewußter Glaubenssätze nicht so einfach scheinen wie hier dargestellt. Wie bereits erwähnt, neigen wir dazu, Widerstand entgegenzusetzen, wenn wir mit Informationen oder Erfahrungen konfrontiert werden, die das unbewußte Glaubenssystem bedrohen. Eine hypnotisierte Person wird phantastische Erklärungen finden, um Tatsachen zu leugnen, die mit dem von ihr unter Hypnose angenommenen Bild in Widerspruch stehen. Sie wird auch alles versuchen, um ein durch posthypnotische Suggestion gesteuertes Verhalten (das heißt, ein Verhalten, das als Reaktion auf hypnotische Suggestion erfolgt, an die sich die Person nicht erinnert und das durch ein von der Person nicht wahrgenommenes Signal ausgelöst wird) als völlig vernünftig darzustellen.

Dieses Phänomen des Abstreitens ist in der Psychotherapie hinlänglich bekannt: Der Klient wird etwas abstreiten, was für jeden Beobachter offensichtlich ist, weil es viel zu bedrohlich wäre, es wahrzunehmen.

Der Psychologe Abraham Maslow hat in einem Kapitel seines Werkes *Psychologie des Seins* mit der Überschrift »Das Bedürfnis nach Wissen und die Angst vor dem Wissen« in hervorragender Weise über diese Sache berichtet. Er beobachtete, daß wir alle dem Wissen um uns *selbst* ambivalent gegenüberstehen. Wir mögen uns bewußt vornehmen, unser Unterbewußtsein durch Affirmationen neu zu programmieren, und dann »vergessen« wir aufgrund der inneren Widerstände die Übungen auszuführen. Einerseits wollen wir wissen, in welchen Bereichen wir uns selbst betrügen, andererseits tun wir alles Erdenkliche, um zu verhindern, es herauszufinden. Wir sind in der westlichen Kultur gründlich darauf trainiert worden, uns selbst nicht zu trauen – nicht darauf zu vertrauen, daß wir letztlich *wirklich* wissen, was wir uns aus tiefster Seele wünschen und wie wir unsere inneren Konflikte lösen können. Man hat uns gelehrt, daß unter der dünnen Oberfläche des sozialisierten Bewußtseins wer weiß was für animalische Triebe, unterdrückte Feindseligkeiten und andere Übel lauern. Man hat uns gelehrt, sich bloß nicht an die Erforschung des Unterbewußtseins zu wagen – zumindest nicht ohne einen Psychiater, der neben uns sitzt und da ist, falls wir in Schwierigkeiten kommen. Und so fürchten wir uns davor, unser fürchterliches und unheilvolles Selbst zu ergründen. Maslow jedoch schreibt dazu: »Wir entdecken eine andere Art von Widerstand, eine Ablehnung unserer besten Seite, unserer Talente, unserer edelsten Impulse, unserer höchsten Möglichkeit, unserer Kreativität . . . es ist genau das Gottähnliche in uns, zu dem wir uns ambivalent verhalten, von dem wir fasziniert sind und das wir fürchten, auf das hin wir motiviert sind und gegen das wir uns abwehrend verhalten.«

Die Grenzen der Kreativität

Wo liegen dann aber die Grenzen des kreativen/intuitiven Bewußtseins? Was ist möglich? Wir sind bereits davon ausgegangen, daß die von uns erlebten Grenzen von unseren unbewußten Glaubenssätzen gesteckt werden. Wenn es im persönlichen Glaubenssystem eines Menschen keinen Grund gibt, vom kreativen Unbewußten außergewöhnliche Leistungen erwarten zu können, dann kann dieser Glaube einschränkend auf die tatsächliche Leistung wirken. Wenn wir diese Beobachtung umdrehen, treffen wir bei erfolgreichen Managern und anderen kreativen Menschen auf genügend überzeugende Aussagen, daß das kreative/intuitive Bewußtsein um so besser zu funktionieren scheint, je mehr man an es glaubt und je öfter man sich mit schwierigen Entscheidungen und Problemen an es wendet. Dennoch haben die meisten Menschen nur sehr vage Vorstellungen vom darin schlummernden Potential und gehen damit um, als sei es nur für den Notfall. Sogar die Literatur über die Kreativität bekräftigt uns in diesem Glauben – es wird darin zum Beispiel oft versichert, daß man zuerst unbedingt versuchen muß, das Problem mit dem normalen Bewußtsein zu lösen und sich fundierte Informationen dazu zu verschaffen, bevor das im Hintergrund wartende kreative Bewußtsein in Aktion treten wird. In gewisser Weise empfindet man es als Mogeln, wenn man sich nicht zuerst bemüht, das Problem mit Hilfe des rationalen analytischen Bewußtseins zu lösen, um sich nur in höchster Verzweiflung an den unbewußten Helfer zu wenden. Deshalb vermitteln vielfach diejenigen, die »Techniken« der Kreativität lehren, zugleich auch, ohne es zu merken, die *Grenzen*.

Nun kommen wir zur Schlüsselfrage. Wenn man es tatsächlich schafft zu begreifen, daß ein befreiter kreativer/intuitiver Geist den bewußten rationalen Geist übertreffen kann (zumindest in gewisser Beziehung), warum sollen wir dann nicht *alle* Fragen und Probleme an ihn delegieren? Die Widerstände gegen diese Vorstellung werden sicherlich heftig und unmittelbar sein. Denn zuzulassen, daß das Ego seine Position als Türwächter verliert und nicht mehr darüber entscheidet, welche Fragen an das kreative Unterbewußtsein gestellt werden dürfen, bedeutet eine Bedrohung für seine Herrschaft. Zuzulassen, daß Antworten aus tiefster intuitiver Ebene aufsteigen, bedeutet auch, Entscheidungen *nicht* unter Zuhilfenahme von anderen Mitteln zu fällen – wie Plänen, Zielsetzungen, Ambitionen, logischen Analysen, ethischen Regeln und so weiter – alles Mittel, durch die das rationale Ego die Kontrolle behält (und Wege, die uns in der Schule als die richtige Art und Weise des Denkens beigebracht worden sind). Dennoch ist das Unterwerfen unter die innerste Intuition anscheinend genau das, was viele erfolgreiche Menschen aus den verschiedensten Bereichen sich zu eigen gemacht haben.

Welches sind die äußersten Grenzen der Kreativität? Wir können diese Frage nicht beantworten, aber wir können einige Hinweise aus einem Konzept beziehen, das wir als »Spektrum der Kreativität« bezeichnen wollen. Fast am »untersten« Ende dieses Spektrums liegen all die Aktivitäten des Unterbewußtseins, die uns als weltlich und normal erscheinen und die die Bezeichnung »kreativ« kaum verdienen – beispielsweise das Autofahren, während der bewußte Geist sich mit anderen Dingen beschäftigt. Höher angesiedelt sind die anerkannteren Phänomene kreativen Problemlösens, intuitiven Beurteilens und intuitiver Ahnungen, ästhetischer Schöpfungen und ähnliches. Einige dieser Beispiele von kreativer Eingebung und Problemlösung sind äußerst bemerkenswert – wenn ein Komponist beispielsweise ein komplettes musikalisches Werk mit seinem »inneren Ohr hört« und es nur noch niederschreiben muß, oder wenn ein Erfinder intuitiv die komplette Lösung eines Problems findet. Noch weiter »oben« auf der Skala sind Dinge wie das »automatische Schreiben« angesiedelt, bei dem das Manuskript anscheinend direkt vom Unterbewußtsein in die Niederschrift fließt, ohne dabei den Weg über das Bewußtsein zu nehmen. Andere noch extremere Beispiele für Kreativität sind Fälle, in denen eine Person über Informationen zu verfügen scheint, die ihr auf normalem Wege gar nicht bekannt sein könnten (wie die Diagnose einer Krankheit auf Entfernung, ohne den Patienten zu kennen oder jemals gesehen zu haben), oder gar Dinge bewirkt, die nach unserem gängigen Realitätsverständnis nicht möglich sind (zum Beispiel außergewöhnlich schnelle Heilung). Ganz oben am »höchsten« Ende können wir uns dann noch die unglaublichen Wunder vorstellen und die wirklich »großen Eingebungen«, die Schriften einiger »göttlich inspirierter« religiöser Traditionen.

Jeder Mensch kennt einige Phänomene aus diesem Spektrum. Jeder zieht irgendwo eine Grenze und behauptet, daß darüber hinaus die geschilderten Phänomene nicht glaubwürdig seien. Die verschiedenen Menschen und Gesellschaften setzen diese Glaubwürdigkeitsgrenze an unterschiedlicher Stelle des Spektrums an.

Bei der Erforschung des menschlichen Bewußtseins stellt sich immer mehr heraus, daß die einseitige Ausrichtung der

Wahrnehmung in der westlichen Industriegesellschaft (einschließlich ihrer Vorliebe für objektive, reduktionistische Wissenschaft) in einer Weise hinderlich war, wie man es bis vor kurzem kaum vermutet hätte. Je weiter das Spektrum der Kreativität erforscht wird, desto klarer kristallisiert sich heraus, daß die Grenze zwischen »plausibel« und »absurd« eigentlich nur ein Barometer unserer eigenen Widerstände ist. Vielleicht ist dieses Barometer gar nicht so sinnvoll. Damit soll nicht gesagt werden, daß wir alles glauben müssen, was wir sehen und hören. Es bedeutet aber, daß wir nicht so hartnäckig an unseren Glaubenssätzen festhalten müssen, daß bestimmte Dinge nicht passieren dürften. Es gibt zwei Arten, sich zum Narren halten zu lassen, wie der dänische Philosoph Sören Kierkegaard einmal bemerkt hat: Die eine Art ist, etwas zu glauben, das gar nicht so ist – die andere ist, sich zu weigern, etwas zu glauben, was so ist.

Hier ist es wiederum hilfreich, diese Situation von der Sicht der bereits definierten drei metaphysischen Standpunkte aus zu betrachten. Vom M-1-Standpunkt aus wird die Wissenschaft vielleicht eines Tages fähig sein, »normale Kreativität« als so etwas wie eine schnell ablaufende Computerbetätigung verbunden mit einer Art Fühlvorrichtung zu erklären, die die richtige Antwort identifzieren kann, wenn der Gehirncomputer an sie herangekommen ist. Für alles, was am »höheren« Ende des Kreativitätsspektrums angesiedelt ist, klingt diese Erklärung recht zweifelhaft, und es fällt sowieso etwas schwer, die Idee einer »Fühlvorrichtung« in dem Konzept unterzubringen.

Vom M-2- und M-3-Blickwinkel her gesehen läßt sich das Phänomen leichter einordnen. Während Kreativität und Intuition weiterhin unerklärlich bleiben, taucht zumindest nicht die Versuchung auf, die Erfahrung so zu verzerren, daß sie sich in vorher gesteckte Grenzen einpaßt. Und besonders vom M-3-Standpunkt aus betrachtet *ist es nicht klar, daß es andere Grenzen für den menschlichen Geist gibt als die, an die wir glauben.*

Wir haben bereits über die große Wirksamkeit von Affirmationen und innerem Bilderleben gesprochen, wie sie in Seminaren und Workshops trainiert werden und von der Geschäftswelt zunehmend als förderlich für die Weiterentwicklung ihrer leitenden Angestellten erkannt werden. Obwohl die vermittelten Techniken von Fall zu Fall leicht unterschiedlich sind, ist das grundlegende Prinzip einfach und direkt. Dem Teilnehmer wird beigebracht, sich den Erfolg vorzustellen, sich ein Bild zu schaffen, das ihm, wie immer geartet, sinnvoll erscheint – und so den Erfolg herbeizuführen. Die Imaginationsübungen müssen regelmäßig über Wochen und Monate hinweg mehrmals am Tag durchgeführt werden. Im Verlauf dieses Prozesses, der der Selbsthypnose eng verwandt ist, ist ein tiefer Entspannungszustand während der Zeit, in der das angestrebte Ziel bekräftigt oder visualisiert wird, äußerst hilfreich.

Der größte Teil des Seminars wird dazu verwendet, die Teilnehmer genügend von der Wirksamkeit der Methode zu überzeugen, damit sie bereit sind, sie auszuprobieren. Die Teilnehmer werden dazu ermutigt, sich keine Grenzen zu setzen, die die Art des erreichbaren Ziels und den Weg dahin von vorneherein festlegen. Es mag Grenzen geben, aber erst, wenn man an sie glaubt, macht man sie vielleicht zur Realität – ganz egal, ob sie real sind oder nicht.

Von dem Grundsatz ausgehend, daß die Tiefenintuition am besten beurteilen kann, welches Ziel erstrebenswert ist, gehen einige dieser Managertrainings noch einen Schritt weiter. Sie regen ein Zusammenspiel zwischen zwei Ebenen oder Aktivitäten an. Einmal wird das erwünschte Ziel durch Affirmationen bekräftigt und als erreichbar angenommen. Zum anderen wird Kontakt mit dem Unterbewußtsein aufgenommen, um herauszufinden, was man *wirklich* will. Diese zwei Vorgänge können in einer Affirmation miteinander kombiniert werden, die etwa folgendermaßen lauten würde: *Ich habe keinen anderen Wunsch, als mein tiefstes innerstes Selbst kennenzulernen und ihm zu folgen*. Ich gehe davon aus, daß das, was mein tiefstes innerstes Selbst will, auch »Ich« will. Ich bekräftige, daß ich keine anderen Ziele, kein anderes Bestreben, keine anderen Pläne oder dergleichen habe (das heißt, all die Dinge, die ich gelehrt wurde, um »im Leben weiterzukommen«), denn all das wären nur Schöpfungen des Egos, die von dem ablenken, was ich wirklich will.

Zwei Anmerkungen wären hier zu machen. Eine Anmerkung ist, daß, wie gesagt, die Geschäftswelt enorm praxisorientiert ist. Wenn diese Methode angewandt wird, dann deshalb, weil sie funktioniert. Sie zeitigt Ergebnisse. Egal ob nun eine Theorie dahintersteht oder nicht; das ist zweitrangig. Die zweite Anmerkung ist, daß eine Verbindung zwischen diesem Schlüssel für ein erfolgreiches Leben und uralten Weisheiten besteht.

Beide Teile dieser Methode sind eigentlich esoterische »Geheimnisse«, die seit Tausenden von Jahren existieren und die wir in allen wichtigen spirituellen Traditionen dieser Welt wiederfinden.

Diese Geheimnisse waren nicht etwa deswegen esoterisch oder verborgen, weil sie aus einem ihnen innewohnenden Grund geheimgehalten werden mußten, sondern weil sie den meisten kulturellen Glaubenssystemen als antithetisch und ketzerisch erschienen. Das heißt ganz einfach, daß es Leib und Leben gefährden konnte, als jemand zu gelten, der diese Praktiken anwandte (man lief zum Beispiel Gefahr, auf dem Scheiterhaufen verbrannt zu werden oder mit einem der genial erdachten Folterinstrumente der Inquisition Bekanntschaft zu machen). Anders gesagt: Wenn Sie die Erfahrung gemacht haben, daß eine M-3-Basis für Ihr Leben sehr zuträglich ist, Sie aber in einer strikt M-1- oder M-2-bestimmten Gesellschaft leben, dann seien Sie sehr vorsichtig, wenn Sie über diese Erfahrung sprechen wollen!

Wir haben bereits erwähnt, daß der erste Teil dieser esoterischen Weisheit in der christlichen Tradition mit den Worten ausgedrückt wird: »Alles, was ihr bittet in eurem Gebet, glaubet nur, daß ihr's empfangt, so wird es euch werden.« Der zweite Teil findet sich ebenfalls in Form eines Gebetes – nicht mein Wille, sondern »dein Wille geschehe«. Das läßt uns vermuten, daß hier eine Verbindung zur Religion besteht, die erforscht sein will.

Einige der wichtigsten Erkenntnisse der letzten fünfzig Jahre betreffen die Bedingungen, die für ein sinnvolles, erfolgreiches Leben notwendig sind. Diese Erkenntnisse stammen zum einen aus der Psychotherapie und zum anderen aus der vergleichenden Religionswissenschaft. Nachdem die Psychotherapie sich zunehmend von ihrer anfänglichen Ausrichtung auf die Pathologie hin befreit hatte und sich mehr darauf verlegte, gesunden Menschen die Richtung für ein noch effektiveres Leben zu weisen, wurde die Erschließung ungenutzter innerer Ressourcen immer mehr zum Brennpunkt des psychologischen Interesses. William James hat bereits vor langer Zeit in seinem Werk *Die Vielfalt religiöser Erfahrung* die These aufgestellt, daß es das Kernstück religiöser Erfahrung zu sein scheint, daß der Mensch sein reales Ich mit dem »aufkeimenden höheren Teil seiner selbst« identifiziert und sich dann »bewußt wird, daß dieser höhere Teil mit einem ähnlich beschaffenen, außerhalb von ihm im Universum wirkendem *MEHR* identisch ist und weiterbesteht. Mit diesem MEHR kann der Mensch in kooperativer Verbindung bleiben, er kann sozusagen bei ihm an Bord gehen und sich selbst retten, wenn sein niederes Selbst bei einem Schiffbruch in Trümmer gegangen ist.« Die transpersonale Psychotherapie hatte ein ähnliches Prinzip entdeckt.

Inzwischen war auf dem Gebiet der vergleichenden Religionsforschung eine tiefgreifende, damit in Zusammenhang stehende Entdeckung gemacht worden. Aldous Huxley war der erste, der darüber 1945 in dem populären, von kompliziertem Fachjargon freien Buch *Die ewige Philosophie* berichtete. Die Entdeckung war folgende: Beim Studium der verschiedenen Religionen der Weltgeschichte ergeben sich zwei Haupteinteilungen. Zunächst besteht jede Religion aus einem oder mehreren *exoterischen* oder öffentlichen Teilen. Auf diese Teile beziehen wir uns normalerweise, wenn wir über eine Religion sprechen. Sie sind charakterisiert durch die jeweiligen Rituale, den Baustil ihrer Gebetshäuser, die geoffenbarte Literatur und so weiter. Darüber hinaus hat jede spirituelle Tradition meistens auch einen *esoterischen* oder geheimen Teil, der nur dem inneren Kreis bekannt ist und normalerweise auch irgendeine Art meditativer Praktik mit einschließt. Das Spektrum exoterischer Religionen ist äußerst breit gefächert. Alle die esoterischen Traditionen sind jedoch von der Essenz her gleich – oder genauer gesagt, scheinen auf einer Art universaler spiritueller Erfahrung zu basieren. Dieses gemeinsame Kernstück wird manchmal als »Ewige Weisheit« bezeichnet.

Diese esoterische »Ewige Weisheit«, die sich in den spirituellen Traditionen der Welt findet, ist keine Theorie oder Hypothese, die sich in der Sprache wissenschaftlicher und philosophischer Abhandlungen ausdrücken ließe. Aldous Huxley schreibt darüber: »Nichts in unserer alltäglichen Erfahrung deutet eindeutig darauf hin, daß der Geist des durchschnittlichen Sinnesmenschen neben anderen Komponenten aus etwas besteht, das der REALITÄT, die die vielfältige Welt ausmacht, ähnelt oder mit ihr identisch ist; und dennoch, wenn dieser Geist bestimmten, recht drastischen Behandlungen unterzogen wird, manifestiert sich das göttliche Element, aus dem er zumindest teilweise besteht – und zwar nicht nur dem Geist selbst, sondern durch seine Widerspiegelung in äußeren Verhaltensweisen auch dem Geist anderer Menschen ... Nur durch psychologische Forschung und Untersuchungen über die Moral können wir die ureigene Natur des Geistes und sein Potential ergründen. Unter den normalen Umständen eines gewöhnlichen, auf die Sinne ausgerichteten Lebens bleibt das geistige Potential latent und manifestiert sich nicht. Falls wir es erfahren möchten, müssen wir uns an bestimmte Bedingungen und Regeln halten, die sich durch Erfahrung empirisch als gültig erwiesen haben.« Zu dem von Huxley als »recht drastische Behandlungen« bezeichneten Dingen gehören wohl bestimmte Formen des Yoga, meditative Praktiken, asketisches Streben nach Visionen und schamanische Rituale.

Die »Ewige Weisheit« als Destillat jahrtausendelanger Erforschung des Innern ist zweifellos ein Führer von unschätzbarem Wert. Da sie sich in allen traditionellen Religionen findet, ist sie prinzipiell auch mit jeder von ihnen vereinbar. Der seit langem bestehende Konflikt zwischen Exoterik und Esoterik scheint etwas von seinem Gewicht verloren zu haben. Auch wenn es in der Vergangenheit nicht den Anschein hatte; die »Ewige Weisheit« ist prinzipiell auch mit der Wissenschaft vereinbar.

Wissenschaft und »Ewige Weisheit«

In der modernen Welt ging man lange davon aus, daß Wissenschaft und Religion grundsätzlich nicht miteinander vereinbar seien. Eine Zeitlang gab es offene Konflikte über solche Themen wie das Alter der Erde, die Bedeutung von Fossilienfunden, die Evolutionstheorie, die Freudsche Neuinterpretation der menschlichen Seele und so weiter. Die Religion schien immer der Verlierer zu sein. Dann, mit dem Fortschreiten des zwanzigsten Jahrhunderts, erstarb der Konflikt, und die Menschen begannen, ihr religiöses Leben unabhängig von dem zu führen, was die Wissenschaft ihnen dem Anschein nach über das Wesen der Realität zu sagen hatte. Der Preis für diese schizophrene Situation war, daß weder Wissenschaft noch Religion den Wunsch des Menschen, mit innerer Sicherheit zu *wissen*, voll befriedigen konnten. Jetzt aber wird deutlich, daß zwar tatsächlich ein Konflikt zwischen positivistischer Wissenschaft und dogmatischer exoterischer Religion bestehen mag, daß es aber diesen Konflikt nicht notwendigerweise auch zwischen der esoterischen »Ewigen Weisheit« und einer auf M-3 basierenden Wissenschaft geben muß.

Wir können versuchen, das etwas genauer zu beleuchten, indem wir uns einige Aspekte der »Ewigen Weisheit« herausgreifen und andeuten, auf welche Weise sich die Wissenschaft ihnen schon annähert. Aber bitte verstehen Sie das nicht falsch. Die Wissenschaft hat bis jetzt das innere Verstehen, das wir mit dem Begriff »Ewige Weisheit« meinen, weder »nachgewiesen«, noch ist sie dabei, es nachzuweisen, und das wird wahrscheinlich auch nie der Fall sein. Die »Ewige Weisheit« andererseits wurde noch nie und wird auch in Zukunft nicht in einer Art und Weise dargelegt werden, die sie wissenschaftlich untersuchbar macht. Sie kann sich jedoch am Beispiel eines Lebens dartun und durch das Gelebtwerden »nachgewiesen« werden. Die besten verfügbaren wissenschaftlichen Erkenntnisse scheinen der Existenz dieser allumfassenden Weisheit zumindest nicht zu widersprechen und sie im besten Fall eher zu untermauern.

Der französische Dichter St. Exupéry hat gesagt: »Wahrheit ist nicht das Beweisbare. Sie ist das Unausweichliche«, dem man nicht entfliehen kann. Die Wissenschaft beschäftigt sich mit dem Nachweisbaren. Die »Ewige Weisheit« behauptet, daß das Unausweichliche nur durch Erforschung und Identifikation mit dem tiefsten inneren Selbst gefunden werden kann.

Wir können diese Wechselbeziehung zwischen Wissenschaft und »Ewiger Weisheit« anhand von sechs Stichpunkten allgemein darstellen:

Bewußtsein

Von allen Erkenntnissen der modernen Psychologie ist eine der anerkanntesten und folgenreichsten die, daß uns nur ein kleiner Teil unserer geistigen Aktivität bewußt ist. Der größere Teil entzieht sich dem Bewußtsein – er spielt sich im Unterbewußtsein ab. Das normale Bewußtsein können wir uns als enges »sichtbares Spektrum« dessen vorstellen, was sich zwischen Unterbewußtem (beispielsweise instinktiven Trieben, verdrängten Erinnerungen, automatischen Abläufen) und höherem Bewußtsein (beispielsweise schöpferischer Phantasie, intuitiven Urteilen, ästhetischem Empfinden, spiritueller Sensibilität) abspielt.

Ein Teil dieser sich dem Bewußtsein entziehenden Aktivität liegt sozusagen im »tiefsten Unterbewußtsein« und tritt nur bei Interferenz ins Bewußtsein. Ein anderer Teil ist zumindest unter bestimmten Bedingungen teilweise zugänglich (zum Beispiel durch hynotische Suggestion, Träume, Biofeedbacktraining, Meditation und autogenes Training). Der Zugang zu unbewußten Prozessen wird erleichtert, wenn man Empfindungen, Gefühlen und innerem Bilderleben Beachtung schenkt.

Alles oben Erwähnte ist mit der »Ewigen Weisheit« vereinbar, aber diese Tradition geht noch weiter. Sie ist der Meinung, daß es einen kreativen/intuitiven/spirituellen Geist gibt, der nicht in der Weise begrenzt ist, wie wir es vielleicht gemeinhin vom Geist annehmen. Der Zugang zu diesem tiefsten Zentrum und das Sich-Identifizieren damit wird durch verschiedene meditative Praktiken erleichtert und kennt letztlich keine Grenzen. Die tiefsten ökologischen, humanen, moralischen und spirituellen Verpflichtungen, die der Mensch auf sich nimmt, haben alle ihre Wurzel in diesem Bereich menschlicher Erfahrung. Wie Ralph Waldo Emerson gesagt hat: Wenn dieser andere Geist »durch seinen Intellekt weht, ist er Genie, wenn er durch seinen Willen weht, ist er Tugend; wenn er durch seine Zuneigung fließt, ist er Liebe. Und die Blindheit des Intellekts beginnt da, wo er für sich allein etwas darstellen möchte.«

Wahrnehmung

Die Wahrnehmung wird in starkem Maße durch unbewußte Glaubenssätze beeinflußt, die wiederum von Suggestion, Erwartungen, Einfluß von Autorität, kulturellen Glaubenssätzen usw. geprägt werden. Dieser Schluß wird von umfangreicher klinischer und experimenteller Forschung verschiedenster Art und durch anthropologische Studien gestützt.

Vielleicht ist Sehen Glauben, aber was man sieht, ist nicht notwendigerweise das, was tatsächlich da ist. (Eines der erstaunlichen Beispiele veränderter Wahrnehmung ist der Fall, in dem eine Person durch hypnotische Suggestion dazu gebracht wird, etwas wahrzunehmen, was gar nicht da ist.) Und in der Tat, wenn man den Einfluß unbewußter Konditionierung der Wahrnehmung voll mit einbezieht, ist die Aussage »Glauben ist Sehen« vielleicht die treffendere.

Wieder ist hier die »Ewige Weisheit« mit der modernen Wissenschaft vereinbar, reicht aber über sie hinaus. Wir sind von Kindheit an sprichwörtlich hypnotisiert durch das uns umgebende kulturelle Milieu. Wir sehen die Welt so, wie wir durch unsere Kultur erzogen werden, sie zu sehen. Eine der Hauptaufgaben des Erwachsenenlebens besteht darin, dehypnotisiert oder »erleuchtet« zu werden – die Realität so zu sehen, wie sie ist und »sich selbst erkennen«. Im Verlauf dieses Prozesses wird uns klar, daß wir im außerhalb des Bewußtseins liegenden kollektiven Geist die Welt der gewöhnlichen Erfahrungen schaffen – die wir dann mit unserem Bewußtsein erleben.

Einheit

Unabhängig davon, ob wir »außersinnliche Kommunikation« in unser Denken mit einschließen wollen oder nicht, existiert eine jedem bekannte Erfahrung, bei der das individuelle Bewußtsein auf tiefster Ebene mit dem Bewußtsein anderer Menschen in Kontakt tritt. Wir bezeichnen sie mit Worten wie »Rapport« oder »Liebe«.

Untersuchungen über telepathische Verständigung, auch wenn sie den Skeptiker nicht vollständig überzeugen, bestärken den Eindruck, daß wir manchmal ohne die übliche Information durch unsere Sinne wissen, was in den Köpfen anderer Menschen vor sich geht. Möglicherweise ist dieses Wissen normalem Bewußtsein gar nicht zugänglich. (In einem dieser Versuche erzeugt ein auf die Augen einer Versuchsperson gerichteter, wechselnder stroboskopischer Lichtreiz eine elektrische Komponente im EEG-Muster einer anderen, von ihr fernen und isolierten Person, die das weit entfernte wechselnde Stroboskoplicht nicht physisch wahrnehmen kann und auch bewußt nichts davon weiß.)

In der »Ewigen Weisheit« wird dieses Bewußtsein von Rapport und Verbundensein noch in einem anderen Zusammenhang erwähnt. In höheren Bewußtseinszuständen gibt es ein Erkennen der Einheit mit dem Universum und all seinen Wesen, eines Wissens – einer *Gnosis* –, das zum Wissen des Schöpfers in Beziehung steht. Weil diese Einsichten so unterschiedlich von dem sind, was wir normalerweise an Erfahrungen sprachlich ausdrücken können, sind sie nicht einfach zu erfassen und zu verbalisieren. Mythen und Symbole, Paradoxa und poetische Metaphern sind besser geeignet, um diese Einsichten und Erfahrungen mitzuteilen.

Widerstände

Der Mensch steht bekanntlich seinem Wunsch, sich selbst zu kennen, ambivalent gegenüber. Wir wehren uns gegen das Wissen, das wir uns gleichzeitig sehnlichst wünschen.

Wir denken, daß wir die Realität so sehen wollen, wie sie ist, daß wir sie ehrlich wahrnehmen möchten. Aber unsere Illusionen sind Teil eines unbewußt vorhandenen Glaubenssystems. Jeder Angriff auf diese Illusionen wird (unbewußt) als Bedrohung wahrgenommen. Deswegen kann ein Versuch, Illusionen zu zerstören – selbst wenn uns das letztlich helfen würde –, dennoch innere Widerstände hervorrufen. Wir möchten wirklich unsere höchsten intuitiven Fähigkeiten erkennen und verwirklichen; soweit aber die Zerstörung der Illusionen für diese Entdeckung unerläßlich ist, widerstehen wir dem, was wir uns wirklich wünschen. (Wir widerstehen ihm vielleicht sogar unter Zuhilfenahme der überzeugendsten »wissenschaftlichen« Argumente und Konzepte.)

Das Ego-Selbst fühlt sich durch die Existenz des wahren Selbst bedroht und produziert eine Menge Nebelschleier, um das Wahrnehmen des wahren ZENTRUMS zu blockieren. Letztlich muß sich für die Integration das Ego-Selbst dem wahren Selbst unterordnen.

Kreativität

Das kreative/intuitive Potential arbeitet außerhalb der bewußten Wahrnehmung an Problemlösungen und Antworten auf gestellte Fragen. Die Grenzen des kreativen/intuitiven Geistes werden durch unbewußte Glaubenssätze gesteckt (wie beispielsweise »Ich bin unzulänglich und nichts wert«; »Vor Mißlingen und Spott fürchte man sich«). Ganz allgemein kann die Leistung des kreativen/intuitiven Geistes durch Vorsätze, Erwartungen, Vertrauen und Glaube an die Wirksamkeit der Tiefenintuition gefördert werden.

Das Vertrauen in den kreativen/intuitiven Geist setzt eine Loslösung von den Zielen des rationalen/analytischen Geistes voraus.

Das Geheimnis des kreativen/intuitiven Geistes wird in der »Ewigen Weisheit« noch hervorgehoben und als Tiefenintuition gesehen, die mit dem Einen Universalen Geist verbunden ist. So gesehen sind seinen Möglichkeiten wirklich keine Grenzen gesetzt, außer denen, die sich das Individuum über den Widerstand gegen die Entdeckung der eigenen, gottähnlichen Fähigkeiten selbst schafft. Darüber hinaus werden Problemlösungen, die der Tiefenintuition entstammen, aufgrund ihrer Verbindung mit dem All Lösungen sein, die jedem zugute kommen und nicht den einen auf Kosten des anderen bevorzugen.

Wahl

Jeder von uns ist von Natur aus gespalten. Wir treffen sowohl auf bewußter als auch auf unbewußter Ebene ständig eine Wahl, und diese verschiedenen Wahlen sind nicht notwendigerweise in Einklang miteinander. Aus dieser Sicht betrachtet kann man die psychodynamischen Verteidigungsmechanismen als unbewußte Wahl ansehen: Wenn man etwas verdrängt, hat man die Wahl getroffen, Informationen vor sich selbst zu verbergen. Leugnet man etwas oder hat Widerstände dagegen, hat man die Wahl getroffen, das, was Wandlung mit sich bringen würde, nicht wahrzunehmen. Vom »autoritären Gewissen«, dem verinnerlichten Elternteil, Freuds Über-Ich getroffene Wahlen werden ebenfalls unbewußt getroffen. Andererseits kann die Wahl aber auch vom überbewußten, intuitiven, ästhetischen oder spirituellen Sinn beeinflußt sein. Werte leiten uns beim Treffen einer Wahl, die persönlichkeits- und kulturimmanent sind und gewöhnlich eine unbewußte Komponente haben.

Für jeden Menschen, der sich noch in dem einen oder anderen Stadium des Widerstandes gegen das Erkennen seines inneren Potentials befindet, stellt es sich so dar, als ob die »Ewige Weisheit« einen enormen, um nicht zu sagen ungeheuerlichen Sprung mache, wenn es um die Frage von Führung und Wahl geht. Wenn die anderen Stadien des Erwekkens der inneren Sinne voll verwirklicht sind, legen uns die esoterischen Lehren nahe, *jegliche* Wahl von der Tiefenintuition, dem »wahren Bewußtsein«, treffen zu lassen. Nur so verwirklicht sich der Mensch vollständig (er wird ein integrer Mensch), und sein ganzes Wesen – Unterbewußtsein, Bewußtsein und Überbewußtsein – ist einhellig auf die gleichen Ziele gerichtet. Diese tiefgreifende Entscheidung setzt voraus, daß er keine anderen Ambitionen und Ziele mehr hat. Daher auch die Ermahnung – »Gib alles hin, dann wirst du alles bekommen.«

Diese Betrachtungen dienen nicht der Darlegung einer unbestreitbaren Schlußfolgerung. Durch sie soll nicht belegt werden, daß »Ewige Weisheit« schließlich doch wissenschaftlich »bewiesen« werden wird.

Die Wissenschaft scheint gerade dabei, noch klarer nachzuweisen, daß unser »unbewußtes Wissen« viel weiter reicht, als wir uns vielleicht vorgestellt haben, und daß unser »unbewußtes Wählen« sowohl tyrannische als auch befreiende Aspekte hat. Diese Ergebnisse sind mit der »Ewigen Weisheit« zumindest vereinbar, wenn nicht gar in ihr enthalten. Das legt den Schluß nahe, daß Wissenschaft und Religion sich letztlich gar nicht gegenseitig ausschließen, sondern vielmehr sich ergänzende Arten des Erkennens sind – beide sind unabdingbar, um das höchstmögliche Maß an Mensch-sein zu erlangen.

Auf dem Weg zu einer umfassenderen Wissenschaft

Wir haben gesehen, daß sich die Wissenschaft bereits an einem frühen Punkt ihrer Geschichte für Objektivismus, Positivismus und Reduktionismus entschieden hat. Aus praktischen und politischen Gründen, die zur damaligen Zeit durchaus ihre Gültigkeit hatten, zeichnete sich das »Projekt Wissenschaft« schon bald durch drei Grundsätze aus, die inzwischen fast zu einem Synonym für den Begriff »wissenschaftliche Methode« geworden sind:

Der *objektivistische* Grundsatz, daß es ein objektives Universum gibt, das durch wissenschaftliche Untersuchungsmethoden erforscht werden kann und dem man sich durch quantitative Modelle zunehmend präziser annähern kann.

Der *positivistische* Grundsatz, daß alles, was wissenschaftlich gesehen »real« ist, auf physikalisch wahrnehmbaren Daten beruhen muß.

Der *reduktionistische* Grundsatz, der besagt, daß die Form wissenschaftlichen Erklärens darin besteht, komplexe Phänomene durch einzelne kleinere Abläufe zu erklären (zum Beispiel die Gastemperatur und den Gasdruck durch die Bewegung der Moleküle und das menschliche Verhalten durch Stimulus und Reaktion).

Diese Charakteristika erschienen bisher für die wissenschaftliche Methode als so essentiell, daß man sich kaum vorstellen kann, sie jemals durch anderes zu ersetzen. Und dennoch werden sie durch Berichte über außergewöhnliche Fähigkeiten und die »innere Erfahrungsmethode« der esoterisch spirituellen Tradition in einer Weise in Frage gestellt, die zu einem wesentlichen revolutionären Fortschritt führen könnte.

Die Wissenschaft blickt auf eine lange Geschichte zurück, in der sie ihr Terrain gegen hartnäckige Berichte über Phänomene und Erfahrungen zu verteidigen hatte, die »nicht hineinpaßten« – Phänomene wie das Spirituelle und Religiöse, das außergewöhnlich Kreative und Intuitive, das »Wunderbare« bei Heilung und Regeneration, die paranormalen, anscheinend teleologisch motivierten Instinktmuster. Aber diese Verteidigungsversuche erschienen oft fruchtlos und Entzweiung stiftend.

Man fragt sich, ob wir nicht im Morast unserer eigenen Dogmen feststecken. Gibt es keinen Weg, der aus diesem Dilemma herausführt, ohne daß dabei die intellektuelle Schärfe, der freie Geist des Forschens und das öffentliche Für-gültig-Erklären von Wissen geopfert werden müßten, die die Wissenschaft in ihrer besten Form charakterisieren?

Gesetzt den Fall, die Wissenschaft würde statt ihres auf Geschichte und Gegebenheiten beruhenden Standpunktes einen anderen Ansatz wählen, nämlich, die *Gültigkeit jeder menschlichen Erfahrung und außergewöhnlichen Fähigkeit anzuerkennen, von denen seit Tausenden von Jahren in allen Kulturen immer wieder berichtet wurde, und die Wissenschaft so zu gestalten, daß sie all diese Phänomene eingliedern kann.* Wir wollen einige der Charakteristika einer derart erweiterten Wissenschaft betrachten.

Ganzheitliche Modelle und hierarchische Gründe

Im Gegensatz zur konventionellen Wissenschaft wird ein solch umfassenderes Wissenschaftsmodell ganzheitlichen Ansätzen mehr Gewicht verschaffen und sich um ein Konzept hierarchisch bezogener Ursachen herum aufbauen. Wir wollen das anhand einiger einfacher Beispiele aufzeigen.

Es ist ziemlich offensichtlich, daß *das Ganze sich qualitativ von der Summe seiner Teile unterscheidet.* Eine chemische Verbindung hat ganz andere Merkmale als jeder einzelne ihrer Bestandteile. Ein ökologisches System zeigt Charakteristika, die eine Untersuchung seiner einzelnen Komponenten nicht hätte vermuten lassen. Eine Kultur hat Charakteristika, die nicht einfach die Summe der Verhaltensweisen der sie bildenden Individuen darstellen. Der menschliche Körper ist nicht einfach die Summe seiner Organe und Gewebsarten.

Dieses Grundprinzip hat jedoch auf kausative Modelle Auswirkungen, die in der Geschichte der Wissenschaft nicht beachtet worden sind. Diese mangelnde Anerkennung hat zu bitteren Auseinandersetzungen geführt. *Wenn auf höherer Systemebene Charakteristika auftauchen, die sich von denen auf niederer Ebene qualitativ unterscheiden, werden die den verschiedenen Systemebenen entsprechenden wissenschaftlichen Ansätze sich ebenfalls qualitativ unterscheiden*. Die Wissenschaft der Zellen ist qualitativ anders als die Wissenschaft der Organismen, und diese wiederum unterscheidet sich von der Wissenschaft der ökologischen Systeme.

Eine simple Erweiterung dieses Prinzips führt uns zu einem hierarchischen Modell von sich ergänzenden und nicht im Widerspruch stehenden »Erklärungen« für ein und dasselbe Phänomen. Die Faktoren, die in die Erklärung *einer* Ebene des vielschichtigen Systems einfließen, können auf einer anderen Ebene völlig bedeutungslos sein. Deshalb kann auf einer Ebene des hierarchischen Systems eine bewußte Entscheidung zu handeln Teil der Erklärung sein, während wir auf einer anderen Ebene lediglich physische, nicht willentlich gesteuerte Kräfte erkennen können.

Angenommen, ich bekäme einen Schnupfen. Auf einer Erklärungsebene könnten wir sagen, daß der Schnupfen durch einen Virus »verursacht« wurde. Viren, Bakterien und ein breitgefächertes Sortiment anderer Mikroorganismen bewohnen ständig den Raum, der »mein Körper« ist. Einige davon sind nützlich, wie die im Darm lebenden Bakterien, die so wichtig für den Verdauungsprozeß sind. Wenn wir die

Körperzellen bei dieser Aufzählung mitrechnen, bin ich »in Wirklichkeit« eine umfangreiche ökologische Gemeinschaft von Mikroorganismen, die meistens in einer Art kooperativen Gleichgewichts zusammenleben – wie gesagt meistens. Wenn dieses ökologische Gleichgewicht gestört wird, vielleicht nachdem ich mich erkältet habe, dann, so sagt man, habe ich eine bestimmte Krankheit, die sich durch dieses Ungleichgewicht auszeichnet. Anders gesagt, ist die Funktion des Immunsystems – die ja schließlich nichts anderes als eine Abfolge von Aktionen einer Menge »freundlicher« Mikroorganismen, T-Zellen und ähnlichem ist – gestört, und deshalb habe ich Schnupfen. Das wäre eine andere Erklärungsebene.

Von einer dritten Ebene aus betrachtet würden wir vielleicht feststellen, daß der Grund für das entstandene Ungleichgewicht der ökologischen Mikroorganismen im Körper ein Faktor ist, den man als »Streß« bezeichnet. Streß ist eine psychische Reaktion auf die Umgebung, bei der die Sekretproduktion einiger Drüsen zunimmt und der Körper sich auf »Kampf oder Flucht« *(fight or flight)* vorbereitet. Wiederholt auftretender oder permanenter Streß in Situationen, in denen Flucht unpassend und körperliches Kämpfen unerlaubt ist, kann zu einer Funktionsstörung des Immunsystems führen – und folglich zu einer Anfälligkeit für Schnupfen.

Diese drei Erklärungsweisen, von denen jede auf ihre Art Gültigkeit hat, liegen auf verschiedenen Ebenen einer hierarchischen Ordnung. Von der ersten zur zweiten und von der zweiten zur dritten Erklärungsebene finden wir in dem betreffenden System einen zunehmend größeren Ausschnitt des Universums vor. Außerdem variieren die Auslöser von Ebene zu Ebene. Auf der einen Ebene mag es ein Schnupfenvirus sein, auf der anderen der Zustand des Immunsystems, auf wieder einer anderen die Einstellung gegenüber Privatleben und Arbeit, die Streß erzeugt. Diese Auslöser werden immer abstrakter und damit immer weniger physisch. Das heißt aber nicht, daß die abstrakten Ursachen nicht weniger »wissenschaftlich« sind als andere, sie geschehen eben nur auf einer anderen Ebene der Hierarchie.

In einem weniger hochentwickelten Stadium der Wissenschaft war die Tendenz vorhanden, die Ebene materiell-körperlicher Ursachen als »wirklicher« anzusehen als die abstrakteren Ebenen (Positivismus). Deshalb stieß beispielsweise die Idee psychosomatischer Erkrankung zunächst auf beträchtlichen Widerstand, ebenso wie die Vorstellung, positive Gefühle könnten einen günstigen Einfluß auf das Immunsystem des Körpers haben. Zudem tendierten »wissenschaftliche Erklärungen« zu einer Interpretation, welche die Ursachen auf physikalischer Ebene suchte (Reduktionismus). Aufgrund dessen schieden teleologische Ursachen (Erklärungen, die eine Zielorientiertheit beinhalten) von vornherein aus. Die Reaktion des Armes auf einen äußeren Reiz konnte wissenschaftlich erfaßt werden, nicht aber eine Armbewegung, *ausgeführt mit dem Ziel, an ein gewünschtes Objekt heranzukommen.* Die Notwendigkeit, die Wissenschaft über die durch einseitige Bevorzugung dieser physikalischen Ebene entstandenen Grenzen hinauszuheben, wird immer deutlicher.

Die hierarchische Struktur der Wissenschaft

Lassen Sie uns ein Beispiel für ein solches hierarchisch aufgebautes Strukturierungssystem der Wissenschaft betrachten – das Konzept ist in der Philosophie der Wissenschaft keineswegs neu (vgl. Popper, 1977), wurde aber von den Vertretern des wissenschaftlichen Establishments nie wirklich ernstgenommen.

Stellen Sie sich ein Bücherregal vor, bei dem die verschiedenen Etagen von unten nach oben folgendermaßen beschriftet sind: »Naturwissenschaften«, »Lebenswissenschaften«, »Humanwissenschaften« und »Spirituelle Wissenschaften«. Die Bände auf dem Regalbrett »Naturwissenschaften« befassen sich mit Naturwissenschaft in ihrer gegenwärtigen Form. In den Bänden über »Lebenswissenschaften« finden wir Abhandlungen über Biologie und Gesundheit. Hier treffen wir jedoch auf holistische Konzepte wie »Organismus« und teleologische Begriffe wie »Funktion«, die der Thematik auf dem unteren Regalbrett fremd sind. Die Themen auf der dritten Regalebene, den »Humanwissenschaften«, sind noch holistischer und abstrakter, mit Begriffen wie »persönliches Wohlergehen«, »Persönlichkeit« und »Sinn des individuellen Lebens«. Auf dem vierten Regalbrett mit der Aufschrift »Spirituelle Wissenschaften« (die notwendig werden, will man den tiefen persönlichen Erfahrungen unzähliger Mystiker, Propheten, Künstler und Poeten aller Zeiten Rechnung tragen) geht es um überpersönliche Themen. Hier sehen wir uns noch abstrakteren Begriffen gegenüber, wie beispielsweise »universeller Sinn«. (Die folgende Übersicht deutet an, wie die

Themen Gesundheitsbewußtsein und Evolution zu qualitativ unterschiedlichen Konzepten führen können, je nachdem, von welcher der vier Ebenen her man sie angeht.)

Die Erklärungsebenen der Wissenschaft

Ebene	Beispiel aus dem Bereich Gesundheit	Beispiel aus dem Bereich Evolution
4. Spirituelle Wissenschaften	Geistige Gesundheit, Ganzheitlichkeit	Universeller Sinn
3. Humanwissenschaften	Individuelle biologische Gesundheit	Sinn des individuellen Lebens
2. Lebenswissenschaften	Funktion der Organe, Krankheit	Funktion des Systems, natürliche Auslese
1. Naturwissenschaften	Stoffwechselrate, Körpertemperatur	Molekularbiologie, Mutation, physische Charakteristika

Daß es bereits eine umfassende »Ebene-1«-Wissenschaft gibt, ist bekannt. In den Lebenswissenschaften und in der Theorie der Psychiatrie finden sich Ansätze zu einer »Ebene-2«-Wissenschaft, die die Behauptungen einiger Molekularbiologen über die Erklärbarkeit allen Verhaltens durch die Gene widerlegen. Was die »Ebene-3«-Wissenschaft betrifft, so finden sich noch fragmentarische Ansätze in der humanistischen Psychologie und der Soziologie. Auf der vierten Ebene finden wir Bestrebungen wie die Transpersonale Psychologie und die Psychologie des tibetanischen Buddhismus.

Verhaltenskonditionierung fügt sich vielleicht ganz gut auf Ebene 2 ein, während Wille, Absicht, Begreifen und Aufmerksamkeit zur Ebene 3 gehörige Konzepte sind. Werte und Sinn kann man als Konzepte der Ebene 4 betrachten. James

Lovelocks »Gaia-Hypothese« sieht die Erde als einen sich selbst regulierenden Organismus. In seiner weithin verstandenen Form ist das ein Konzept der Ebene 2; einige würden jedoch ein »Bewußtsein« unseres Planeten als eine Hypothese der Ebene 4 bezeichnen.

In der systematischen Biologie, einer Wissenschaft der Ebene 2, wird zur Identifizierung der einzelnen Spezies die Qualifikation des Experten wichtig. Eine wünschenswerte Eigenschaft des Wissenschaftlers der Ebene 3 ist Einfühlungsvermögen. Bei Ebene 4 trifft man auf das Problem, nur eine begrenzte Zahl qualifizierter Beobachter zur Verfügung zu haben (qualifiziert in bezug auf ihre eigene innere Entwicklung), und es ist immer außerordentlich schwierig gewesen, die Fallstricke von Dogmen und Kulten zu vermeiden.

Weitere Charakteristika einer hierarchisch strukturierten Wissenschaft:
Es ist nötig, noch einige weitere Charakteristika einer solch hierarchisch erweiterten Wissenschaft aufzuzählen.

Fragestellungen: Fragen, die auf einer Modellebene unpassend sind, *können in eine andere Ebene passen.* So haben beispielsweise teleologische Fragen keinen Platz auf der Ebene der reduktionistischen, auf die materielle Wirklichkeit ausgerichteten Naturwissenschaft. Auf der nächsthöheren Ebene ist es aber sehr wohl passend, Fragen nach der Funktionsweise des Immunsystems oder nach komplizierten Instinktverhaltensmustern bei Tieren zu stellen. Auf der dritten Ebene ist vielleicht der Wille als Kausalfaktor durchaus akzeptabel und ist Persönlichkeit ein sinnvolles Konstrukt; hier kann man die Bedeutung persönlicher Handlungen und Gewohnheitsmuster untersuchen. Auf der überpersönlichen oder spirituellen Ebene können Fragen nach »anderen Bewußtseinszuständen«, die durch Meditation erreicht werden, und nach der lenkenden Funktion der tiefen Intuition beim Treffen einer Wahl sinnvoll sein.

In der Vergangenheit haben die Wissenschaftler zumeist darauf bestanden, daß teleologische und wertorientierte Fragen der Wissenschaft nicht angemessen seien. Natürlich sind sie in einigen Bereichen, wie zum Beispiel im Gesundheitsbereich, schon immer gestellt worden. Eine Frage, die die Funktionsweise eines Teils des den Körper regulierenden Systems betrifft, ist teleologischer Natur, während die Frage, was zu

Gesundheit führt, sicherlich als wertorientiert zu bezeichnen ist.

Denjenigen, die noch immer daran zweifeln, ob diese Art von Fragen in der Wissenschaft angemessen sind, kann man mit der Gegenfrage antworten: »Wenn nicht in der Wissenschaft, wo dann?« Es gibt in unserer modernen Gesellschaft keine andere Autorität mit so hohem Prestige wie die Wissenschaft, die diese wichtigen Fragen stellen könnte.

Modelle und Metaphern: Die auf einer Erklärungsebene angewendeten Modelle und Metaphern können offensichtlich auf einer anderen Ebene unpassend sein. Die holistischen Metaphern, die sich mit der menschlichen Persönlichkeit beschäftigen, sind »nicht-materiell« und tauchen deshalb auf der physischen Erklärungsebene nicht auf. Atomistische Erklärungen organischer Prozesse auf der physischen Ebene andererseits vernachlässigen den Kern dessen, was auf den höheren Ebenen untersucht wird.

Wir wollen festhalten, daß ein Ausschließlichkeitsanspruch in bezug darauf, welche Ebene letztlich die »wirkliche« ist, gar nicht angebracht ist. Die Physiker waren die Wegbereiter für die Erkenntnis, daß die Wirklichkeit viel zu komplex ist, um durch ein einzelnes Modell, eine Theorie, eine Metapher oder Gleichung in ihrer Ganzheit erfaßbar zu sein. Wellentheoriemodelle machen Teilchenmodelle nicht ungültig und umgekehrt. Die beiden Metaphern widersprechen sich nicht, sondern *ergänzen* einander. Auf ähnliche Weise widerspricht die Erklärung menschlichen Verhaltens durch die jeweils angenommene Lebensphilosophie nicht einer Erklärung durch Triebunterdrückung und konditionierte Reaktionen, sondern ergänzt sie eher.

Ein Wissenschaftler kann sich durchaus im Berufsleben so verhalten, als ob die »Wirklichkeit« durch die physische Ebene beschrieben würde. Ein anderer Wissenschaftler (oder eigentlich sogar derselbe) kann sein Privatleben so leben, als ob nur die überpersönliche geistige Ebene das wirklich Wahre widerspiegeln könnte. Es liegt kein Widerspruch vor, und die Person wird nicht zu einer schizoiden Persönlichkeit, weil sie beide Ansichten gleichzeitig in sich trägt. Im Gegenteil, man kann sogar ein besserer Wissenschaftler sein, wenn man den der physischen Ebene entsprechenden Positivismus und Reduktionismus nicht so hart zu verteidigen gezwungen ist.

Selbstverständlich sollte man Verirrungen, die aus zu extremen Positionen entstehen können, vermeiden. Die extrem positivistisch-reduktionistische Haltung führt dazu, die unmittelbarste persönliche Erfahrung wie der Aufmerksamkeit und des Willens leugnen zu müssen. Die extrem transpersonale Position dagegen kann dazu führen, daß die Person uneffektiv wird, weil sie nicht »geerdet« ist.

Methodik: Die verwendete Methodik entspricht der jeweiligen Ebene und kann für eine andere Erklärungsebene eine völlig andere sein. Streng kontrollierte Versuche und die Erwartung absolut verläßlicher Untersuchungsergebnisse gelten für die physische Ebene und möglicherweise bis zu einem gewissen Grad auch für die Ebene der Organismen. Aber selbst auf diesen Ebenen können durch den Beobachtereffekt Störungen auftreten, die vom Blickwinkel einer höheren Ebene aus gesehen zwar normal, von der niedrigeren Ebene her aber »anomal« sind.

Der Gedanke, daß ein wissenschaftlicher Beobachter nicht in dem Sinne »objektiv« sein kann, daß er sich völlig von den beobachteten Phänomenen isoliert, gilt in gewissen Grenzen für alle Ebenen, insbesondere aber für die höheren. Was der Wissenschaftler wahrnimmt, ist das Ergebnis seiner unbewußten Konditionierung und früherer, aus der Umgebung aufgenommener Suggestionen. Wenn man das Universum von den höheren Ebenen aus betrachtet, können außerdem die geistigen Inhalte und Prozesse im Kopf des Forschers den Versuch auf eine Weise beeinflussen, die von den niedrigeren Erklärungsebenen her nicht verständlich ist.

Diese Betrachtungen gewinnen besonders dann an Bedeutung, wenn das »Bewußtsein als kausale Realität« ein wichtiger Faktor bei dem untersuchten Phänomen ist. Man kann daraus den Schluß ziehen, daß strikt angelegte Maßstäbe von Objektivität und Verläßlichkeit durch Replizität bei der Erforschung subjektiver Erfahrungen unangebracht sind. Und wenn sie das sind, dann muß es sicherlich andere vergleichbare Kriterien geben, die angebracht *sind.* Vielleicht wird tatsächlich, wenn die wissenschaftliche Erforschung dieser Gebiete ausgereifter ist, so etwas wie das buddhistische Ideal des »Nicht-Verhaftetseins« das Konzept strenger Objektivität ablösen, das bekanntlich noch nicht einmal mehr auf dem doch relativ verläßlichen Gebiet der Naturwissenschaften voll zu greifen scheint. Dann wird möglicherweise ein Begriff wie »Vertrauenswürdigkeit« (vielleicht auf der Basis mehrfacher

Negativ-Versuche) an die Stelle der Forderung nach absoluter Verläßlichkeit durch Wiederholbarkeit treten.

Betrachten wir als Beispiel erneut die bereits erwähnte Forschung im Bereich der multiplen Persönlichkeiten. Stimmt es wirklich, so ungeheuerlich es auch auf den ersten Blick scheint, daß ein und derselbe Körper von mehr als einer Persönlichkeit bewohnt sein kann? Diese ganzheitliche Vorstellung kann wohl kaum ohne Interaktion mit der/den betroffenen Person/en untersucht werden; Objektivität im strengen Sinne scheidet also aus. Das Ideal der Losgelöstheit von vorgefertigten Meinungen darüber, was möglich ist und was nicht, bleibt jedoch klar bestehen. Vor noch nicht allzu langer Zeit war die Vorstellung von einer weiteren Persönlichkeit, die sich durch ein und denselben Körper ausdrückt, fast gänzlich von den Eindrücken des Psychiaters abhängig. Das Konzept der »multiplen Persönlichkeit« hat in den letzten Jahren an Glaubwürdigkeit gewonnen, weil entdeckt wurde, daß verschiedene Körperfunktionen sich verändern, wenn die Persönlichkeit wechselt (das schlagende Beispiel ist hier eine Person, die eine Allergie hat, während ihr Doppel-Ich nicht allergisch reagiert!).

Noch ein weiterer methodischer Punkt ist hier von Wichtigkeit. Bei der Untersuchung höherer Erklärungsebenen kann der Beobachter von seinen wissenschaftlichen Experimenten nicht völlig unberührt bleiben. Man kann nicht veränderte Bewußtseinszustände untersuchen, ohne im Verlauf dieses Prozesses sensibilisiert und auch auf andere Weise davon beeinflußt zu werden.

Außerdem ist eine wesentliche Eigenschaft des die höheren Erklärungsebenen untersuchenden Wissenschaftlers die Bereitschaft, sich wandeln zu lassen. Der Kulturanthropologe, der eine andere als seine eigene Kultur klar sehen will, muß es zulassen, daß diese Erfahrung ihn beeinflußt, damit er diese neue Kultur mit neuen Augen sehen kann und nicht mit Augen, die von seiner eigenen Kultur geprägt sind. Die Psychotherapeutin, die ihren Klienten klar sehen will, muß sich durch ihre eigenen Neurosen gearbeitet haben, die sonst die Wahrnehmung verfälschen würden. Der Wissenschaftler, der sich mit der von uns als »spirituelle Wissenschaft« bezeichneten Ebene beschäftigen will, muß bereit sein, den Wandlungsprozeß zu durchlaufen, der ihn zu einem kompetenten Beobachter macht.

Zulässige Daten: Es scheint klar, daß die neue Wissenschaft sich mit subjektiven Berichten von tiefen inneren Erfahrungen auseinandersetzen muß. Wenn diese Idee in der Vergangenheit vorgetragen wurde, stieß sie bei der Mehrheit der Wissenschaftler auf Ablehnung. Vielleicht wird sie jetzt in ausgereifterer Form wieder auftauchen.

Auf der Ebene der »physischen Realität« beruhen die zulässigen Daten vor allem auf quantifizierbaren Beobachtungen meßbarer physikalischer Vorgänge. Auf der Ebene der Organismen gewinnen mehr ganzheitliche Beobachtungen Bedeutung, wie beispielsweise die instinktiven Verhaltensmuster und die Funktionsweise des Verdauungssystems. Auf der persönlichen Ebene werden subjektive Berichte eigener innerer Erfahrungen relevant, die auf der überpersönlichen Ebene im Prinzip die einzige Quelle für Daten überhaupt sind.

Nach oben ausgerichtete und nach unten ausgerichtete Erklärungsweisen: Der Reduktionismus ist für die meisten Wissenschaften so charakteristisch geworden, daß man bei dem Terminus »Wissenschaft« fast automatisch an diese Erklärungsform denkt. Wir verstehen (wissenschaftlich gesehen) ein Phänomen, wenn wir es durch die ihm zugrunde liegenden Einzelphänomene beschreiben können. Eine Erklärung für das Verhalten eines lebenden Organismus wird dann respektiert, wenn sie sich auf die Reaktion auf äußere Reize, biochemische Spannungen, DNA-Zusammensetzung und -Struktur oder ähnliches bezieht – mit anderen Worten, wenn es sich um eine nach unten ausgerichtete Erklärungsweise handelt.

Natürlich verwenden manche Wissenschaftler – wenn auch oft zögernd – *nach oben ausgerichtete* Erklärungsweisen – Erklärungsweisen, die die Konzepte einer höheren Ebene berücksichtigen (Sperry 1987). Wenn das Immunsystem beispielsweise einen bestimmten Virus angreift, wird das nicht nur als komplexe chemische Reaktion verstanden; es kann nur dann wirklich erfaßt werden, wenn man die *Funktion* des Immunsystems als Schutz des Organismus gegen Schaden mit einbezieht (ein Konzept der Ebene 2). Wenn die Schere eines Hummers nach der Amputation wieder nachwächst, kann dieser komplexe Regenerationsprozeß nur unter Einbeziehung einer Art morphogenetischer Vorstellung von der Natur einer unversehrten Hummerschere verstanden werden. Zum Verständnis altruistischen Verhaltens muß man zumindest Konzepte der Ebene 3, wenn nicht gar der Ebene 4, berücksichtigen. Die teleologische Erklärungsweise (auf Zweck und Ziel bezogen) ist nur eine Form der nach oben ausgerichteten Erklärungsweise.

Es scheint, als wäre bislang in der Geschichte der Wissenschaft vor allem die Kategorie Naturwissenschaften und der abwärts gerichtete Pfeil großgeschrieben worden! Erst in den letzten Jahren sind wir bereit, ernsthaft das Wissenssystem als Ganzes zu berücksichtigen.

In dem Moment, in dem wir die Gültigkeit beider Erklärungsformen, der nach oben als auch der nach unten ausgerichteten, anerkennen, müssen wir feststellen, daß der grundlegende Hunger nach Sinn, danach, unserem Leben Bedeutung zu geben – was für die menschliche Existenz so charakteristisch ist – eher durch nach oben ausgerichtete Erklärungen gestillt wird. Sie mögen nach rationaler Beurteilung nun fundamentaler sein oder nicht: Sie werden auf jeden Fall von vielen als fundamentaler *empfunden.*

Neuentwurf für unfruchtbare Kontroversen: Eine der wichtigsten Resultate aus der sich langsam verändernden Sichtweise der Wissenschaft in Richtung auf das beschriebene hierarchisch strukturierte Gebilde ist die Tatsache, daß viele der wissenschaftlichen Kontroversen der Vergangenheit einfach verschwinden, wenn wir sie in diesen anderen Erklärungsebenen neu entwerfen. Der behavioristische Ansatzpunkt ist ganz klar der einer bestimmten Gruppe von Wissenschaftlern, die sich weigert, außerhalb der Ebene physikalischer Meßbarkeit liegende Themen zu behandeln. Die »ewige« Debatte »Freier Wille versus Determinismus« läßt sich ganz einfach auflösen, wenn man erkennt, daß diese beiden Konzepte komplementär sind und zu verschiedenen Ebenen gehören. Dualistische Ansätze beziehen nur zwei Ebenen, nicht aber mindestens vier mit ein.

Jene Wunderheilungen, die die strengen, von der Internationalen Medizinischen Kommission in Lourdes, Frankreich, gesetzten Kriterien erfüllen, kann man dann vielleicht zur überpersönlichen Ebene rechnen, statt sie als Angriff auf die für viele Zwecke nützliche Erklärung der stofflichen und organischen Ebene zu sehen. Eine dieser ständigen Kontroversen dreht sich um die Interpretation des Phänomens der *Morphogenese.* Morphogenese (wörtlich die Geburt der Form) zeigt sich besonders deutlich beim Heilen, bei der Regeneration (Wiederherstellung eines verstümmelten Organismus) und beim embryonalen Wachstum. Eine extreme Form der Regeneration findet sich bei einigen niederen Lebewesen, wie der Hydra oder der Planaria, bei denen sich aus einem winzigen Stückchen des Organismus das ganze Lebewesen rekonstruiert. Beim Embryonalwachstum führt die Vermehrung einer einzelnen Zelle nach und nach zur Bildung eines kompletten Organismus, in dem viele verschiedene Zellen ganz unterschiedliche Funktionen erfüllen. Zur Erklärung dieses Phänomens wurde das Konzept einer Lebenskraft eingeführt, die lebenden Organismen eigen ist und ihre Form und Entwicklung steuert.

»Vitalismus«, wie diese Idee genannt wurde, ist in wissenschaftlichen Kreisen im allgemeinen sehr umstritten. Der Begriff »morphogenetisches Feld« wird seit den zwanziger Jahren verwendet, um das organisierende Prinzip zu beschreiben, durch das sich die vielen Zellen so verbinden, daß sie einen lebenden Organismus mit einer bestimmten Form und sehr differenzierten Funktionen bilden. (Der gleiche Begriff wurde später von Rupert Sheldrake in erweiterter Form verwendet, um komplexes Instinktverhalten bei Tieren zu beschreiben.) Offensichtlich gibt es aber keinen befriedigenden Weg, Morphogenese von der physischen Ebene her zu beschreiben; ein Konzept einer höheren Ebene scheint erforderlich.

Auf eine ähnliche Kontroverse treffen wir bei der Frage der Evolution (die dadurch noch kompliziert wird, daß das fundamentalistische Christentum und der Oberste Gerichtshof in den Vereinigten Staaten darin verwickelt sind). Die vorherrschende neodarwinistische Theorie erklärt die Entwicklung hochstehender Spezies durch Zufallsmutation und natürliche Auslese. Diese Erklärungsweise läßt viele Fragen offen, nicht zuletzt die, die uns Strukturen aufgeben (wie beispielsweise die zwei Augen für räumliches Sehen), die offenbar in sämtlichen Zwischenstadien der Entwicklung in sich selbst keinen Überlebenswert haben, so daß man sich ihre Evolution kaum als zunehmende Perfektionierung vorstellen kann – und ebensowenig als plötzlichen transformatorischen Sprung. Möglicherweise wird man für den Evolutionsprozeß im Laufe der Zeit eine treffendere Theorie finden, in der beide Ansätze, der neodarwinistische »Mechanismus« und eine Art höherer morphogenetisch lenkender Kraft, etwas wie ein universaler (oder zumindest weltumspannender) Geist, enthalten sind.

Nicht jede Kontroverse läßt sich so leicht beilegen. Die Astrologie zum Beispiel stützt sich seit Jahrtausenden auf empirische Verallgemeinerungen, die auf Horoskopvoraussagen basieren; wenn es wirklich einmal eine solide Theorie astrologischer Einflüsse geben soll, so muß sie sicher auf überpersönlicher Ebene liegen. Die Zerstörung des Glaubens an mit Hexerei, Schamanismus, Animismus und ähnlich verbundene Phänomene im 17. Jahrhundert wiederum geschah trotz schlagender Beweise für die Existenz dieser Phänomene – neue Arten akzeptabler Erklärungsweisen mögen wohl zum geeigneten Zeitpunkt auftauchen, aber sie werden auf einer persönlichen Ebene (wie beispielsweise das Phänomen der Hypnose) oder einer überpersönlichen Ebene liegen müssen. Besonderes Augenmerk sollten wir hier auf das »Prinzip der Sparsamkeit« richten – die Einstellung, daß eine einfachere und ästhetisch elegantere begriffliche Erfassung eigentlich einer ausgeklügelteren und komplexeren vorzuziehen ist, sofern beide die bekannten Fakten erfassen. Dieses Prinzip scheint mir in der Vergangenheit oft falsch angewendet worden zu sein, wenn versucht wurde, Erklärungen auf höherer Ebene zu verhindern und statt dessen Daten durch eine andere Interpretation in die stoffliche Erklärungsebene hineinzuzwängen (oder gar sie zu ignorieren).

Erklärungskonzepte der einen Ebene können eine wertvolle Ergänzung zu grundlegenden Erklärungen von Phänomenen einer anderen Ebene darstellen. Die Konzepte der physischen Ebene beispielsweise können zur Erklärung psychosomatischer Prozesse, die prinzipiell von einer höheren Ebene her erklärt werden, wertvolle Details liefern. Die höchst subtilen überpersönlichen Begriffserklärungen der Psychologie des tibetanischen Buddhismus wiederum könnten wichtige Einsichten in Prozesse auf der persönlichen und organismischen Ebene bringen.

Abschließender Kommentar

Die Wichtigkeit der hier aufgeworfenen Fragen kann kaum hoch genug geschätzt werden. Sie läßt sich durch eine einfache Beobachtung belegen. Unsere moderne Gesellschaft verleiht dem offiziellen, öffentlich anerkannten Wissenssystem, der Wissenschaft nämlich, ungeheure Macht und Anerkennung. Die Stellung der Wissenschaft ist einmalig: Keines der anderen bestehenden Wissenssysteme – keine Philosophie oder theologische Richtung, auch nicht Philosophie und Theologie zusammen – nimmt eine ähnliche Stellung ein. Deshalb ist es von enormer Wichtigkeit – und zwar in nie dagewesenem Maße –, daß unsere Wissenschaft allen Anforderungen genügt. *Es ist unmöglich, eine gut funktionierende Gesellschaft auf einer Wissensbasis zu gründen, die völlig unzulänglich ist, in bedenklichem Maße unvollständig und in ihren Grundvoraussetzungen fehlerhaft.* Genau das aber hat die moderne Welt die ganze Zeit versucht.

Wenn man ernsthaft von der Idee ausgeht, daß die westliche Wissenschaft ein Produkt der westlichen Gesellschaft ist und auf Grundannahmen beruht, die mit der Wirklichkeitssicht eben dieser Gesellschaft in Einklang stehen, so folgt daraus, daß der erste Anstoß zu einem Wandel der ihr zugrundeliegenden Voraussetzungen nicht von den Wissenschaftlern, sondern aus der sie umgebenden Kultur kommen wird. Während der letzten fünfundzwanzig Jahre häufen sich in der Tat die Hinweise darauf, daß eine solch treibende Kraft in der Entwicklung begriffen ist. Die Relevanz dieser Kritik richtet sich deshalb ebenso an die Öffentlichkeit als Ganzes wie an die Wissenschaftler. Im Hinblick darauf haben wir diese Diskussion mit Absicht einfach gehalten und die Zahl der stützenden Details und Zeugnisse gering. Das Grundkonzept ist einfach und kann auch von Nichtwissenschaftlern verstanden werden. Den Preis, den wir innerhalb und außerhalb der Wissenschaft für Konflikte zwischen verschiedenen Dogmen in der Vergangenheit gezahlt haben, ist zu hoch. Wir können es uns nicht länger leisten. Die Abhilfe könnte darin liegen, etwa ein Konzept hierarchisch geordneter Erklärungsebenen wie das vorgeschlagene zu fördern. Dies wäre sicherlich den fortgesetzten Konflikten über die Themen Evolution, Parapsychologie, Vitalismus, Holismus/Reduktionismus und Wissenschaft gegen Religion vorzuziehen, deren Reihe sich unendlich fortsetzen ließe.

Wir beenden deshalb dieses Kapitel mit einer Schlußfolgerung, die ausgesprochen tiefgreifende Konsequenzen für alle Gesellschaften beinhaltet: Eine ausgereifte Wissenschaft und eine ausgereifte Religion scheinen keineswegs in Konflikt miteinander zu stehen. Solange sich ein solcher Konflikt also zeigt, müssen wir uns in der Tat ernsthaft fragen, ob unsere Wissenschaft wirklich ausgereift ist.

Fünftes Kapitel

Das Makroproblem der Welt transformieren

Wir stehen an der Schwelle eines neuen Zeitalters: des Zeitalters einer offenen Welt und eines Selbst, das imstande ist, seine Rolle in dieser erweiterten Sphäre zu spielen . . . Jedes Ziel, das die Menschheit . . . erreicht, ist ein neuer Ausgangspunkt, und die Summe allen . . . menschlichen Lebens ist nur ein Anfang. Lewis Mumford

Warum vollzieht sich dieser Wandel der zugrundeliegenden Metaphysik gerade im letzten Viertel des zwanzigsten Jahrhunderts? Teilweise sicherlich deshalb, weil die Wissenschaft reifer geworden ist. Die Erkenntnis, daß die Wissenschaft von der Sache her voreingenommen ist, wirkt nicht so bedrohlich, wie es noch vor einem halben Jahrhundert oder früher der Fall gewesen wäre. Es ist wesentlich leichter geworden, einzusehen, daß der Bereich subjektiver innerer Erfahrungen vernachlässigt wurde und zu seiner Erforschung ein neuer Ansatz notwendig ist.

Zum einen haben die Physiker seit langem klar zum Ausdruck gebracht, daß die Wissenschaft mit *Modellen* der Realität arbeitet. Deshalb ist es nicht weiter erstaunlich, daß keines der Modelle *alle* Aspekte der Realität umfaßt. Die Einführung des Konzeptes der *Komplementarität* in die Quantenphysik durch Niels Bohr war ein wichtiger Schritt in diesem Reifeprozeß: Wellentheorie und Teilchentheorie zur Erklärung des Lichtes stellten sich als eher ergänzende statt widersprechende Konzepte heraus, da jede dieser beiden Theorien ganz bestimmte beobachtbare Teilphänomene des Geheimnisses Licht beschrieb. Ebenso könnten Materie-Energie-Modelle und Verstand-Geist-Bewußtseinsmodelle sich als komplementäre Aspekte des Geheimnisses Leben erweisen.

Die Quantenphysik bescherte uns noch ein paar weitere Überraschungen. Ein von drei Physikern entworfenes »Gedankenexperiment«, das das »Einstein-Podolsky-Rosen-Paradox« genannt und später im Labor verifiziert wurde, zeigt, daß zwei Teilchen, die eng miteinander verbunden waren und dann räumlich getrennt werden, trotzdem noch miteinander »in Verbindung« stehen. Wird eines der Teilchen auf eine bestimmte Art und Weise beeinflußt, reagiert das andere *sofort*. (Mit anderen Worten ist das Verbundensein der beiden Teilchen nicht abhängig von einem Signal, das sich mit Lichtgeschwindigkeit oder langsamer fortpflanzt.)

In Verbindung zu diesem Experiment steht ein mathematisches Erklärungsmodell mit dem Namen »Bells Theorem«, das im wesentlichen aussagt, daß alles im Universum miteinander verbunden ist. Genauer gesagt beweist es die Unrichtigkeit des »Prinzips lokaler Ursachen«, nach dem ein Phänomen durch in unmittelbarer Raum-Zeit-Nähe befindliche Ursachen erklärbar ist, es also nicht zu erwarten ist, daß das Ergebnis eines hier und jetzt durchgeführten Experiments von einem Ereignis beeinflußt werden kann, das sich in räumlicher oder zeitlicher Entfernung – oder beides – abspielt. (Die Tatsache, daß ein geliebter Mensch irgendwo auf der anderen Seite der Erde gerade in einen ernsten Verkehrsunfall verwikkelt ist, würde demnach keinen Einfluß auf die Bilder meines Inneren haben können.) Bells Theorem widerspricht dieser »vernünftigen« Aussage. Der Physiker David Bohm stellt die noch allgemeinere Theorie auf, daß wir Wirklichkeit nie ausschließlich durch Begriffe wie Teilchen und Felder allein vollständig erfassen können; letztlich müssen wir die »ungebrochene Ganzheit« auf nicht-reduktionistische Weise betrachten.

Summa summarum ist der eigentliche Triumph der reduktionistischen Physik der, die *Notwendigkeit* eines neuen Paradigmas aufzuzeigen, das über die reduktionistische Wissenschaft hinausreicht.

Der Paradigmenwechsel wird auch von anderen Faktoren beeinflußt, die nicht direkt mit wissenschaftlichen Entwicklungen in Verbindung stehen. Einer der wichtigsten Faktoren ist, daß durch zunehmende Bildung und wachsendes Verständnis in den letzten fünfzig Jahren die Allgegenwart der »Ewigen Weisheit« in den spirituellen Traditionen der Welt deutlich geworden ist und weitverbreitet akzeptiert wird. (Vorher wurde die Erforschung anderer religiöser Traditionen als der christlichen und der jüdischen zumeist als anthropologische und historische Kuriosität betrachtet und nicht als Aufzeichnung menschlicher Erfahrungen, aus denen wir etwas lernen können.) Inzwischen ist nicht nur deutlich geworden, daß die »Ewige Weisheit«, da sie das Herzstück jeder spirituellen Tradition ist, mit allen diesen Traditionen auf der ganzen Welt vereinbar ist, sondern der angebliche Konflikt mit der Wissenschaft erweist sich auch nach und nach als nicht so real wie vordem angenommen.

Außer den erwähnten Gründen ist die gegenwärtige Neueinschätzung der Grundannahmen auch eine Folge des wachsenden Verdachts, daß ohne eine Art grundlegenden Wandels die moderne Industriegesellschaft offenbar unfähig ist, die sozio-politischen und ökologischen Probleme zu lösen, die uns bedrängen. Nicht nur, daß jedes nachfolgende Jahrzehnt problembeladener als das vorherige zu sein scheint, die Probleme sind auch mehr und mehr miteinander verwoben und die zu erreichenden Kompromisse zunehmend ungünstiger. Der ausstehende Wandel ist nicht nur ein Überwechseln von einer Form von Industriegesellschaft zu einer anderen (wie beispielsweise vom Kapitalismus zum Sozialismus), sondern vielmehr ein tiefgreifender Wandel der beiden Formen von Industriegesellschaft zugrundeliegenden Hauptannahmen.

Um zu einer neuen Perspektive dieser letztgenannten Aussage zu gelangen, wollen wir ein kleines Gedankenexperiment durchführen.

Eine andere Perspektive

Stellen Sie sich vor, Sie seien ein Anthropologe aus einer anderen Zivilisation – sagen wir, von einem anderen Planeten –, der zum ersten Mal die Erde besucht. Sie werden bald das Gefühl haben, besonders wenn Sie sich mit Kindern unterhalten, daß große Unsicherheit über die Zukunft herrscht. Insbesondere die bedrohliche Gegenwart von vielen Tausenden von Atomwaffen, auf bereits vorbestimmte Städte und militärische Ziele gerichtet, zwingt – zumindest unbewußt – zu der Wahrnehmung, daß die Welt kurz davor steht, sich selbst in die Luft zu jagen. »Was ist der Grund für all diese Unsicherheit?« fragten Sie. Die Antwort ist: »Das Streben nach nationaler *Sicherheit!*«

Sie stellen fest, daß in weiten Teilen der Welt die Unsicherheit andere Formen annimmt. Nahrung, Einkommen und Wohlstand sind in der Welt völlig ungleichmäßig verteilt – weit ungleichmäßiger als in jedem der Länder für sich genommen, selbst in jenen, wo seit langem ungerechte politische Systeme bestehen. Und doch scheint es keinen realisierbaren Vorschlag zur Beseitigung dieser Situation zu geben. Statt dessen treiben offenbar die wirtschaftlichen und demographischen Kräfte die Mißverteilung erbarmungslos weiter voran. Der reiche »Norden« feiert ein Fest, das immer stärker zu Lasten der begrenzten Ressourcen dieser Erde geht, während die Menschenmassen des verarmten »Südens« sich in einem erbarmungslosen Teufelskreis von Armut, Analphabetentum und hohen Geburtenraten bewegen. Die Bedrohung durch »Umverteilungskriege« wächst zusehends.

Währenddessen streiten sich die beiden Supermächte herum, jede fürchtet die Absichten der anderen, und beide halten die Bevölkerung der Erde unter dem Joch ihrer bislang unerreicht großen Möglichkeiten, den Planeten Erde zu verwüsten.

Sie entdecken noch etwas ausgesprochen Eigenartiges in bezug auf die Struktur der mächtigen Gesellschaften dieses Planeten – sie räumen eher *wirtschaftlichen* Institutionen als Hüter der größten Werte der Gesellschaft eine Vorrangstellung ein, statt jenen Institutionen, die Weisheit, Wissen, Lernen und Religion vertreten! Sie als Beobachter sehen keinen augenscheinlichen Grund dafür zu glauben, daß wirtschaftliche Logik und wirtschaftliche Werte jemals zu weisen sozialen Entscheidungen führen werden. Das wird ja immer eigenartiger!

Sie erfahren zum Beispiel, daß die führenden Institutionen wirtschaftlichen Konsum als »Tugend« werten und zwar bis zu dem Grad, daß Bürger, besonders in den Vereinigten Staaten, sich gegenseitig als »Mit-Konsumenten« bezeichnen. Von der Genügsamkeit, früher einmal eine der Haupttugenden, wird auf subtile Weise abgeraten, da sie schlecht für die Wirtschaft ist!

»Warum ist denn so viel Konsum notwendig?« fragen Sie. »Um die erzeugten Güter zu verbrauchen«, wird Ihnen gesagt. (Das weltweite Wettrüsten gilt dem gleichen Zweck.) Die wirtschaftlichen Indikatoren, wie das Bruttosozialprodukt, das anzeigt, wie gut es der Gesellschaft geht, sind im Grunde genommen ein Maßstab dafür, wie schnell die Ressourcen aufgebraucht werden – umgewandelt in Wirtschaftsprodukte. Je höher das Sozialprodukt, desto »gesünder« ist die Wirtschaft und damit natürlich auch die Gesellschaft.

»Ist das denn sinnvoll«, fragen Sie, »auf einem begrenzten Planeten einen Preis für den schnellstmöglichen Verbrauch von Ressourcen auszusetzen?« – »Das ist notwendig zur Schaffung von Arbeitsplätzen«, gibt man Ihnen als Antwort darauf, »und um Kaufkraft zu schaffen, damit ein Markt für all die erzeugten Güter da ist! Sie denken noch einmal über jenes historische Dokument mit dem Titel *Alice im Wunderland* nach, in dem es heißt, daß man ganz schön laufen muß, um auf der Stelle zu bleiben. »Aber diese Arbeitsplätze«, fragen Sie, »wird man sie für den Menschen erhebende Aktivitäten nutzen: zur Förderung einer gesünderen Entwicklung des Menschen, zur Verschönerung der Umgebung, zur Pflege der Natur, zur Förderung der menschlichen Tugenden?« – »Also eigentlich nicht«, antwortet man Ihnen, »diese Dinge sind eher eine Belastung für die Wirtschaft, denn sie werden im öffentlichen Sektor durchgeführt. Durch die Arbeitsplätze werden Güter und Dienstleistungen für den Markt produziert – Produkte wie Computerspiele, ferngesteuerte Raketen, Wohnmobile und Einrichtungen für Finanzspekulanten und die Unterhaltungsindustrie und« ... »Ah ja, ich verstehe«.

Die wirtschaftliche Produktion wird als Hauptbasis für den Zusammenhang zwischen Individuum und Gesellschaft betrachtet. Die überwältigende Anzahl sozial anerkannter Rollen setzt voraus, einen Job im Produktionsleben zu haben, mit jemandem verheiratet zu sein, der einen Job hat oder eine Ausbildung zu machen, um einen Job zu bekommen. Angesichts der modernen industriellen Produktionsmittel sind viele dieser Rollen nicht länger sinnvoll und befriedigend. Darüber hinaus gelangt man langsam an die für diesen Planeten tragbare Grenze materiellen Wachstums; da zudem die Rationalisierungsbestrebungen in der Wirtschaft auf weitere Automatisierung und »Roboterisierung« der Produktion ausgerichtet sind, wird die Zahl der Arbeitsplätze im Vergleich zur Zahl derer, die Arbeit suchen, ständig abnehmen. Fragt sich die Gesellschaft an diesem Punkt, welchen sinnvollen, konstruktiven Aufgaben sie sich jetzt widmen könnte, da für die Produktion nicht der volle Einsatz aller notwendig ist? Nein, statt dessen stürzt sie sich in hektische Aktivitäten zur *Steigerung des Konsums*!

»Wie trifft diese Gesellschaft ihre wichtigen Entscheidungen?« fragen Sie, »Entscheidungen, die das Leben der ganzen Menschheit, das Leben zukünftiger Generationen auf der ganzen Welt beeinflussen werden?« – »Aufgrund von *Wirtschafts-analysen*«, ist die Antwort. Einzelne politische und wirtschaftliche Führungskräfte gelangen vielleicht unter Einbeziehung persönlicher Wertvorstellungen zu anfänglichen Entscheidungen, aber der bürokratische Weg bedeutet dann, diese Entscheidungen über Kosten-Nutzen-Rechnungen oder ähnliche wirtschaftliche Analysen zu verteidigen. Und in welchem Maße beeinflußt das Wohlergehen zukünftiger Generationen diese Entscheidungsfindung? Wirtschaftswissenschaftler beziehen die Zukunft mit etwa zehn Prozent in ihre Kalkulationen ein, die Folgen für kommende Generationen werden also so gut wie gar nicht in Betracht gezogen. (Vor vielen Jahren, bevor sich die Ethik wandelte, war es Brauch, daß ein Bauer sein Land der nächsten Generation in einem *besseren* Zustand übergab, als er selbst es vorgefunden hatte. Solch sentimentale Gefühle verflüchtigen sich angesichts einer »gesunden« Finanzpolitik, die ihr Hauptaugenmerk auf das richtet, was unter dem Strich im nächsten Quartal übrigbleibt.

Sie erkundigen sich dann genauer nach der Art von Entscheidungen, die dieser vorherrschenden rationell-wirtschaftlichen Sichtweise entspringen. Offensichtlich kann es sich die Gesellschaft in den Vereinigten Staaten, so bedauerlich das klingen mag, nicht mehr leisten, jedem Kind eine wirklich gute Ausbildung zu sichern. Sie kann es sich nicht länger leisten, die Bürger nachts auf den Straßen zu schützen. Ja, sie kann es sich noch nicht einmal leisten, allen Bürgern die nötige Gesundheitsvorsorge zu gewähren. Andererseits tragen extravagante Verpackungen und Werbung, verschwenderischer Konsum und unnötige Transportwege weiterhin zur *Steigerung* des Bruttosozialproduktes bei. (Nehmen wir beispielsweise die für die Nahrungsmittelproduktion benötigte Energie – Energie für die Düngemittel, für Traktorenbrennstoff, Transport über weite Strecken, Verpackung, Einfrieren, Auftauen, Kochen und so weiter. Am Ende steckt im Essen auf unserem Tisch im Vergleich zur Solarenergie das Mehrfache an fossilen Brennstoffen. Diese Situation ist vielleicht »wirtschaftlich gesehen gesund«, ökologisch gesehen aber auf lange Sicht ganz bestimmt unvernünftig.)

Die Mitglieder dieser Gesellschaft sind stolz darauf, im »Überfluß« zu leben. Man kommt aber um die Einsicht nicht herum, daß diese Fülle und dieser Überfluß neue Formen von *Knappheit* mit sich gebracht haben – Knappheit der natürlichen

Ressourcen, Knappheit an Frischluft und Wasser, an Ackerland, an Fassungsvermögen der Natur zur Aufnahme der Abfälle, an intakten lebenserhaltenden Systemen auf unserem Planeten und an Wildnis, die uns im Inneren zu erneuern vermag. Diese Tatsachen sind teilweise eine Folge der verwendeten Technologieformen (wie die Verwendung von fossilen Brennstoffen statt Solarenergie, biologisch nicht abbaubaren Materialien, gefährlichen Chemikalien und landwirtschaftlichen Praktiken, die Riesenmengen von Kunstdünger und Pestiziden einsetzen). Die »neue Knappheit« steht natürlich auch im Zusammenhang mit dem Bevölkerungswachstum, das wiederum auf verbesserte sanitäre Bedingungen und die öffentliche Gesundheitsfürsorge zurückgeht.

Sie stellen eine weitere Eigenart fest: Es handelt sich hier um eine Gesellschaft, deren Wissenssystem (die Wissenschaft) auf Positivismus und Reduktionismus gründet. Diese Gesellschaft, in deren vorherrschendem Wissenssystem demnach Altruismus, Mut, Tugend und ewige Werte keinen Platz haben, erlangt ihre hervorragende Stellung durch erfolgreiche Manipulation der natürlichen Umgebung. Ja, diese Gesellschaft brüstet sich sogar mit der Fähigkeit, die »Natur unter Kontrolle« zu haben – was Ihnen als Besucher von einem anderen Stern wie die letzte Verirrung des Denkens vorkommt, weil *Sie* der Meinung waren, daß die Menschen ein untrennbarer Teil der »Natur« seien.

Wir brauchen dies nicht fortzusetzen. Es gab eine Zeit, in der es das größte Problem des Menschen war, seine Grundbedürfnisse zu befriedigen und mit den Unbilden der ihn umgebenden Natur fertig zu werden. Die größten Probleme der modernen Gesellschaft resultieren aus den *Erfolgen* des Paradigmas der Industriegesellschaft. Die Schrecken moderner Kriegführung, die weltweite Umweltzerstörung, die Störung des ökologischen Gleichgewichts, die fortschreitende Abnahme der Ressourcen, die Armut und der Hunger in der Welt, das Überhandnehmen gefährlicher Substanzen, die Streßkrankheiten, die Möglichkeit nachteiliger klimatischer Veränderungen aufgrund von Kohlendioxidansammlung in der Atmosphäre, all das sind miteinander in Verbindung stehende Komponenten dessen, was wir *das* Makroproblem der Welt nennen können. Sie sind die Folgen einer Denkweise und der daraus resultierenden Verhaltensweisen und Institutionen – das Paradigma der Industriegesellschaft mit ihrer

M-1-metaphysischen Basis –, einer Denkungsart, die in der Vergangenheit von großem Nutzen gewesen ist, die aber jetzt schneller Probleme schafft, als sie sie löst. Das Makroproblem der Welt kann nur durch einen grundlegenden Wandel der Denkungsart befriedigend gelöst werden.

Ursprünge des Makroproblems der Welt

Es ist an dieser Stelle nicht nötig, das Makroproblem der Welt in allen Einzelheiten zu beschreiben. Lassen Sie uns kurz die Wechselbeziehung zwischen drei seiner Hauptaspekte aufzeigen: weitverbreitete Armut und Hunger, Schädigung der Umwelt und das Dilemma der Atomwaffen.

Das Atomwaffendilemma besteht darin, daß es zum gegenwärtigen Zeitpunkt und auch noch in absehbarer Zukunft an den verschiedensten Orten der Welt genug Langstreckenraketen mit Atomsprengköpfen gibt, die auf unterschiedliche »Feinde« gerichtet sind, um die menschliche Zivilisation, wenn nicht gar alles menschliche Leben auf diesem Planeten, zu gefährden. Zur Zeit sind die meisten dieser Raketen in den USA und der UdSSR stationiert. Das Wettrüsten zwischen diesen beiden Ländern ist jedoch nur die gegenwärtige Form der Krise. Wer wessen Feind oder Verbündeter ist, hat sich im Laufe der letzten fünfundsiebzig Jahre einige Male verändert.

Abgesehen davon gibt es unter den Ländern, die jetzt bereits Zugang zu Atomwaffen und biologischen Waffen haben oder ihn bald haben werden, einige, für die bei der gegenwärtigen Lage der Welt wenig Hoffnung besteht. Für den größten Teil der Weltbevölkerung ist es das Ziel, eine reiche Konsumgesellschaft zu werden (das offenbar beste Modell, das die Industrienationen anzubieten haben), für alle Zukunft außerhalb ihrer Reichweite – unter anderem aus Gründen der knappen Ressourcen und der durch die Umwelt gegebenen Beschränkungen. Selbst wenn die Geburtenrate noch weit drastischer zurückginge als momentan zu erwarten ist, wird die Erdbevölkerung noch jahrzentelang zunehmen und die reichen Industrienationen – ein verschwindend geringer Teil des Ganzen – werden von der übrigen Welt mit wachsendem Neid und Feindseligkeit betrachtet werden.

Was der Welt fehlt, ist die Vorstellung einer realisierbaren Zukunft aller. Die industrialisierte Welt, der ein Konsens über höchsten Sinn und Werte völlig verlorengegangen ist, läßt sich vor allem von wirtschaftlichen und finanziellen Signalen als Ersatzwerten leiten. Ein Teil der Entwicklungsländer strampelt sich ab, um mit dem Westen gleichzuziehen, ein anderer Teil ist auf der Suche nach einer attraktiven Alternative zu dem Aufgeben der eigenen kulturellen Wurzeln und dem Übernehmen der ihnen fremden westlichen Kultur. Viele Länder der Dritten Welt machen mit beim allgemeinen Wettrüsten, bei dem kein Ende abzusehen ist; einige geben mehr Geld für technisch hochentwickelte Waffen aus als für Gesundheits-, Bildungs- und Sozialwesen zusammen. Und einige tragen solche Schuldenlasten auf ihrem Rücken, daß die erdrückenden Zinszahlungen ihre Fähigkeit, ihr Los zu verbessern, blockieren.

Der Allgemeinzustand der Umwelt verschlechtert sich laufend, ungeachtet einiger zeitlich oder örtlich begrenzter Umkehrungen des allgemein negativen Trends. Vieles davon steht im Zusammenhang mit den wirtschaftlichen Aktivitäten der Industrieländer – saurer Regen, giftige Konzentration von Chemikalien, abnehmende und qualitätsmäßig schlechter werdende Wasserversorgung, örtliche Schädigung der Umwelt. Vieles davon ist aber auch die Folge der verzweifelten Suche der Armen nach Nahrung, Brennholz, Weideland und einem Dach über dem Kopf. Es ist oft gesagt worden, daß die Armut der größte Umweltverschmutzer sei.

Auf der ganzen Welt gründet sich die Wirtschafts- und Sozialpolitik wie auch die internationale Politik ihrem Wesen nach auf ein Bild von der Zukunft der Erde – ein Bild davon, wie der menschliche Fortschritt in den verschiedenen Gesellschaften verlaufen wird und wie wir mit den Ressourcen und lebenserhaltenden Systemen dieser Erde haushalten oder sie ausbeuten werden. Fast alles an dieser Politik beruht auf Konzepten einer globalen Entwicklung, die unweigerlich zu einer fortschreitenden Ausbreitung des Elends und der Konflikte zu führen scheint – wegen des enormen Ungleichgewichts zwischen reich und arm, wegen der Kräfte, die die Bauern von ihrem Land in die Slums der Großstädte treiben, wegen der Zerrissenheit der Gesellschaften durch die Verführungen und Diktate einer »Modernisierung«, wegen der Abholzung von Wäldern, der Wasserverschmutzung, der Bodenzerstörung, dem Voranschreiten der Wüstenstriche der Erde und tausend anderen Arten von Ausbeutung der natürlichen Umwelt, wegen des plötzlichen Reichtums einiger Länder aufgrund von natürlichen Ressourcen, nach denen die industrielle Welt verlangt, wegen der irreversiblen Veränderungen von Planzen- und Tierarten, von Bodenzusammensetzung und Klima. Wenn sich diese Trends nicht ändern, scheinen dauerhafte Konflikte unausweichlich. Im Atomzeitalter können solche Konflikte in der Tat gefährlich sein.

Die Ursprünge dieses Makroproblems liegen in ihrer Ausgangsbasis, der M-1-Metaphysik. Da innere Erfahrung keine »Realität« darstellt, haben transzendente Werte keine Macht, und materialistische Werte herrschen vor. Daher erscheint es dieser Gesellschaft vernünftig, daß mehr und mehr ihr Sozialverhalten und ihre Organisationsmaßnahmen durch wirtschaftliche Rationalisierung charakterisiert wird. Die Industrialisierung der Produktion von Gütern und Dienstleistungen erfaßt allmählich mehr und mehr auch humane Aktivitäten; in zunehmendem Maße werden sie alle in die Wirtschaft integriert. Ein Ergebnis dessen sind Monetarisierung und Kommerzialisierung (alle Dinge können in Währungseinheiten gemessen und in diesen erworben werden). Die wirtschaftliche Rationalisierung des Wissens führt zur »Wissensindustrie«: zu einer Wissenschaft, deren Daseinsberechtigung auf der von ihr hervorgebrachten Technologie ruht, zu einem Erziehungswesen, das sich über die Vorbereitung auf den späteren Arbeitsplatz definiert. Wirtschaftliche Rationalität wird bestimmt in der politischen und sozialen Entscheidungsfindung, selbst wenn die Entscheidungen, die auf diese Weise getroffen werden, aus einem anderen Blickwinkel gesehen unklug sind (wie beispielsweise aus der Sicht des Wohlergehens nachfolgender Generationen). Es wird nach technologischen Lösungen für Probleme gegriffen, die sozio-politischer Natur sind. Der Wert eines Menschen wird an seinem Wert für die Wirtschaft gemessen. Die Beziehung eines Menschen zur Erde beschränkt sich im wesentlichen auf deren Ausbeutung.

Aus solcher Argumentation und Wertung entstehen die einzelnen Komponenten des Makroproblems, wie unserem erdachten anthropologischen Besucher schnell klar wird. Diese Erkenntnis ist keineswegs völlig neu. Die unvermeidlichen Folgen des Versuchs, eine Gesellschaft mit einer M-1-Metaphysik zu lenken, waren einigen Gelehrten schon vor langem klar. Einer von ihnen war der angesehene Harvard-Soziologe Pitirim Sorokin.

Sorokin untersuchte den Aufstieg und Niedergang von Zivilisationen in seinem vierbändigen Werk *Kulturkrise und Gesellschaftsphilosophie*, das er zwischen den Weltkriegen schrieb und später in *Die Krise unserer Zeit* (1941) zusammenfaßte. Seine Schlußfolgerung – die auf eindrucksvollen Studien kultureller und sozialer Indikatoren beruhte, die er so weit zurückverfolgte, wie er Aufzeichnungen finden konnte – war, daß die westliche Gesellschaft, wie bereits manche Gesellschaft vor ihr, sich in solchem Maße auf »Sinnes«-Wahrnehmungen stützt, daß das Pendel fast unweigerlich zurückschwingen muß, wahrscheinlich bis zu einem Punkt besseren Gleichgewichts zwischen innerlich und äußerlich bestimmten Werten. Das schließt wiederum einen Wandel auf der tieferen Ebene der Grundüberzeugungen mit ein – oder, um den Modebegriff zu verwenden, einen Wechsel des herrschenden Paradigmas.

Sorokin beschrieb die Anzeichen für eine bevorstehende »Transformation«, deren Beginn er sicher nicht so bald erwartet hätte, wie es der Fall zu sein scheint.

Der britische Historiker Arnold Toynbee sah ebenfalls ein baldiges Ende des industriellen Zeitalters, so wie wir es kennen, voraus. In *Der Gang der Weltgeschichte*, geschrieben in den dreißiger und vierziger Jahren dieses Jahrhunderts, untersuchte er noch umfassender den Aufstieg und Niedergang von Zivilisationen. Seine Einstellung wurde weitgehend als pessimistisch gegenüber der Zukunft der industriellen Gesellschaft verstanden. Auch er sprach jedoch von einer möglichen »Wandlung« der modernen Gesellschaft in eine wieder mehr spirituelle Form.

Lewis Mumford war vielleicht noch der größte Optimist dieser Gruppe. Vor dreißig Jahren beschrieb er in einem schmalen Band mit dem Titel *The Transformations of Man* die früheren Wandlungen der westlichen Zivilisation – nicht ganz ein halbes Dutzend. Dann fuhr er fort mit der Beschreibung eines nahenden Wandels, dessen Anzeichen nur für wenige sichtbar seien:

> »Jede menschliche Transformation ... hat stets auf einer neuen metaphysischen und ideologischen Basis gefußt oder vielmehr auf tieferen inneren Regungen und Intuitionen, deren rational formulierter Ausdruck sich zu einem neuen Bild des Kosmos und der Natur des Menschen formt ...

Wir stehen an der Schwelle solch eines neuen Zeitalters: des Zeitalters einer offenen Welt und eines Selbst, das imstande ist, seine Rolle in dieser erweiterten Sphäre zu spielen; eines Zeitalters der Erneuerung, in dem sich Arbeit und Freizeit und Lernen und Liebe zusammenfinden werden, um eine neue Form für jeden Abschnitt des Lebens zu bilden und ein höheres Niveau für das Leben als Ganzes ... Indem wir die (menschliche) ... Selbsttransformation zu diesem höheren Stadium bringen, wird die Weltkultur vielleicht einen neuen Strom spiritueller Energie hervorbringen, der ein neues Potential enthüllt, das im menschlichen Selbst heute so wenig sichtbar ist wie es das Radium vor hundert Jahren in der stofflichen Welt war, und doch war es immer vorhanden ... Wer kann dem Auftauchen des Menschen oder seiner Kraft, seine bisherigen Errungenschaften zu übertreffen, Grenzen setzen? Bis jetzt haben wir weder Grenzen der Vorstellungskraft gefunden, noch Grenzen der Quellen, aus denen sie sich nähren kann. Jedes Ziel, das die Menschheit erreicht, bietet einen neuen Ausgangspunkt, und die Summe allen menschlichen Lebens ... ist nur ein Anfang.«

Andere zeitgenössische Autoren kommen in einigen kürzlich erschienen Büchern zu ähnlichen Schlüssen. Alvin Toffler faßt es in seinem Buch *Die dritte Welle* wie folgt zusammen:

»Trotz allem, was die heutigen Parteien und Kandidaten predigen mögen, der interne Machtkampf zwischen ihnen ist nichts weiter als eine Auseinandersetzung darüber, wer den größten Vorteil aus dem herauspressen wird, was vom untergehenden industriellen System noch übrig ist ... Während kurzsichtige politische Auseinandersetzungen unsere Energie und Aufmerksamkeit erschöpfen, findet unter der Oberfläche bereits ein weit ernsterer Kampf statt. Auf der einen Seite stehen die Befürworter der industriellen Vergangenheit, auf der anderen Millionen von Menschen, die erkennen, daß die dringlichsten Probleme dieser Welt – Nahrung, Energiequellen, Rüstungskontrolle, Bevölkerungswachstum, Armut, Ressourcen, Ökologie, Klima, die Probleme alter Menschen, der Zusammenbruch städtischer Gemeinschaften, die Notwendigkeit von produktiver, erfüllender Arbeit – nicht mehr im Rahmen der industriellen Ordnung gelöst werden können.«

Der Untertitel des englischen Originals von Theodore Roszaks Buch *Mensch und Erde auf dem Weg zur Einheit* faßt eine ähnliche Aussage zusammen: »Der kreative Zusammenbruch der Industriegesellschaft« (und die Schaffung einer neuen). Ähnliche Gedanken finden wir auch in Fritjof Capras *Wendezeit* und Marilyn Fergusons *Die sanfte Verschwörung.* Diese verschiedenen Abhandlungen betonen unterschiedliche Aspekte ein und desselben Themas, nämlich der notwendigen Transformation der Industriegesellschaft im Lauf der nächsten Jahrzehnte (was im Vergleich zu ähnlich revolutionärem Wandel in der Vergangenheit eine enorme Beschleunigung bedeutet, die vor allem auf die Tatsache zurückzuführen ist, daß moderne Verkehrsmittel und Kommunikation die Welt zu einem fester miteinander verwobenen Ganzen zusammenfügen.)

Hinweise auf ein neues Zeitalter: Soziale Bewegungen

Welches sind die hervortretendsten Charakteristika dieses neuen, postmodernen Zeitalters? Hinweise darauf erhalten wir aus dem, was die Menschen offenbar fordern, wenn sie aus dem ruhigen Verlauf ihres Lebens ausbrechen und sich in den verschiedensten sozialen Bewegungen und Bürgerinitiativen engagieren.

In den sechziger Jahren tauchten eine Reihe neuer sozialer Bewegungen – beziehungsweise Themen früherer Bewegungen in neuer Form – auf. Es gab eine Friedensbewegung, die Ähnlichkeiten, aber doch auch Unterschiede zu den Friedensbewegungen der zwanziger und dreißiger Jahre dieses Jahrhunderts aufwies. Es gab eine Frauenbewegung, die Forderungen der Suffragettenbewegung auf andere Ziele als das Frauenstimmrecht ausweitete. Es gab eine Umweltschützerbewegung, entstanden aus den alten Naturschutzbewegungen, eine Bürgerrechtsbewegung, die in gewisser Weise die Tradition der früheren Abolitionisten-, Populisten- und Arbeiterbewegungen fortsetzte, und andere mehr. Man hörte eine Menge über »Radikalisierung«. Einige Demonstrationen und andere Aktivitäten hatten weniger ein taktisches Ziel; sie sollten vielmehr eine Radikalisierung der Denkweise bewirken, das alte, anerkannte Glaubenssystem der Kultur in Frage stellen.

Diese Radikalisierung oder Veränderung der Wahrnehmung ging primär in zweierlei Weise vor sich. Zum einen wurde angestrebt, die Wahrnehmung für das zu schärfen, was als erdrückende, reglementierende, depersonalisierende, entfremdende, betäubende und lähmende Charakteristika der modernen gesellschaftlichen Institutionen angesehen wurde. Es wurde zum Beispiel absichtlich Konfrontation mit Autoritäten gesucht, um die »bewußtseinsverändernde« Wirkung solcher Konfrontationen zu fördern. Die andere Form der Radikalisierung lag in dem plötzlichen Interesse an Yoga, Meditation, östlichen philosophisch-religiösen Lehren, transpersonaler Psychologie, psychedelischen Drogen und ähnlichem. Hier ging es um veränderte Selbstwahrnehmung, insbesondere das Anerkennen seiner eigentlichen spirituellen Natur.

Mitte der achtziger Jahre bot sich ein etwas anderes Bild. Die ökologische Bewegung, die Friedens- und die Frauenbewegung werden jetzt eher als verschiedene Tropfen einer einzigen Welle transformatorischen Wandels erkannt. Die Studenten engagieren sich zwar noch immer, aber die Fragen haben inzwischen auch für viele ältere Mitbürger an Bedeutung gewonnen. Den Begriff »Radikalisierung« hört man selten; statt dessen spricht man von »verändertem Bewußtsein«. Diese Bewußtseinsveränderung geht teilweise in die Richtung zu erkennen, wie die gesamte Struktur, das Grundparadigma der westlichen Industriegesellschaft, uns unweigerlich zu der Art von Problemen und weltweiten Krisen führt, vor denen wir jetzt stehen, und in Richtung der Erkenntnis, daß diese Krisen nur befriedigend gelöst werden können, wenn das herrschende Paradigma geändert wird. Ein anderer Teil ist die Erkenntnis, daß wir uns ungewollt in Glaubenssysteme »einkaufen« (Systeme, in denen die Erde dazu da ist, ausgebeutet zu werden, in denen »prämoderne« Kulturen überwunden werden müssen, in denen Menschen mit anderer als weißer Hautfarbe minderwertig sind, in denen Frauen eine untergeordnete Rolle spielen, in denen Atomwaffen »Sicherheit« garantieren, in denen verschwenderischer Konsum »gut für die Wirtschaft« ist, und so weiter) und daß ein wichtiger Schritt getan ist, wenn wir begreifen, daß die Dinge, die unsere Gesellschaft als gegeben annimmt, nicht unbedingt wahr sind – daß wir es gar nicht nötig haben, uns in Glaubenssysteme »einzukaufen«. Ein weiterer wichtiger Teil zielt auf die stärkende Erkenntnis, daß alle gesellschaftlichen Institutionen, egal wie mächtig, ihre Legitimation aus der Wahrnehmung der Menschen beziehen – und daß deshalb die Menschen auch die Macht haben, diese Institutionen zu verändern, indem sie die Legitimität institutionalisierter Verhaltensweisen in Frage stellen. Die neueste Erkenntnis dieser Bewußtseinsveränderung ist insbesondere die, daß Menschen ihr Recht begreifen, auch die Legitimität und Glorifizierung des Krieges als eines weltweiten politischen Instruments in Frage zu stellen.

Unterstützt durch das Bewußtsein, daß die Welt immer weniger gut funktioniert, hat sich im Laufe der letzten zwanzig Jahre etwa eine ansteckende neue Einsicht um die ganze Welt verbreitet, zuerst die gebildete Mittelklasse ergriffen und dann ohne Ausnahme alle Altersklassen, Rassen und sozio-ökonomischen Schichten. Zahlreiche Beweise dafür sind die Ergebnisse statistischer Umfragen, die sozialen Bewegungen, grünen Parteien, Buchverkaufsziffern, Workshops und Seminare sowie vielfältige andere soziale Indikatoren. Der Bruchteil der amerikanischen Gesamtbevölkerung, der zu einer radikal anderen Wahrnehmung gelangt ist, beträgt sicher nicht mehr als fünf bis zehn Prozent, und dieser Wandel hat sich bei den meisten während der letzten zehn Jahre vollzogen. In einigen der Untersuchungen gaben mehr als fünfzig Prozent der Befragten Werte an, die sich von den Werten während der Periode des großen Wirtschaftswachstums in den fünfziger und frühen sechziger Jahren grundlegend unterscheiden. Ähnliche Sinneswandlungen sind in Nordeuropa, Kanada, Australien und in geringerem Maße auch anderswo in der industrialisierten Welt, selbst in den osteuropäischen Ländern, zu beobachten. Ein anderes Bewußtsein findet sich auch bei einer kleinen Gruppe, die die »alternative Entwicklung« in der Dritten Welt vertritt.

Zur Charakterisierung dieser anderen Wahrnehmung lassen sich fünf Aspekte aufzeigen: die Suche nach Ganzheitlichkeit, die Suche nach Gemeinschaft und Beziehung, die Suche nach Identität, die Suche nach Sinn und das Bewußtsein der eigenen Stärke.

Suche nach Ganzheitlichkeit

Die Welt war so in Fragmente geteilt worden wie das Individuum selbst. Der technologische Grundsatz »Der Mensch beherrscht die Natur« hatte zur Abtrennung des Menschen von der ihn umgebenden Matrix des Lebens beigetragen. Mit dem Aufstieg des Kapitalismus hatte sich die Wirtschaft vom Rest der Gesellschaft abgetrennt und beherrschte sie. Eine stetige Verschlechterung der Umweltbedingungen und eine Vergewaltigung der ökologischen Systeme der Natur waren eine der Folgen, ein Gefühl von Entfremdung eine weitere. Die Arbeit eines Menschen war zu seinem Job geworden, und der Job hatte mit dem Rest des Lebens nichts zu tun. Religion wurde ebenfalls zu etwas Abgetrenntem, da sie sich auf andere Prämissen stützte als es offenbar die in den mächtigsten Institutionen der Welt vorherrschenden waren.

Auf mannigfaltige Art – in der ökologischen Bewegung, im Streben nach ganzheitlicher Gesundheit, in der Betonung der Qualität des Arbeitslebens, in der Forderung nach geeigneten Technologien – wird gegenwärtig der Erkenntnis Ausdruck verliehen, daß das Leben etwas Ganzheitliches ist und daß mit einer Gesellschaft, die es in einzelne Bruchstücke aufspaltet, etwas nicht stimmen kann.

Nachdem wir dazu erzogen wurden, »Spezialisten« zu werden und das komplexe Ganze in »handliche« Teile zu zerlegen, sehen wir uns nun mit einer vielschichtigen weltweiten Krise konfrontiert, die nicht durch irgendeinen technologischen oder geschäftsmäßigen »Kniff« zu lösen sein wird. Vielmehr wird, so heißt es, die Lösung nur auf einer das ganze Systeme einbeziehenden Sicht erwachsen. Genau wie auf der persönlichen Ebene eine holistische Sichtweise der Gesundheit die ganze Person mit einbezieht – Körper, Geist und Seele –, so wird sich auf planetarischer Ebene das Problem auch nur durch einen holistischen Ansatz lösen lassen.

Ein Schlüsselaspekt dieser Ganzheitlichkeit ist das Bewußtsein der Endlichkeit und der mannigfachen Verwobenheit des Ökosystems dieses Planeten, der unauflöslichen gegenseitigen Abhängigkeit aller menschlichen Gemeinschaften und deren Angewiesensein auf das lebenserhaltende System unserer Erde. Ein Ansatz dazu, der den Namen Tiefenökologie oder ganzheitliche Ökologie erhielt, reicht über den gegenwärtigen wissenschaftlichen Rahmen hinaus zu einem subtilen Wahrnehmen der Einheit alles Lebendigen, der Wechselbeziehung zwischen seinen vielgestaltigen Manifestationen und seines unaufhaltsamen Strebens nach Evolution und Transformation.

Suche nach Gemeinschaft und Beziehung

Durch die Urbanisierung und modernen wirtschaftlichen Realitäten – die meisten Arbeitsplätze liegen von Familie und Nachbarschaft weit entfernt – ging viel vom Gemeinschaftsleben verloren. Größenwahn und Machtkonzentration trugen einen Großteil zu dem Gefühl von Entfremdung und Depersonalisierung in der modernen Gesellschaft bei. Die Antwort darauf findet sich in einer Zunahme von Wirtschaftsbeziehungen mit informellem Charakter, in einer Zunahme von Zweckgemeinschaften, in einer Vielzahl von Gruppentherapien und Workshops über zwischenmenschliche Beziehungen sowie anderen Bestrebungen, eine tiefere Beziehung zum Mitmenschen zu erlangen. Man findet sie wieder in der Flucht aus den Städten zurück aufs Land, in der Dezentralisierung, in der Wiederentdeckung des Handwerks und der Suche nach geeigneten Technologien. Mit letzterem ist eine Technologie gemeint, die sowohl aus menschlicher als auch ökologischer Sicht annehmbar und angemessen ist und die allgemein »freundlich« mit den Menschen und mit unserem Planeten umgeht. Dazu gehören Technologien, die den Menschen fördern, statt ihn zu erniedrigen, »sanfte« Technologien und Praktiken, die mit wieder auffüllbaren Energieressourcen arbeiten, eine regenerative organische Landwirtschaft unter Anwendung von natürlichen Stoffen zur Anreicherung des Bodens und natürlicher Schädlingsbekämpfung, eine ganzheitliche Gesundheitsfürsorge, die die Vorbeugung betont und eine ganzheitliche gesunde Beziehung zum eigenen Körper.

Es entwickelt sich zunehmend ein Gefühl für die Gemeinschaft aller Menschen dieser Welt und die reiche kulturelle Vielfalt auf unserem Planeten. Die Tendenz der industriellen Weltwirtschaft zur Auslöschung anderer Kulturen wird zunehmend als korrekturbedürftig empfunden. Eine weltweite Ökologie der Kulturen ist der erstrebenswertere Zustand als eine von der industriellen Monokultur des Westens beherrschte Welt.

Suche nach Identität

Als Reaktion auf die depersonalisierten Aspekte der modernen Gesellschaft hat sich innerhalb der Industriegesellschaften eine weitverbreitete Suche nach der eigenen Identität entwikkelt, oft mittels Psychotherapien und Workshops, manchmal aber auch einfach nur über ein privates Wanderjahr. Ein Auswuchs dieser Tendenz war das Phänomen der »Ich-Generation« in den siebziger Jahren.

In den sechziger Jahren begannen verschiedene Gruppen, sich abzugrenzen gegen die Homogenisierungstendenzen der heutigen Gesellschaft mit ihren Massenmärkten und Massenmedien. Einige davon sind ethnische Gruppen, die sich in ihrer Unterschiedlichkeit behaupten – die Bevölkerung Quebecs, die Basken, die Chicanos (in den USA lebende Mexikaner). Andere Gruppierungen sind auf andere Art anders, behaupten aber ebenfalls ihr Recht, sie selbst zu sein und nicht als minderwertig behandelt zu werden – die Behinderten, die Alten, die Homosexuellen.

Die beiden größten solcher Gruppen sind die Frauen und die Dritte Welt. Die Ziele der Frauenbewegung waren zunächst Befreiung und Gleichstellung. In ihrer jetzigen Form richtet sie sich jedoch mehr darauf, für die zerstörerischen Aspekte der patriarchalischen Gesellschaft und der maskulinen Werte wie Konkurrenzdenken, Aggressivität und Ausbeutung sensibel zu machen – sie strebt dazu einen Ausgleich an durch weibliche Werte wie Hegen und Pflegen, Kooperieren und Bewahren wie auch durch die Anerkennung der weiblichen Sichtweise.

Die Länder der Dritten Welt ringen darum, sich von ihrer eigenen Vorstellung von Minderwertigkeit zu befreien, die sich in Generationen der westlichen Herrschaft und Kolonisation festgesetzt hat. Sie erkennen zwar die materiellen und geschäftlichen Errungenschaften der westlichen Gesellschaften an, besinnen sich aber gleichzeitig auf die Werte ihres eigenen kulturellen Erbes oder bekräftigen sie. Während also für die Generation nach dem Zweiten Weltkrieg »Entwicklung« die Bedeutung von wirtschaftlicher Entwicklung im Stil der westlichen Industriemächte annahm, gibt es seit den siebziger Jahren die Suche nach einer »alternativen Entwicklung«, die sich mehr an den jeweiligen kulturellen Wurzeln eines Volkes orientiert.

Suche nach Sinn

Dieser Aspekt der anderen Wahrnehmung entwickelte sich angesichts der Sinn- und Wertekrise der westlichen Industriegesellschaft. Kein anderes Bedürfnis ist so drängend wie das uns allen gemeinsame Bedürfnis nach Sinnfindung im Leben. Wir nehmen fast jede Entbehrung und jedes Risiko auf uns, um diesem unbezwingbaren Drang nach Sinnsuche nachzugehen; vergebliche Suche kann sogar in Selbstmord enden. Nach der »großen Abwertung« der Religion durch eine reduktionistische, positivistische Wissenschaft und nach der Entdeckung, daß der Konsum, ja selbst technologische Errungenschaften keine Erfüllung bringen, empfand unsere moderne Gesellschaft eine große Leere, was die grundlegenden Werte und den zentralen Sinn des Lebens betrifft.

Die Unvollständigkeit der positivistischen Wissenschaft und ihre Unfähigkeit, das ganze Spektrum menschlicher Erfahrungen zu erfassen, sah sich herausgefordert durch ein rapide ansteigendes Interesse an östlicher Philosophie und Religion und eine große Vielfalt von Bestrebungen, die Welt inneren Erlebens zu erforschen – angefangen von Yoga über meditative Praktiken bis hin zu Konfrontationstherapien und Erfahrungen mit psychedelischen Drogen. Innerhalb der Wissenschaft kam es zu einem ähnlichen Öffnen der Interessen, was sich in humanistischer und transpersonaler Psychologie, in der Erforschung anderer Bewußtseinszustände und ähnlichem niederschlug.

Es gibt heutzutage mannigfache Anzeichen für eine »neue Spiritualität« in der westlichen Gesellschaft, mit Betonung auf Selbstverwirklichung, transzendentaler Sinnfindung und innerem Wachstum, das zu Weisheit und Mitgefühl führt. Etwas kompliziert wird das Bild (in den USA) dadurch, daß eines der augenfälligsten Phänomene die Zunahme der bibeltreuen, meist protestantischen Fundamentalisten ist – einer Gruppe, die mit den Anhängern einiger bei uns auftretender asiatischer Gurus nicht viel gemein zu haben scheint. Erst durch tiefere Gespräche mit vielen dieser Menschen offenbart sich unter der Oberfläche eine leise, aber wachsende Hinwendung zur M-3-Metaphysik der Wahrnehmung.

Bewußtsein der eigenen Stärke

Eine der erstaunlichsten Entwicklungen der letzten zwanzig Jahre ist das Ausmaß, in dem Menschen erwachen und sich stark genug fühlen, die Verantwortung für ihr eigenes Leben und, wenn nötig, für Wandlungsprozesse innerhalb der Gesellschaft auf sich zu nehmen. Dies ist sowohl in Industrieländern als auch in Entwicklungsländern feststellbar. Es gibt eine Vielzahl technologischer Fragen, bei denen die Menschen klar zum Ausdruck brachten, daß sie diese Angelegenheiten aufgrund der möglichen weltweiten Konsequenzen und Folgen für spätere Generationen als zu wichtig betrachteten, um sie allein den Experten zu überlassen. Beispiele dafür finden sich im Protest gegen Überschallflugzeuge, Raketenabwehr, Atomkraft und Gentechnologie. Es gelang dem amerikanischen Volk ja auch, dem Vietnamkrieg erfolgreich Einhalt zu gebieten, als es sich wirklich dafür engagierte. Wie wir bereits erwähnt haben, stellen immer mehr Menschen auf der ganzen Welt die Frage nach der Legitimität nationaler politischer Richtungen, die den Krieg als gangbare Möglichkeit betrachten.

Gerade haben wir dargelegt, wie die zwei »Hauptgruppen«, die Frauen und die Dritte Welt, zu einem Bewußtsein ihrer eigenen Stärke erwachen. Keine wirtschaftliche, politische oder militärische Macht ist der Macht eines Bewußtseinswandels vergleichbar – insbesondere, wenn es sich um ein In-Frage-Stellen oder Zurückziehen der Legitimation handelt.

Wertegewichtung in der transmodernen Welt

Nehmen wir einmal an, die Hauptthese dieses Buches sei zutreffend und wir befinden uns also mitten in einem Umstrukturierungsprozeß, in welchem sich die vorherrschenden metaphysischen Grundannahmen von M-1 nach M-3 verlagern –, wie würde dann die transmoderne (oder transindustrielle) Gesellschaft aussehen? Zumindest wäre für diese Gesellschaft von den folgenden fünf Wertsetzungen auszugehen:

Der Mensch in Harmonie mit der Natur

Der Mensch in Harmonie mit den Mitmenschen

Persönliche Selbstverwirklichung

Dezentralisierung und eine Ökologie der verschiedenen Kulturen

Globale Behandlung globaler Fragen.

Der Mensch in Harmonie mit der Natur
(Wir haben hier den allgemeinen Begriff »Mensch« gewählt, möchten aber anmerken, daß die bestehende Disharmonie zum großen Teil auf die Handlungsweise der »männli-

chen Menschen« zurückzuführen ist.) Die M-3-Wahrnehmung der Realität impliziert, daß wir eins mit der Natur sind und in Harmonie mit den Lebensprozessen. Jede Disharmonie ist die Folge einer falschen Wahrnehmung und ist korrigierbar.

Diese grundlegende Harmonie zwischen Mensch und Natur steht in scharfem Kontrast zu der ausbeutenden Einstellung der Natur gegenüber, durch die sich die Industriegesellschaft auszeichnet. Sogenannte primitive Kulturen haben stets eine kooperative und weniger ausbeutende Beziehung zur Natur gehabt. Bei einigen (zum Beispiel bei vielen Indianerstämmen Amerikas) finden wir eine traditionell liebevolle Einstellung der Natur gegenüber. Es gibt also genug Vorbilder für die bei unseren zunehmend ernsteren Umweltproblemen jetzt unumgänglich gewordene ökologische Ethik.

Der Wechsel zu einer harmonischeren Beziehung mit der Natur basiert jedoch nur zum Teil auf der Erkenntnis dessen, was uns droht, wenn wir uns nicht ändern. Im Grunde ist er eher eine logische Folge der M-3-Annahmen.

Der Mensch in Harmonie mit dem Mitmenschen

Wenn wir alle miteinander verbunden und in gewissem Sinne sogar alle eins sind, ist jede Disharmonie, die ich in zwischenmenschlichen Beziehungen vielleicht empfinde, auch mit auf meine eigene Wahrnehmung zurückzuführen. Die sich herauskristallisierende Zielvorstellung betont Gemeinschaft im Kleinen und globale Kooperation im Großen. Die Institutionen werden personenbezogener und nicht diskriminierend in bezug auf Geschlecht, Rasse und Kultur sein.

Einer der wichtigsten formenden Einflüsse geht dahin, das Gleichgewicht zwischen maskulinen und femininen Kräften wiederherzustellen. Die am stärksten formenden Kräfte der modernen Welt – reduktionistische Wissenschaft und manipulative Technologie, Wettbewerbswirtschaft, die aggressive Haltung der einzelnen Nationen – tendierten stark zu einseitig maskuliner, patriarchalischer Ausrichtung. Die M-3-Annahmen betonen die Ganzheitlichkeit, also ein kreatives Gleichgewicht zwischen maskulinen und femininen Qualitäten – zwischen Aggressivität und Fürsorge, Wettbewerb und Kooperation, Rationalität und Intuition. Riane Eisler spricht in ihrem Buch *The Chalice and the Blade* (1987) von einem Wechsel vom »Beherrscher«-Modell der Gesellschaft (das im Westen seit etwa fünftausend Jahren dominiert) zu einem »Partnerschafts«-Modell.

Weltweit muß ein »Niveauausgleich« zwischen reichen und armen Ländern stattfinden – nicht nur, was den Wohlstand betrifft, sondern auch in bezug auf Gleichheit und Chancengleichheit. Das westliche Konzept der wirtschaftlichen Entwicklung zur »Konsumgesellschaft« hin wird einer »Befreiungsentwicklung« Platz machen, bei der die Betonung auf Werten wie Befreiung des Geistes und der Energie, Selbstvertrauen, Erhaltung der kulturellen Unterschiedlichkeit und Identität und Rückbesinnung auf die Geschichte der eigenen Gruppenzugehörigkeit liegen wird. Nach und nach wird das geistige Joch des Fatalismus, der Selbstverunglimpfung und der Unterwerfung unter äußere Autoritäten abgeworfen – statt dessen wird man der menschlichen Produktivität, Autonomie und weltweiten Zusammenarbeit mehr und mehr Aufmerksamkeit widmen. Um in den einzelnen Gesellschaften die dafür notwendigen Bedingungen schaffen zu können, muß auf internationaler Ebene eine Umstrukturierung der bestehenden Ordnung stattfinden – in einer Weise, die mit den legitimen Zielen der Industrienationen und der Entwicklungsländer zu vereinbaren ist.

Persönliche Selbstverwirklichung

Diese neue Ordnung soll so beschaffen sein, daß sie die Entwicklung von der persönlichen Unterordnung (unter Vorgesetzte in einer Hierarchie, unter Institutionen, unter »weiterentwickelte« und mächtige Nationen) hin zur Selbstverwirklichung fördert. Diese Betonung auf der Selbstverwirklichung ist vor allem am Arbeitsplatz und in der Entwicklung der Dritten Welt von zentraler Bedeutung.

Die Kernidee dabei hat der Psychologe Abraham Maslow in seinem Konzept der physiologischen Grundbedürfnisse und der »Selbstverwirklichung (Bedürfnispyramide) zusammengefaßt. Offenbar werden Menschen, deren Grundbedürfnisse (nach Nahrung, Unterkunft, Wärme, Sex, Zugehörigkeit und Selbstachtung) einigermaßen erfüllt sind, danach von »höheren Bedürfnissen« motiviert. Das drückt sich auch sehr gut in einem Slogan der späten sechziger Jahre aus: »Wir wollen nicht mehr haben – wir wollen mehr *sein.*«

Diese Ausrichtung zeigt sich in den Industrieländern vor allem in den verschiedenen »Befreiungs«-Bewegungen (der

Frauen, der Minderheiten, der älteren Menschen) und Zweckgemeinschaften und in den Arbeiterselbstverwaltungs- und «industriellen Demokratien«-Bewegungen Nordeuropas. In der Dritten Welt wird dieselbe Tendenz am deutlichsten darin sichtbar, daß Armut und Ausbeutung (durch Grundbesitzer, die reiche, herrschende Klasse und Imperialisten) nicht mehr in traditioneller Weise einfach hingenommen werden. In beiden Fällen liegt die Betonung auf dem Erwachen und Begreifen, daß man sich durch das »Einkaufen« in ein Glaubenssystem selbst in ein Gefängnis gesetzt hat – was nicht mehr akzeptiert werden muß, wenn man erst einmal die Tatsache des Gefangenseins begriffen hat.

Dezentralisierung und Ökologie der Kulturen

Die neue Sicht beinhaltet eine Ablehnung der zentralistischen Tendenzen, sowohl in der kapitalistischen als auch in der sozialistischen Führung und Produktion, sowie ein Zurückweisen der bestehenden Urbanisierungsbestrebungen der Industrie- und auch der Entwicklungsländer. Statt dessen wird in ihr Dezentralisierung gesucht – der Bevölkerungskonzentration, der Gemeinschaft, der Landwirtschaft, des Managements und der Kontrollorgane, der Technologie, der Produktion und der Massenkultur. Das Thema Dezentralisierung wird in dem Ruf nach »geeigneten Technologien«, also nach vom Menschen kontrollierbaren, ihm gemäßen Technologien, besonders deutlich.

Es wird sich ein tiefes Bewußtsein für den Wert kultureller Diversität entwickeln. Ähnlich wie eine ökologische Gemeinschaft weniger anfällig als eine einseitig orientierte Gemeinschaft ist, ist auch die Weltbevölkerung stabiler, wenn sie eine Ökologie von Kulturen enthält, aus deren Unterschiedlichkeit sich für alle eine Bereicherung ergibt.

Globale Behandlung globaler Fragen

Mit dem Charakteristikum der Dezentralisierung einhergehend und keineswegs im Konflikt damit ist die globale Betreibung derjenigen Angelegenheiten, die ihrer Natur nach die Erdbevölkerung in ihrer Gesamtheit betreffen. Dazu gehört die Nutzung und Erhaltung der Meere und der Atmosphäre, gemeinsame Nutzung und gemäßigter Verbrauch nicht ersetzbarer und auch mancher ersetzbarer Ressourcen, Kontrolle der Massenvernichtungswaffen sowie Kontrolle über die Verwendung gefährlicher Chemikalien.

Symbol einer neuen Beziehung zur Erde

Eines der kritischsten Themen, in denen ein Umdenkprozeß unumgänglich ist und auch bereits stattfindet, ist die Frage unserer Einstellung zum Planeten Erde. Da es offensichtlich ist, daß der Mißbrauch, den der moderne Mensch mit der Erde treibt, mit dem vorherrschenden Konzept seiner Beziehung zu diesem Planeten in Zusammenhang steht, ist es an dieser Stelle vielleicht interessant, ein kürzlich dargelegtes wissenschaftliches Konzept zu suchen, nach dem die Erde in wichtigen Punkten als lebender Organismus betrachtet wird. Es handelt sich um die »Gaia-Hypothese«, die zugegebenermaßen bislang auf Kongressen auf größcres Interesse stieß als in den heiligen Hallen der Wissenschaft.

Vor allem James E. Lovelock, britischer Biologe und Atmosphärenchemiker, ist für die moderne Version der Idee zuständig, daß wir menschlichen Lebewesen nicht einfach Staubkörnchen sind, die auf einer riesigen Mineralkugel leben, sondern daß die *Erde selbst ein lebender Organismus ist.* Der zentrale Gedanke ist der, daß die Erde sich selbst reguliert, ähnlich wie der menschliche Körper oder andere lebende Organismen. Auf irgendeine Art und Weise werden Temperatur, Sauerstoffmenge und andere Aspekte in der Zusammensetzung von Ozeanen und Atmosphäre, der Säuregehalt des Bodens sowie andere wichtige Umweltfaktoren innerhalb der engen Toleranzgrenzen gehalten, in denen Leben möglich ist. Diese selbstregulierenden Prozesse beziehen ihrerseits das Biosystem mit ein – die Gesamtheit alles Lebenden, also der Pflanzen, Tiere und Mikroorganismen. Die Erde verhält sich also (von der Fähigkeit zur Fortpflanzung abgesehen) wie ein einziger Organismus – ein lebendes Wesen. Lovelock nennt diesen Organismus *Gaia*, der Name der alten Griechen für ihre Erdgöttin.

Kann ein hauptsächlich aus glühendem und geschmolzenem Gestein bestehender Planet wirklich lebendig sein? Lovelock schlägt den Vergleich mit einem riesigen Redwoodbaum vor: Ein solcher Baum lebt, obwohl neunundneunzig Prozent seines Holzes tot sind. Wie die Erde ist er nur an der

Oberfläche von einer dünnen Haut lebenden Gewebes umgeben.

Wenn die Erde ein lebender Organismus ist, verfügt sie dann auch über ein *Bewußtsein*? Diese Frage läßt sich nicht so leicht beantworten, kann aber, wie aus obigem hervorgeht, auch nicht einfach von der Hand gewiesen werden.

Lovelock wurde Anfang der sechziger Jahre von der *National Aeronautics and Space Administration (NASA)* als Berater in der Frage engagiert, ob es Leben auf dem Mars gibt. Während andere sich mit dem Entwurf von Landefahrzeugen befaßten, mit denen man sich an Ort und Stelle umtun könnte, wählte Lovelock einen anderen Ansatz. Er argumentierte dahingehend, daß bei nicht vorhandenem Leben die atmosphärischen Gase so reagieren müßten, daß ein Gleichgewicht hergestellt wird. Durch das Vorhandensein von Leben auf der Erde wird dieses Gleichgewicht gestört, da Pflanzen, Tiere und Bakterien ständig Gase und Energie an die Luft abgeben. Wie ja bekannt ist, geben Pflanzen beispielsweise Sauerstoff ab und verbrauchen Kohlendioxid, während es bei Tieren gerade umgekehrt ist. Die Erdatmosphäre enthält also wesentlich mehr Sauerstoff und wesentlich weniger Kohlendioxid, als es der Fall wäre, wenn die Erde nicht mit den für sie typischen Lebensformen bedeckt wäre. (Beim Mars gibt es hingegen solche Anzeichen für Leben nicht).

Die Sauerstoffmenge in der Atmosphäre nahe der Erdoberfläche bleibt sozusagen konstant bei knapp zwanzig Volumenprozent, was »gerade die richtige Menge« für die existierenden Lebensformen ist. Diese regulieren anscheinend selbsttätig die Sauerstoffmenge so, daß sie »gerade richtig« bleibt. Wenn die Prozentzahl sich auch nur geringfügig verringern würde, würden viele Organismen sterben. Das dadurch vermehrte Pflanzenwachstum würde jedoch wahrscheinlich den Sauerstoffgehalt wieder ansteigen lassen. Wenn der Sauerstoffgehalt andererseits auf fünfundzwanzig Prozent ansteigen würde, wären Brände unkontrollierbar. Das wiederum würde die Flora reduzieren und damit auch die Sauerstoffanreicherung, so daß der prozentuale Sauerstoffanteil wieder zurückginge.

Auch die Temperatur wird offensichtlich vom gesamten Biosystem nach Bedarf gesteuert. Die Durchschnittstemperatur der Erdoberfläche hat sich stets, sogar während der Eiszeit, zwischen zehn und zwanzig Grad Celsius bewegt, und anscheinend hatte die Biosphäre damit etwas zu tun. Lovelock erklärt auch, auf welche Weise. Er benutzt dazu ein Computerprogramm mit dem Namen *Daisyworld* (Gänseblümchenwelt). Stellen wir uns der Einfachheit halber eine Welt vor, in der die einzige Lebensform weiße Gänseblümchen sind. Die Temperatur bewegt sich zwischen zehn und zwanzig Grad, und je wärmer es ist, desto mehr Gänseblümchen gibt es. Da aber eine große Anzahl an Gänseblümchen bedeutet, daß mehr Erdoberfläche mit weißen Blumen bedeckt ist, wird auch mehr Sonnenlicht reflektiert, wodurch die Temperatur wieder sinkt. So kommt es zu einem Temperaturausgleich. Fügen wir dem Modell andere Lebensformen hinzu (zum Beispiel Kaninchen, die die Gänseblümchen fressen, und Füchse, die die Zunahme von Kaninchen kontrollieren), so erhalten wir ein ähnliches Phänomen. *Daisyworld* zeigt temperaturausgleichendes Verhalten (Homöostase), ähnlich dem Temperaturausgleich des menschlichen Körpers.

Die tropischen Regenwälder der Erde, um ein anderes Beispiel zu nennen, verändern das Klima in ihrer unmittelbaren Umgebung, sowohl was die Temperatur betrifft als auch den Niederschlag. Wie *Daisyworld* erzeugen sie das örtliche Klima, das sie benötigen, um zu gedeihen. Sie entziehen der Atmosphäre aber auch Kohlendioxid. Wenn sie abgeholzt werden, trägt das zum Anstieg der Kohlendioxidmenge in der Atmosphäre bei (die sich aufgrund der Verbrennung enormer Mengen von fossilen Brennstoffen zunehmend erhöht). Durch den »Treibhauseffekt« läßt die Kohlendioxidschicht weltweit die Temperatur ansteigen. So wird durch das Schicksal der tropischen Regenwälder das Klima weltweit beeinflußt.

Das Verbundensein unserer Entscheidungen und Handlungen mit der Erde insgesamt ist eine der Schlüsselbotschaften der Gaia-Hypothese. Eine weitere wichtige Botschaft betrifft die Rolle der Zusammenarbeit aller Organismen im Evolutionsprozeß.

Nehmen wir zum Beispiel Dimethylsulfid. Diese Chemikalie wird vom Plankton, mikroskopisch kleinen Meereslebewesen, in Riesenmengen produziert. Sie bewahrt die Algen vor dem Austrocknen, wenn sie bei Ebbe am Strand liegenbleiben. Sie spielt jedoch eine weitere wichtige Rolle, weil sie Schwefel aus dem Meer wieder der Erde zuführt und eine Schlüsselrolle in der Wolkenbildung über dem offenen Meer spielt – Teil des »planetarischen Kühlungssystems«. Ein anderer chemischer Stoff, der ebenso von Algen produziert wird, Methyljodat, ist offenbar Teil eines ähnlichen Prozesses zur Rückgewinnung des wichtigen Elementes Jod.

Läßt sich nun daraus und aus zahllosen anderen Arten und Weisen, in denen einzelne Teile des gesamten Erdsystems voneinander abhängig sind, schließen, daß die Entwicklung des Lebens auf der Erde von einer Art Bewußtsein gesteuert wird? In einer M-1-ausgerichteten Wissenschaft lautet die Antwort darauf einfach, daß die Frage absurd ist.

Andererseits ist diese Erweiterung der Gaia-Vorstellung Teil der Traditionen der Indianer Amerikas. Black Elk zitiert beispielsweise das folgende Gebet der Oglala-Sioux-Indianer: »O Mutter Erde, du bist die Quelle allen irdischen Lebens. Die Früchte, die du hervorbringst, sind die Quelle allen Lebens für die Völker der Erde. Du wachst über diese Früchte wie eine Mutter. Mögen die Schritte, die wir im Leben auf dir tun, heilig sein und nicht schwach.«

Einige der neuen Verfechter der Gaia-Hypothese sprechen gern von der Menschheit insgesamt als »Nervensystem der Biosphäre«, dem Organ, durch das die Erde Bewußtsein erlangt. Wahrscheinlich hängt das mit den speziellen Eigenschaften des menschlichen Gehirns zusammen. Die Art und Weise, wie die Menschen des Altertums oder die Indianer das Bewußtsein der Gaia erlebten, ist jedoch wieder ganz anders. Dieses Bewußtsein war wahrscheinlich schon vorhanden, bevor es noch Menschen oder irgendwelche anderen von uns als Lebensformen bezeichnete Dinge gab.

Zugegeben, die Existenz eines solchen Erdbewußtseins hat keine wissenschaftliche Basis. Andererseits liegt es in der Natur der Entwicklung der Wissenschaft, daß sie es sehr wahrscheinlich einfach übersehen haben würde, falls die Erde *tatsächlich* ein solches Bewußtsein besäße.

Eine eingeschränkte Form der Gaia-Hypothese, die ebenfalls von einem organismusähnlichen, selbst-regulierenden Verhalten der Erde ausgeht, hat sich mit ziemlicher Sicherheit einen Platz in der etablierten Wissenschaft erobert. Selbst in dieser eingeschränkten Form drückt sie deutlich aus, daß die Menschen gut daran täten, mehr darauf zu achten, inwieweit ihre Aktivitäten die regulativen Prozesse stören oder in sie eingreifen.

An der Frage, ob die Erde ein bewußter Organismus ist, scheiden sich die Geister, was die etablierte Wissenschaft betrifft. Aus der M-3-Weltsicht gesehen, scheint dieses Konzept mit seinen tiefgreifenden ethischen und ökologischen Folgen jedoch keineswegs befremdlich.

Die Griechen hatten ein Wort dafür

Worauf deuten alle diese Indizien hin? Gibt es Beispiele für Gesellschaften, die in einer M-3-orientierten metaphysischen Weltsicht gründeten?

Zumindest ein interessantes Beispiel wäre zu nennen – die alten Griechen. Lewis Mumford hat auf das griechische Konzept *paideia* als mögliches Vergleichsmodell für eine Gesellschaft der Zukunft hingewiesen. Robert Hutchins wählte in *The Learning Society* (1968) das gleiche Ideal – eine Gesellschaft, deren Hauptziele Lernen, Erfüllung und Menschwerdung sind und in der »all ihre Institutionen darauf hin ausgerichtet sind. So war es bei den Athenern ... Sie machten ihre Gesellschaft zu einer Gesellschaft, die all ihren Mitgliedern zur vollsten Entwicklung ihrer höchsten Kräfte verhalf ... Erziehung war keine separate Aktivität, die nur zu bestimmten Stunden, an bestimmten Orten und in bestimmten Lebensabschnitten ausgeführt wurde. Sie war das Ziel der Gesellschaft ... Der Athener wurde von der Kultur, von *paideia* erzogen.« Paideia war der erzieherische Nährboden der Gesellschaft. Nach dem führenden Wissenschaftler auf diesem Gebiet, Werner Jäger, war ihr höchstes und zentrales Thema »die Suche des einzelnen nach dem Göttlichen Zentrum«.

Wir leben nicht zur Zeit der alten Griechen, und wir werden auch nicht einfach ihr Vorbild kopieren. In unserer postmodernen Gesellschaft wird es vielleicht kybernetische Maschinen statt Sklaven geben und sehr wahrscheinlich auch ein ganz bewußtes Interesse an der Zukunftsplanung, was der griechischen Kultur völlig fremd gewesen wäre. Diese Gesellschaft wird möglicherweise auch Elemente aus anderen Kulturen entleihen, wie die Beziehung zur Erde von den Indianern Nordamerikas. In einem zentralen Punkt wird unsere Gesellschaft jedoch wahrscheinlich den Griechen nacheifern: in der Idee, daß die persönliche Entwicklung und das Fördern lebenslangen Lernens das »Hauptthema« einer Gesellschaft ist, die nicht mehr den Großteil ihrer Bemühungen zur Dekkung existentieller Grundbedürfnisse aufwenden muß.

Der Wandel im Wirtschaftsleben

Die Anzeichen für einen Wandel in den Werten, den Einstellungen und der Wahrnehmung wirken sich in allen Bereichen der Gesellschaft aus. Einer davon, die Wirtschaftswelt, verdient unsere besondere Aufmerksamkeit.

Wenn überhaupt an der These, daß bereits ein tiefgreifender Wandel im Gange sei, etwas Wahres ist, müßte es dafür im Wirtschaftsleben Anzeichen geben. Zum einen ist die Wirtschaft in unserer modernen Gesellschaft allgegenwärtig und spiegelt jede wichtige Veränderung eines Teilbereichs wider. Außerdem hat sich die Wirtschafts- und Geschäftswelt zum Prinzip gemacht, Veränderungen in ihrem Umfeld wahrzunehmen und unverzüglich auf sie zu reagieren. Die moderne Wirtschaft ist wahrscheinlich die anpassungsfähigste Institution, die die Menschheit jemals geschaffen hat.

Eines der Anzeichen ist die in diesem Bereich zunehmende Akzeptanz der Begriffe Intuition und Kreativität und der sich daraus ergebenden Folgerungen. Philip Goldberg definiert in *Die Kraft der Intuition* Intuition als »den Prozeß des Wissens ohne Eingreifen der Vernunft oder des analytischen Denkens.« Die Vorstellung, ohne einen erkennbaren Denkprozeß zu einer Einsicht zu gelangen, ist ein Affront gegen das Ideal des »rationalen Menschen«. (Bis vor kurzem sprach man in diesem Zusammenhang üblicherweise nur von »weiblicher Intuition«.) Erst in den letzten zehn Jahren haben Wirtschaftsmagazine wie *Fortune* oder *Harvard Business Review* damit begonnen, Artikel über den Wert von Eingebungen und Intuition bei geschäftlichen Entscheidungen zu veröffentlichen. Managementtrainings machten in den letzten Jahren immer unverhohlener Gebrauch von solchen Techniken wie Affirmation und innerem Bilderleben zum Abbau von Blockaden der Kreativität und Intuition.

Studien über leistungsstarke Menschen der verschiedensten Bereiche zeigen, daß erfolgreiche, effektiv arbeitende Menschen oft die Ergebnisse, die sie im Privat- und Berufsleben anstreben, visualisieren und sich selbst darin bekräftigen, daß sie diese Ziele erreichen werden. Sie entwickeln einen klaren, bewußten Vorsatz, bestimmte Ergebnisse zu erzielen, und lassen sich dann in ihren Handlungen von diesem wiederholt bekräftigten Vorsatz leiten. Statt zu planen, was sie tun wollen und auf welche Weise sie es durchführen, beginnen sie damit, sich intensiv eine lebendige geistige Vorstellung vom »Endzustand« zu machen. Diese Vorstellung wirkt dann über die Intuition und unbewußte geistige Prozesse auf die vielen täglich zu treffenden Entscheidungen ein und läßt so das Ziel näher und näher rücken.

Charles Kiefer und Peter Senge stellen in einem Kapitel ihres Buches *Transforming Work* (1984) das Auftauchen einer neuen Art von Management dar, das auf neuen Grundannahmen über das Wesen des Menschen und der komplexen gesellschaftlichen Systeme basiert. Die Menschen werden als grundlegend gut, ehrlich, zielstrebig und willens betrachtet, einen konstruktiven Beitrag zur Welt zu leisten. Der Wunsch dazu kommt von innen, nicht von außen; er entspringt dem Bewußtsein des Menschen über seine Beziehung zum Ganzen statt dem Bestreben, die Anerkennung anderer zu erlangen. Von diesem Blickwinkel aus betrachtet liegt der grundlegende Mangel traditionellen Managements darin, daß es versäumte, gesellschaftliche Systeme zu entwerfen, innerhalb derer sich diese Charakteristika des Individuums entwickeln können. Die Manager des neuen Typs erkennen eher, daß es vergebliche Mühe ist, komplexe Systeme von oben nach unten kontrollieren zu wollen. Statt dessen konzentrieren sie sich darauf, Bedingungen zu schaffen, die die Verwirklichung der im einzelnen Menschen latent vorhandenen Kreativität fördern, und darauf, ausgesprochen autonome Firmeneinheiten zu entwickeln, in denen ein größtmögliches Maß an lokaler Kontrolle und Initiative möglich wird.

Die Organisationen, die diese neue Art des Managements vertreten, zeichnen sich durch folgende Charakteristika aus:

eine ausgeprägte Zielstrebigkeit und eine Vision der Zukunft;

einen hohen Grad an Einmütigkeit unter den Unternehmensangehörigen aller Ebenen, sich für diese gemeinsame Zukunftsvision zu engagieren;

das allen gemeinsame Gefühl von Mitbeteiligtsein und persönlicher Verantwortung für das Geleistete

dezentralisierte, flexible Organisationsstrukturen;

ein für Wachstum und Stärkung des einzelnen förderliches Umfeld als Schlüssel zum gemeinsamen Erfolg.

Die großen Wirtschaftsführer der Vergangenheit waren meistens entweder autokratisch oder charismatisch; der neue Führungsstil bestärkt den einzelnen. Perry Pascarella, Chefredakteur der *Industry Week,* schreibt in seinem Artikel »The New Achievers« (Die neuen Erfolgreichen):

> »Es findet eine stille Revolution ... in der Wirtschaftswelt statt. Obwohl man in den letzten Jahren zunehmend von Bemühungen der Unternehmen gehört hat, *menschliche Ressourcen* zu entwickeln, übersehen wir vielleicht doch die essentielle Wahrheit dessen, was vor sich geht: Der einzelne erkennt zunehmend seine Fähigkeit zu persönlichem Wachstum und entdeckt Wege und Mittel, es zu verwirklichen. Der Trend zum Team, von dem man jetzt hört, ist eine Begleiterscheinung der Entwicklung des Individuums ... Das Management bewegt sich in Richtung auf einen neuen Bewußtseinszustand – eine neue Vorstellung von seiner eigenen Rolle und der des Unternehmens als Ganzes. Es entwickelt sich langsam weg vom Streben nach Macht über andere und hin zur Bestärkung der anderen, weg von der Kontrolle über Menschen hin zur Förderung ihrer Kreativität ... Indem das Management einen grundlegenden Wertewandel erlebt ... durchläuft das Unternehmen als Ganzes eine radikale Umorientierung in Richtung einer umfassenderen Weltsicht.«

Eine Organisation, die hervorragend sein möchte, hervorragende Mitarbeiter anziehen und halten möchte, stellt angesichts dieses neuen Klimas fest, daß sie sich um eine interne Atmosphäre bemühen muß, die der persönlichen Entwicklung des einzelnen förderlich ist. Solche Organisationen pflegen einen starken Sinn für gemeinsam entwickelte und von allen gestützte Vorstellungen zu haben.

Die im Weltgeschäft führenden Manager sind gleichzeitig auch die ersten Weltbürger dieses Planeten. Sie verfügen über weltweiten Einfluß und Verantwortlichkeit, ihr Einflußbereich überschreitet nationale Grenzen. Ihre Entscheidungen wirken sich nicht nur im Wirtschaftsbereich aus, sondern auch auf gesellschaftlicher Ebene; sie betreffen nicht nur die unmittelbar geschäftlichen Belange, sondern auch die Weltprobleme Armut, Umwelt und Sicherheit. Bis jetzt hat es hier keine angemessene Leitethik gegeben. Obwohl diese leitenden Angestellten und die hinter ihnen stehenden Unternehmen ein weltumspannendes, wirtschaftliches Netzwerk bilden, das den Planeten in gemeinsamem Schicksal verbindet, hat es bisher in diesem Netzwerk keine Tradition oder Institutionalisierung einer Philosophie gegeben, die geeignet wäre, ihre formenden Kräfte weise anzuleiten.

Wie wir in diesem und im folgenden Kapitel sehen, ist so ein neues Ethos der Geschäftswelt möglicherweise gerade im Entstehen begriffen. Interessanterweise bildet es sich anscheinend aus einer von M-3-Annahmen beeinflußten Wirklichkeitssicht.

Die Aktivitäten der Wirtschaft haben ihren Teil zum Makroproblem der Welt beigetragen. Die Wirtschaft wird aber auch eine Schlüsselstellung bei der endgültigen Lösung des Makroproblems der Welt einnehmen. Durch wirtschaftliche Verbindungen werden nationale Grenzen wesentlich schneller und leichter überwunden als durch politische Institutionen, und die Wirtschaftswelt ist wesentlich flexibler und anpassungsfähiger als die bürokratischen Strukturen von Regierungen und internationalen Institutionen des öffentlichen Sektors.

Im nächsten Kapitel werden wir vier weitere Aspekte des Makroproblems behandeln: das Problem chronischen Arbeitsplatzmangels und der Unterbeschäftigung, die Probleme globaler Entwicklung (einschließlich Armut, Hunger und Umweltzerstörung), den Bereich der Werte im Zusammenhang mit politischen Entscheidungen und das beunruhigende Problem der Suche nach nationaler und internationaler Sicherheit im Atomzeitalter. Diese vier Untersuchungen werden die bereits aufgestellte allgemeine Behauptung präzisieren, daß alles sich verändert, wenn die Ausgangsbasis sich verändert. Vielleicht ist es nicht nur purer Zufall, daß sich alles in eine hoffnungsvolle Richtung zu entwickeln scheint.

Sechstes Kapitel

Aspekte des Wandels im Weltsystem

Novus ordo seclorum: Eine neue Ordnung der Zeitalter ist geboren.
Vergil

Es ist enorm wichtig zu begreifen, daß ein Wandel auf einer solch fundamentalen Ebene des Glaubenssystems wie der von uns angesprochenen auch grundlegende Veränderungen in wirtschaftlichen, geschäftlichen, finanziellen, politischen Institutionen, in Bildungs-, Forschungs- und Gesundheitsinstitutionen mit sich bringt – also in allen einflußreichsten gesellschaftlichen Institutionen. Je deutlicher die Notwendigkeit solcher Veränderungen offenbar wird, desto mehr Furcht wird sie wahrscheinlich erwecken. Furcht und Angst sind die Wurzeln für gesellschaftliche Spaltung und die Nöte, von denen solch revolutionäre Umwälzungen in der Vergangenheit meistens begleitet waren. Je besser wir verstehen, was vorgeht, desto weniger Ängste werden wir haben.

Zum besseren Verständnis dessen, wie tiefgreifend der Wandel ist, lassen Sie uns drei dieser im Wandel befindlichen Bereiche ein bißchen genauer untersuchen. Es sind die Bereiche Arbeit, Entwicklung und nationale Sicherheit.

Die Notwendigkeit zur Neudefinition der Arbeit

Es gibt vielleicht keine Frage in bezug auf die Zukunft, die die Menschen allgemein so beschäftigt, wie die Rolle der Arbeit im Leben des einzelnen und der Gesellschaft. Zum Teil liegt der Grund darin, daß wir die volle Bedeutung der sozialen und wirtschaftlichen Veränderung der Vergangenheit falsch eingeschätzt haben.

Unsere gegenwärtigen Vorstellungen von Arbeit stammen aus einer Zeit, in der die oberste gesellschaftliche Funktion der Arbeit darin lag, notwendige und erwünschte Güter und Dienstleistungen zu produzieren, und in der man davon ausging, daß eine ständige Steigerung der Produktivität des einzelnen Arbeiters durch technologischen Fortschritt bis in alle Zukunft sozial wünschenswert wäre. Heutzutage jedoch führen diese Annahmen zu einem grundlegenden Dilemma. Wenn einerseits die Arbeitsleistung eines Landes nicht ständig ansteigt, besteht die Gefahr, daß die Industrie dieses Landes auf dem internationalen Markt nicht mehr wettbewerbsfähig ist. Wenn andererseits jedoch die Produktivität steigt, muß damit auch gleichzeitig (per definitionem) das Sozialprodukt ansteigen, um die Zahl der Arbeitsplätze zu erhalten. Da aber dem Wirtschaftswachstum verschiedene Beschränkungen durch Ressourcen, Umwelt, Politik und Gesellschaft auferlegt sind, wird chronische Arbeitslosigkeit zu einem untrennbaren Charakteristikum der Zukunft werden. Natürlich ist der Gedanke daran unangenehm, und daher haben einzelne Individuen und ganze Nationen sich eher bemüht, diesem Problem durch haarsträubende Logik und subtile Vermeidungsstregien *nicht* ins Auge sehen zu müssen.

Das Problem der »überflüssigen Menschen«, – jener unglücklichen Randfiguren, die keine Arbeit finden –, wird sich immer mehr zuspitzen, je industrialisierter (oder »post-industrialisierter«) die Gesellschaft wird. Die chronische Natur der Arbeitslosigkeit hat der englische Wirtschaftswissenschaftler John Maynard Keynes bereits 1930 in seinen *Essays in Persuasion* beschrieben:

> »Wenn das Wirtschaftsproblem (der Kampf um ein geregeltes Auskommen) gelöst ist, wird der Menschheit damit ihr traditionelles Ziel entzogen ... Dann wird der Mensch zum ersten Mal seit seiner Schöpfung mit seinem eigentlichen, ständig vorhandenen Problem konfrontiert werden – wie er diese Freiheit von wirtschaftlichen Zwängen nutzen soll ... Es gibt meiner Ansicht nach kein Land und kein Volk, das dem Zeitalter der Freizeit und des Überflusses ohne Angst entgegenblicken kann ... Es ist ein angstbesetzter Gedanke für jeden normalen Menschen, der keine besonderen Talente hat, mit denen er sich beschäftigen könnte, insbesondere dann, wenn er nicht mehr in der Natur, der Gewohnheit oder den geliebten Konventionen einer traditionellen Gesellschaft verwurzelt ist.«

Da es von so großer Wichtigkeit ist, daß die sich wandelnde

Rolle der Arbeit in unserem Leben verstanden wird, wollen wir uns die Zeit nehmen, uns sehr genau mit der Geschichte der Arbeit in den Vereinigten Staaten zu beschäftigen. Sicherlich waren die Vorgänge in jedem Land verschieden, aber die Vereinigten Staaten hatten in diesem Bereich doch einen Einfluß auf andere Industrieländer.

Die Geschichte der Arbeit in den Vereinigten Staaten

Die grundlegende gesellschaftliche Doktrin im kolonialen Amerika des achtzehnten Jahrhunderts legte großes Gewicht auf die Würde der Arbeit. Es wurde als Tugend betrachtet, sich eifrig seiner Aufgabe zu widmen, und man war überzeugt, daß dieser ernsthafte Fleiß auch unweigerlich Früchte tragen würde. Die für die aufsteigende englische Mittelklasse charakteristischen Werte Fleiß, nüchternes Denken und Sparsamkeit waren nach Amerika mitgebracht worden und gewannen in den Kolonien großen Einfluß. Leistung wurde überwiegend an materiellem Fortschritt gemessen – an der Umwandlung der Natur und der Entwicklung nützlicher Fertigkeiten und verwertbaren Wissens.

Persönliche Reichtümer anzuhäufen wurde mehr oder weniger als unwichtig betrachtet, und es gab Verordnungen gegen Verschwendung, Extravaganz und Pomp. Die Arbeitskräfte waren knapp, die Entlohnung war hoch, und es gab gute Möglichkeiten, beruflich aufzusteigen. Es herrschte die Ansicht, daß die untätigen Armen ihre Armut selbst verschuldeten; Armut wurde als so unehrenvoll betrachtet, daß jeder Mensch bis an die Grenzen seiner Leistungsfähigkeit arbeitete, um dieses Stigma zu vermeiden. Wenn es auch nicht allen gut ging, so schaffte es doch die Mehrheit der ehrlichen, hart arbeitenden Menschen, es zu etwas zu bringen und ihr Los zu verbessern. Zusätzlicher Lohn für die Tugend der Arbeit waren die Anerkennung anderer und das Gefühl, seiner »Berufung« gefolgt zu sein.

Mit dem Herankommen des neunzehnten Jahrhunderts wurde dann mehr und mehr Wert auf die Verbesserung der eigenen Lebensumstände gelegt. Der Selfmademan, jetzt weniger durch Frömmigkeit und Tugend motiviert, verdankte sein Fortkommen nach wie vor noch den ihm von Gott gegebenen Fähigkeiten und solchen Verhaltensweisen wie Fleiß, nüchternem Denken, Mäßigung, Selbstdisziplin sowie dem Grundsatz, keine Schulden zu machen. Sein Ziel war es, die vorhergehende Generation zu übertreffen und für die nächste vorzusorgen; er erwartete keinen Dank für seine Mühen und sparte still und geduldig auf die Zukunft hin. Wohlstand wurde zunehmend ein an sich erstrebenswertes Ziel. Um es zu erreichen, brauchte man unbedingten Fleiß, Disziplin und die Fähigkeit zum Selbstverzicht. In staatlichen, jedem zugänglichen Schulen wurden Fleiß und Disziplin, Selbstvertrauen, Ordnungssinn, Pünktlichkeit, ordentliches Arbeiten, Vielseitigkeit und Gehorsam gepredigt. Diese Schulen boten eine Berufsausbildung und dienten Anwerbung, Auswahl und Qualifizierung von Arbeitskräften.

Zu Beginn des zwanzigsten Jahrhunderts konnte man eine größere Betonung auf finanziellem Fortkommen beobachten. Die neue Massenproduktion brachte eine ganze Hierarchie von Aufsichtspersonal und Geschäftsführern mit sich und ein ständig wachsendes Heer an Beschäftigten in Herstellung, Geschäftsleitung, Vertrieb und Verkauf, Managern, Großhändlern und Verkäufern. Ehrgeizige junge Männer mußten mit ihresgleichen um die Aufmerksamkeit und Anerkennung ihrer Vorgesetzten buhlen, um im Unternehmen aufzusteigen. Als Voraussetzung für berufliches Fortkommen wurden Willenskraft, Selbstvertrauen, Energie und Initiative angesehen. Der neue Ethos war der des Geschäftsmannes, des »Machers«, der Jagd nach Wohlstand und Erfolg. Es bestand kein ersichtlicher Grund, die Bedeutung der Arbeit für das Leben des einzelnen oder die Gesellschaft in Frage zu stellen. Völlig klar war, daß der einzelne arbeitete, um sich selbst und die Familie zu ernähren. Was die Gesellschaft betraf, so vertrat man in breiten Schichten die Meinung der Volkswirtschaftler von Adam Smith bis Karl Marx, daß das Ziel der Arbeit die industrielle Produktion sei.

Die große Depression der dreißiger Jahre kündigte das Ende des Arbeitskräftemangels und den Beginn einer ständigen Angst vor Arbeitsplatzverknappung und chronischer Arbeitslosigkeit an. Während des Zweitens Weltkrieges schob man diese Angst erst einmal beiseite; sie tauchte jedoch gegen Ende des Krieges wieder auf, und Besorgnis über die Arbeitslosigkeit, die bevorsteht, »wenn der Frieden ausbricht«, war überall zu hören.

Eine Lösung für dieses Problem schien man in einem Gedankengang Keynes' zu finden, der auf mehreren neuen Ausgangspunkten basierte:

1. Massenkonsum ist notwendig, damit alle Mitglieder der Gesellschaft in der Lage sind, einen hohen Lebensstandard zu erreichen; er ist ebenfalls notwendig zur Stützung der Massenproduktion einer industriellen Volkswirtschaft.
2. Massenkonsum kann nicht bestehen oder weitergehen, wenn nicht auch die Kaufkraft sich auf die Massen verteilt.
3. Vollbeschäftigung ist für die Verteilung der Kaufkraft auf die Massen und zur Erreichung des Wohlstandes und Wohlergehens aller notwendig.
4. Die Regierung hat die Funktionen, die Vollbeschäftigung durch Förderung des Massenkonsums und des Wirtschaftswachstums zu fördern und sicherzustellen, daß all diejenigen, die vom Hauptstrom des Wirtschaftslebens ausgeschlossen sind, im Wege einer Sozialversicherung angemessen versorgt werden.

So wurden die Vereinigten Staaten in den fünfziger Jahren zu einer Gesellschaft des Massenkonsums – der Ausdruck »Wegwerfgesellschaft« wurde damals für sie geprägt. Die Menschen lernten zu konsumieren und zu verschwenden, Dinge zu »benutzen und wegzuwerfen«. Sie lernten, daß Genügsamkeit nicht mehr zu den höchsten Tugenden zählte, sondern daß sie vielmehr schlecht für die Wirtschaft war. Konsumieren wurde zur neuen Ethik. Die Menschen begannen, sich gegenseitig »Konsumenten« zu nennen. Sie lernten die »geplante Verschwendung«, lernten, daß man alte Dinge durch neue Modelle ersetzen mußte, entweder weil die alten auseinanderfielen oder weil das neue Modell modischer war.

Weiteren Auftrieb erhielt die Wirtschaft durch den kalten Krieg und das allgemeine Wettrüsten. Besonders in der Zeit gleich nach dem Ersten Weltkrieg wurden in Amerika Waffenverkäufe an andere Länder als höchst unethisch und unmoralisch betrachtet. Ende der fünfziger Jahre war die Ethik der Praktikabilität gewichen, und amerikanische »Handelsvertreter«, in Zivil oder Uniform, überredeten die Nationen der Welt zum Kauf von technologisch hochentwickelten, in Amerika produzierten Waffen.

Nach 1946 gab es mehrere Versuche, kraft Gesetzes die Vollbeschäftigung herbeizuführen. Man hatte erkannt, daß der Preis der Arbeitslosigkeit gesellschaftlich gesehen sehr hoch war. In der modernen Industriegesellschaft arbeitslos zu sein, bedeutet einen schweren Schock für das Selbstwertgefühl. Eine Arbeit zu haben steht allem Anschein nach im Zusammenhang mit seelischer Gesundheit, während arbeitslos zu sein mit emotionalen Störungen, Alkoholismus, Krankheit, Drogenkonsum und Kriminalität in Verbindung gebracht wird. Wenn es möglich wäre, genügend befriedigende Arbeitsmöglichkeiten für alle zu schaffen, würden viele der sozialen Probleme verschwinden. Aber trotz der heroischen Verkündigungen der Ära der »Great Society« in den sechziger Jahren nahm die drohende Arbeitslosigkeit ständig zu.

Die gängigen Konzepte einer im Entstehen begriffenen »Informationsgesellschaft« sind zum Teil Reaktion auf diese unterschwellige Bedrohung. Was macht man, wenn die Produktivität einer Wirtschaft an dem Punkt angelangt ist, wo der Bedarf der Gesellschaft mit nur einem kleinen Teil des Arbeitskräftepotentials befriedigt werden kann? Antwort: Man stürze sich in den Konsum, versuche das Produkt zu verschleißen und zu verbrauchen und lasse die Maschinen weiterlaufen. Was macht man, wenn die Technologie so weit entwikkelt ist, daß man alles, was man einem Menschen beibringen kann, auch einem Computer (Roboter) beibringen kann und der Computer es zudem wahrscheinlich besser, schneller und billiger macht? Antwort: Man stürze sich auf das Wirtschaftswachstum, um *neue* Beschäftigungsmöglichkeiten zu schaffen. Und wodurch kann man diesen Konsum und dieses Wachstum erreichen? Antwort: durch *Information*! Wir alle können einen unstillbaren Hunger nach Informationen entwickeln, der sich ständig potenziert. Die Nachfrage nach informationsbezogenen Dienstleistungen läßt sich in einem derartigen Tempo steigern, daß wir zukünftige Arbeitsplatzverluste durch Computer nicht mehr zu fürchten brauchen. Kümmern wir uns einfach nicht darum, daß sinnloser Konsum von informativen Dienstleistungen zur Schaffung neuer Arbeitsplätze vielleicht denkenden Menschen ebenso unsinnig vorkommt wie ein bodenloser Nahrungsmittelkonsum als Reaktion auf steigende landwirtschaftliche Produktivität. (Statt »Informationsgesellschaft« sollten wir vielleicht lieber »Arbeitsbeschaffungsgesellschaft« sagen.)

Chronische Arbeitslosigkeit und Unterbeschäftigung

Zwar noch zögernd, aber doch in zunehmendem Maße erkennt man in den USA (und in Nordeuropa), daß trotz Massenkonsums und allgemeinem Wettrüsten (und trotz des Anbruchs der Ära der »Informationsgesellschaft«) längerfristig gesehen die Zukunft der Industriegesellschaft von chronischer Arbeitslosigkeit und Unterbeschäftigung (die Arbeitskapazität des einzelnen ist nicht voll ausgelastet) geprägt sein wird. Zwei Gründe gibt es vor allem dafür: Erstens werden auf lange Sicht gesehen möglicherweise durch das Wirtschaftswachstum nicht ständig so viele Arbeitsplätze geschaffen, daß das steigende Arbeitskräftepotential voll ausgelastet werden kann, und zweitens entspricht die Qualität der offenen Arbeitsstellen vielleicht nicht dem zunehmend besseren Ausbildungsniveau der Arbeitskräfte.

Die Problematik des Wirtschaftswachstums liegt vor allem in der spannungsgeladenen Beziehung zwischen dem Wachstum und dem Paket an Problemen, das Ressourcen und Umwelt uns aufgeben. Diese Probleme könnten verringert werden, wenn das Wirtschaftswachstum gemäßigt würde, um so der stetigen Ressourcenminderung Einhalt zu gebieten. In der Wirtschaft besteht ja ein unmittelbarer Zusammenhang zwischen Sozialprodukt und Ressourcenverbrauch. Eine Wachstumsverlangsamung jedoch erhöht die Arbeitslosigkeit. Auch wenn man sich dem Wirtschaftswachstum und der Vollbeschäftigung verschreibt, werden von der Umwelt diktierte Beschränkungen und begrenzte Ressourcen es verhindern, daß die Wirtschaft befriedigende Arbeitsplätze in so ausreichender Anzahl zu schaffen vermag, wie es zur Deckung der Nachfrage erforderlich wäre.

Wirtschaftliche und demographische Trends der achtziger Jahre verschleiern dieses Problem, insbesondere in den Vereinigten Staaten. Zu Beginn dieses Jahrzehnts stieg die Zahl der Arbeitskräfte in den USA um jährlich etwa zwei Millionen (eine Zuwachsrate von zwei Prozent). Sowohl die Auswirkungen des Babybooms nach dem Krieg als auch die rasch zunehmende Anzahl an Frauen auf dem Arbeitsmarkt haben nachgelassen. Die Zuwachsrate ist dadurch wohl vorübergehend gesunken, die langfristigen Perspektiven jedoch stehen auf einem ganz anderen Blatt.

Obwohl das Dilemma der Arbeitslosigkeit/Unterbeschäftigung offensichtlich in der Natur des industriellen Paradigmas liegt, sind sich Wirtschafts- und Sozialwissenschaftler uneinig über die Tragweite dieses Problems für die Zukunft.

Dieser Mangel an Übereinstimmung spiegelt zum Teil sicher die unterschiedlichen Ansichten über das gegenwärtige Ausmaß des Problems wider. Man gewinnt eine andere Perspektive, wenn man sich vorstellt, was mit der Arbeitslosenzahl passieren würde, wenn durch irgendein Wunder plötzlich Frieden auf der Welt herrschte und der Anteil wirtschaftlicher Aktivität, der jetzt mit nationaler Sicherheit befaßt ist, überflüssig wird. Man kennt ja schon die panische Reaktion, wenn von der Beendigung eines Verteidigungspaktes, der Streichung eines Raumfahrtprojektes oder der Schließung eines Luftwaffenstützpunktes die Rede ist. Das wirkliche Ausmaß des Arbeitslosenproblems spiegelt sich weiterhin in den überhöhten Anforderungen an Alter und Ausbildung bei der Arbeitssuche wider, im zögernden Abbau von Arbeitsplätzen oder der Automatisierung von Routinearbeiten, in der subtilen Form des *featherbedding* (Anm.: Gewerkschaftspraktiken, die auf das Beibehalten überzähliger Arbeitskräfte abzielen) und im vermehrten Druck auf ältere Arbeitnehmer, vorzeitig aus dem Berufsleben auszuscheiden.

Die Unterbeschäftigung ist eine andere Hauptquelle für Unlustgefühle, Entfremdung und Arbeitsplatzproblematik. Da das Ausbildungsniveau der Arbeitskräfte steigt, wächst bei den hochqualifizierten Arbeitskräften zunehmend das Gefühl von Unzufriedenheit und Abneigung, wenn sie Beschäftigungen annehmen müssen, die vorher von weniger qualifizierten Arbeitskräften verrichtet wurden. Eine gute Ausbildung ist keine Garantie mehr für einen höheren Status, mehr Macht und besseres Einkommen. Ebensowenig garantiert sie eine Arbeit, die den Beschäftigten herausfordert und ihm Möglichkeiten zur Kreativität und Selbstverwirklichung bietet.

Diejenigen, die ihre Ausbildung mit besonderem Erfolg absolviert haben, erwarten häufig eine Arbeit, bei der sie ihre Talente nutzen und ihre Fähigkeiten entwickeln können. Viele, die sich dann eine leitende technische oder fachliche Position mit mittlerem Einkommen und entsprechendem Status vorstellen, in der sie wachsen können, herausgefordert sind und sich selbst verwirklichen können, werden bitter enttäuscht. Eine wachsende Zahl von gut ausgebildeten Arbeitskräften – sowohl Angestellte als auch Arbeiter – muß Tätigkeiten annehmen, die stumpfe Routine sind und sie nicht fordern. Ein Großteil der Arbeitsplätze in einer Industriegesellschaft stellten ihrer Natur nach keine Herausforderung an den einzelnen dar, noch sind sie mit irgendeiner begeisternden sozialen Herausforderung verbunden.

Das Wesen der Unterbeschäftigung wird durch die alte Anekdote von zwei Steinmetzen verdeutlicht, die eine ähnliche Arbeit ausführten: Auf die Frage hin, was sie da tun, antwortete der eine: »Ich behaue einen Steinblock«. Der andere antwortete: »Ich baue eine Kathedrale«. Der erstere war vielleicht unterbeschäftigt, der letztere sicher nicht. Was zählt, ist ganz offensichtlich nicht so sehr die Art von Arbeit, die ein Mensch verrichtet, sondern seine Vorstellung von dem Zweck, für den er sie tut.

Der amerikanische Grenzer, der Handwerker früherer Zeiten, der Bauer mit einem guten Stück eigenen Landes – sie alle hätten sicher über den Gedanken, sie seien unterbeschäftigt, nur lachen können. Nachdem in der Landwirtschaft aber erst einmal die Technik Einzug gehalten hatte, war es nicht mehr möglich, mit demselben Gefühl der Ausgefülltheit den ganzen Tag hinter Pferd und Pflug über den Acker zu gehen. Wenn ein vollautomatisches Fließband einen Gegenstand in Massen produzieren kann, geht jeder Anreiz verloren, den gleichen Gegenstand in Handarbeit herzustellen.

»Sinnvolle Arbeit« ist nicht unbedingt eine Arbeit, die ständig begeistert und herausfordert, sie kann vielmehr auch Teil eines größeren, mit Sinn erfüllten Zieles sein. Wenn die Gesellschaft ein »zentrales Anliegen« hat, an das die Menschen glauben – zum Beispiel die Überwindung bestimmter geographischer oder technologischer Grenzen oder der Aufbau einer neuen Gesellschaft oder einer neuen demokratischen Ordnung in der Welt – dann erhalten sogar Routinearbeiten einen Sinn.

Arbeitslosigkeit aus einem anderen Blickwinkel gesehen

Betrachten wir das Ganze nun einmal mit anderen Augen. Es besteht kein Zweifel, daß im großen und ganzen die Geschichte der Industriegesellschaft eine geradezu phantastische »Erfolgsstory« ist. Innerhalb von wenigen Jahrhunderten katapultierte sich Westeuropa auf ein enorm hohes technologisches Niveau: Die traditionelle Gesellschaft verfügte noch über verhältnismäßig geringe Möglichkeiten und auch keine besondere Motivation, die Gegebenheiten der Umwelt für ihre Ziele einzusetzen – nun scheint nahezu alles Vorstellbare auch machbar geworden zu sein. Die »Welle« der Industrialisierung verbreitete sich um die ganze Welt, und schließlich blieb kaum eine Gesellschaft auf dem Erdball, die nicht von ihr erfaßt wurde – wobei sie diejenigen, die sie nicht gewaltsam erobern konnte, mit ihrem Glanz verführte.

Während dieser Jahrhunderte schien es sinnvoll, die wirtschaftliche Produktion in den Mittelpunkt zu stellen. Die Schaffung neuer Werkzeuge, die die menschliche Arbeitskraft effektiver machten, die Verarbeitung von immer größeren Mengen an Ressourcen zu Industrieprodukten, die verstärkte »Kontrolle« über die natürliche Umgebung mittels Technologie, die Verlagerung von immer mehr Aktivitäten auf den monetären Sektor der Wirtschaft (sowohl in Form von Arbeitsplätzen als auch in Form von »konsumierten« Dienstleistungen) – all das schien sich in einem steigenden materiellen Lebensstandard und damit in größerem Wohlergehen für die Menschen niederzuschlagen.

Doch damit kommen wir zu der von Keynes vorausgesehenen hypothetischen Situation. Was passiert, wenn eine Gesellschaft technologisch gesehen an den Punkt gelangt, wo allem Anschein nach die wirtschaftliche Produktion alle erdenklichen von der Gesellschaft benötigten oder erwünschten Güter und Dienstleistungen (oder alles, was für Umwelt und Ressourcenvorrat noch tragbar ist) mühelos durch nur einen kleinen Teil der Bevölkerung sichergestellt werden kann?

Gegenwärtig scheint die überwiegende Antwort auf diese Frage zu sein, daß man zur Schaffung von Arbeitsplätzen weiterhin das Wirtschaftswachstum anregt. Es wird nicht genug Arbeitsplätze geben, also müssen die übrigbleibenden Arbeitskräfte Transferzahlungen erhalten. Tatsächlich wandelt sich der alte ethische Grundsatz »Arbeiten, um zu leben« offenbar in »die Glücklichen dürfen arbeiten. Die anderen werden wie Haustiere gehalten – durchgefüttert, mit dem einzigen Anspruch an sie, stubenrein zu sein.« Um einen Vorgeschmack davon zu erhalten, wie diese Gesellschaft aussehen wird, brauchen wir uns nur den Nordwesten Englands anzuschauen.

Hier und da spricht man von einem anderen Weg – die Arbeit als knappe, zu rationierende Ware zu betrachten. Dieses Konzept ist der Kern verschiedener derzeitiger Vorschläge und Programme, wie *Job-sharing*, Verkürzung der Wochenarbeitszeit und ähnlichem. Dieser Ansatz erscheint nicht besonders sinnvoll, wenn man an die vielfältigen Möglichkeiten kreativer Arbeit denkt, für die in der Welt Raum wäre.

Beide Ansätze übersehen jedoch, wie grundlegend dieser Wandel wirklich ist. Heutige Theorien zu Handel und Arbeit, zu Beschäftigung und Wohlfahrt, zu liberalen und marxistischen Analysen, gründen sich alle auf eine produktionsorientierte Gesellschaft. *Was nun, wenn diese Kernannahme tatsächlich überholt wäre?*

Lassen Sie uns das genauer ausführen. In der produktionsorientierten Gesellschaft war es vielleicht einmal sinnvoll, einen ständig steigenden Anteil der menschlichen Aktivitäten als Ware zu behandeln, die Eingliederung eines jeden einzelnen in das allgemeine Arbeitsleben als wünschenswert zu betrachten und vor allem in Begriffen wie Knappheit, Verschwiegenheit und Geld-gegen-Ware zu denken. Mit der neuen Ära wird sich all dies vielleicht als überholte Denkweise herausstellen.

Beispielsweise haben sich alternative und weniger offizielle Wirtschaftszweige entwickelt und bieten heute vielen Menschen Arbeit, die den Sprung in den Hauptstrom der Wirtschaft nicht schaffen. Kooperative Beteiligung funktioniert in manchen Situationen besser als die Geld-gegen-Ware-Mentalität. Die »Informationsgesellschaft« wird die Probleme nicht lösen. Die letztlich trotz rechtlicher Regelungen problematische Bewahrung von Urheber- und Patentrechten zeigt, daß es ein Trugschluß ist zu denken, man könne die »Ware« Information genauso behandeln wie andere Waren, beispielsweise Tomaten oder Autos. Darüber hinaus erleben wir einen deutlichen Zusammenbruch jener Führungs- und Regierungsformen, die von der Voraussetzung ausgehen, daß Information nur einigen wenigen zugänglich sei.

Wenn wir uns die Situation noch einmal aus dem Blickwinkel des Anthropologen aus dem Weltall betrachten, erkennen wir klar, daß eine völlig neue Art des Denkens das alte Denken ablösen muß: Darin wird das Überflüssigwerden von Arbeitskräften, die durch Maschinen ersetzt werden können, als Anreiz gesehen, die Grundannahmen der produktionsorientierten Gesellschaft neu zu überdenken und zu überprüfen. Die Gesellschaft braucht ein neues »zentrales Anliegen«, nachdem es jetzt nicht länger sinnvoll ist, der wirtschaftlichen Produktion diesen Platz einzuräumen. Die Annahme, Einkommensverteilung müsse eng an die Arbeitsplätze in den Hauptwirtschaftszweigen gebunden sein, muß neu überdacht werden.

Das neue »zentrale Anliegen« der Gesellschaft

Das geforderte, mit den jetzt entstehenden Wertigkeiten vereinbare neue Denken läßt sich leicht zusammenfassen: In einer technologischen hochentwickelten Gesellschaft, in der ohne Schwierigkeiten genügend Güter und Dienstleistungen produziert werden können, *dient die Arbeit vor allem der persönlichen Entwicklung und beschäftigt sich erst in zweiter Linie mit der Produktion von Waren und Dienstleistungen.* Dieses Konzept der Arbeit stellt eine tiefgreifende Veränderung unserer Auffassungen dar, und die Auswirkungen sind überall in den Strukturen der Industriegesellschaft zu spüren. Es ist schwer vorstellbar, daß dieses Konzept in einer von der M-1-Metaphysik bestimmten und in ihren Werten und Inhalten unklaren Gesellschaft dominant werden kann. Wenn indes die gesamte Gesellschaft zu einer M-3-Perspektive wechselt, ist das Bild schon wesentlich vielversprechender.

Wir haben bereits über das griechische *Paideia*-Konzept gesprochen. In der griechischen »Lerngesellschaft« verstand man die Hauptaufgabe der Gesellschaft und aller ihrer Institutionen darin, Lernen im weitesten Sinne zu fördern. *Paideia* war für die Griechen Bildung, Erziehung als ein das ganze Leben andauernder Prozeß mit dem Ziel, die menschliche Persönlichkeit zu transformieren, und jeder Aspekt des Lebens wurde einbezogen. Erziehung war nicht auf den bewußten Lernprozeß beschränkt, auch nicht darauf, die Jungen in das kulturelle Erbe der Gemeinschaft einzuführen. *Paideia* bedeutete die Aufgabe, das Leben selbst zu Kunst zu machen, wobei der *Mensch* das Kunstwerk war. Zumindest in der Theorie hatte das Erreichen des menschlichen Ganzen – und des ganz Menschlichen – den Vorrang vor allen spezialisierten Aktivitäten oder enger gefaßten Zielen.

Die Beweggründe und Werte, die der M-3-Metaphysik zugrunde liegen, passen sehr gut zu diesem griechischen Konzept einer »Lerngesellschaft«. Sie passen jedoch ganz offenkundig nicht zu sinnlosem Konsum, Anhäufung materieller Dinge und unbegrenztem Wirtschaftswachstum.

In der »Lerngesellschaft« konzentriert sich das Interesse der meisten Menschen auf die Beschäftigung mit dem Lernen und der Entwicklung im weitesten Sinne. Diese Ausrichtung schließt ein breites Spektrum an Aktivitäten ein, wie Schulbildung, Forschung und Untersuchung, Selbstfindung, Spezialisierung auf ganz bestimmte Fertigkeiten sowie die Mitwirkung der Gemeinschaft engagierter Bürger zur Schaffung einer besseren Zukunft. Diese Aktivitäten tragen zur Entfaltung und Erfüllung des Menschen bei. Es sind humane Aktivitäten, sie sind keine stumpfe Routine und tragen nicht zur Umweltverschmutzung bei. An ihnen kann eine unbeschränkte Anzahl von Menschen partizipieren, die für keine anderen Arbeiten gebraucht werden.

Die »Lerngesellschaft« bedeutet die Umkehrung einer Reihe von Aspekten des langfristigen Industrialisierungstrends. Sie wird sehr wahrscheinlich Konzepte wie die der »sanften Technologie« oder »angemessenen Technologie« E. F. Schumachers und anderer verwenden. Diese Begriffe bezeichnen eine ressourcenbewahrende, umweltfreundliche, energiesparende, relativ arbeitsintensive und für den einzelnen wie auch die Gemeinschaft verständliche und nutzbare Technologie. Eine solche Technologie ergänzt eher eine stark ökologisch ausgerichtete Ethik, eine starke Identifikation mit der Natur, den Mitmenschen und zukünftigen Generationen, einen durch freiwillige Sparsamkeit gekennzeichneten Lebensstil (»Mehr mit weniger tun«), eine Achtung für das einfache Leben und einfache Tugenden sowie eine Art Arbeit, die diese Haltungen bestärkt.

Es ist zu früh, sich detailliertere Gedanken darüber zu machen, welche Veränderungen dieses Umdenken nun im einzelnen mit sich bringen wird. Wie wir im letzten Kapitel gesehen haben, wird das Grundkonzept heute bereits in Managerkreisen diskutiert. Es gibt eine Anzahl kleinerer innovativer Unternehmen, die sich diesem Prinzip aus innerer Überzeugung verschrieben haben. Welche Bedeutung es für die Gesamtwirtschaft gewinnen wird, ist vorerst weniger deutlich; die Veränderungen werden aber auf jeden Fall einschneidend sein.

Eine Neudefinition der Entwicklungsfrage

Das »Erwachen des schlafenden Riesen«, wie die Entwicklungsländer genannt werden, wird wohl häufig auch zu den wichtigsten Kräften gehören, die unsere Zukunft formen und auf lange Sicht bestimmen werden. Die Entwicklungsländer machen etwa drei Viertel der Weltbevölkerung aus (wovon etwa die Hälfte in China und Indien lebt), und man erwartet einen Anstieg auf vier Fünftel bis zum Ende des Jahrhunderts. Die meisten der Entwicklungsländer waren vor dem Zweiten Weltkrieg entweder Kolonien oder standen stark unter dem Einfluß der Industriemächte. Viele von ihnen haben lange ihr Los der Entbehrung, Minderwertigkeit und Unterwürfigkeit akzeptiert, sind aber immer weniger dazu bereit. Während der zwanzig Jahre nach dem Zweiten Weltkrieg wurde Entwicklung mehr oder weniger mit wirtschaftlicher Entwicklung gleichgesetzt – das heißt, mit »Modernisierung« und Industrialisierung. Anders ausgedrückt war die vorherrschende Annahme – in Industrieländern ebenso wie in Entwicklungsländern –, daß es das Schicksal aller Völker der Welt sei, dem Weg der Vereinigten Staaten und anderer Industrieländer zu folgen (vielleicht mit einer gewissen Differenzierung in bezug auf Kapitalismus/Sozialismus.) Das würde für sie bedeuten, die westliche Kultur zu übernehmen (natürlich aber ein kleines Restchen ihrer eigenen Kultur beizubehalten – zur Förderung des Tourismus und des einheimischen Kunsthandwerks).

Wir haben bereits erwähnt, daß Menschen, die in verschiedenen Kulturen leben, im wahrsten Sinne des Wortes auch verschiedene Realitäten erleben. Jemand, der in einem Industrieland aufwächst, erlebt die Realität anders als ein Ureinwohner Australiens, ein Beduine oder ein Hopi-Indianer. Ein nordamerikanischer Indianer hat die Sichtweise der Indianer einmal folgendermaßen beschreiben: 1. »Alles im Universum lebt«; 2. »Wir sind alle verwandt«. Diese Einstellung wäre den meisten gebildeten Amerikanern und Europäern völlig fremd. In ähnlicher Weise wäre es dem typischen Amerikaner kaum verständlich, daß ein Außenseiter das der amerikanischen Gesellschaft eigene Ziel, nämlich ständig wachsenden Konsum an Gütern und Dienstleistungen, vielleicht völlig verrückt findet, oder die Auffassung, die »natürlichen Ressourcen« der Erde seien dazu da, ausgebeutet zu werden, für Irrsinn hält.

Das implizite Ziel der Modernisierung war also die Ablehnung der Realitätssicht einer überlieferten Kultur und ihr Ersetzen durch eine fremde Sichtweise. Die Realitätssicht einiger überlieferter Kulturen jedoch hat sich widerstandsfähiger als erwartet erwiesen. Mehr und mehr gelangen die kulturellen Führer der Entwicklungsländer zu der Einsicht, daß die im weitesten Sinne optimale Entwicklung der Menschen nicht unbedingt gefördert wird, wenn sie ihre eigenen kulturellen

Wurzeln aufgeben und die ihnen fremde Kultur der westlichen Industriegesellschaft übernehmen. Aufgrund dieser Erkenntnis wird immer stärker eine andere internationale Wirtschaftsordnung und die Erforschung anderer Entwicklungsmöglichkeiten als die der »Modernisierung« gefordert.

In einer Rede, die er einen Tag vor seinem Tod hielt, sagte E. F. Schumacher, Autor von *Die Rückkehr zum menschlichen Maß* (1974), über die Entwicklungshilfe, sie sei »ein Prozeß, bei dem man den armen Leuten der reichen Länder Geld abnimmt, um es den reichen Leuten der armen Länder zu geben«. Entwicklung, so sagte er, könne nicht darin bestehen, den Entwicklungsländern die Technologie hochindustrialisierter Länder zu bringen. »Diese Art von Industrie hat keine Zukunft. Die Natur hält sie nicht aus, der Ressourcenvorrat der Welt hält sie nicht aus, und der Mensch hält sie auch nicht aus.«

Wenn diese Einstellung sich weiter verstärkt, was sehr wahrscheinlich ist, wird der Schub der allgemeinen Entwicklung sicher nicht, wie momentan, weiter in Richtung einer westlichen industriellen Monokultur auf dem ganzen Erdball gehen, sondern eher in Richtung einer Ökologie unterschiedlicher Kulturen. Jede von ihnen wird ihre eigene Interpretation der menschlichen Entwicklung, der gesellschaftlichen Ziele und des eigentlichen Lebenssinns haben – die Entwicklung wird hin zu einem Weltsystem gehen, das diese Unterschiedlichkeit eher unterstützt, als sie abzubauen, zu verhindern oder mit Vorurteilen zu belegen. Die Dynamik und der Einfluß der gesamten industriellen Weltwirtschaft ist jedoch so groß, daß jeder derartige Umschwung zwangsweise tiefgreifende Änderungen in den Wirtschafts- und Finanzinstitutionen der Welt nach sich ziehen muß.

Der mögliche Einfluß einer weltweit sich ändernden Haltung auf die Zukunft der Weltwirtschaft wird oft außer acht gelassen. Da die Weltwirtschaft auf Energie basiert, gibt das Schwinden der fossilen Brennstoffreserven Grund zur Sorge – die Einstellung der Weltöffentlichkeit wird darüber entscheiden, ob ein Aufstocken oder schrittweises Ersetzen der fossilen Brennstoffe durch Atomkraft ein gangbarer Weg für die Zukunft ist oder ob statt dessen ein »Weg der sanften Energie« gefunden werden muß.

Die Meinung der Weltöffentlichkeit wird eine ähnlich entscheidende Rolle in der Frage spielen, wie drastisch die Maßnahmen sein müssen, mit denen der Umweltzerstörung und den wachsenden Problemen mit gefährlichen Substanzen, toxischen Abfällen und dem chemischen Wettlauf in der Landwirtschaft zu begegnen ist. Der Druck wirtschaftlichen Wettbewerbs scheint wohl den rapide steigenden Einsatz von Robotern und künstlicher Intelligenz in der industriellen Produktion und Dienstleistungsindustrie zu diktieren – die Drohung weltweit ansteigender Arbeitslosigkeit könnte jedoch gegenläufige Reaktionen in Gang bringen. Die in der Öffentlichkeit zunehmende Ansicht, daß die negativen Langzeitfolgen der Aktivitäten großer Konzerne womöglich die Vorteile überwiegen, hat bereits zu starken Zweifeln an der Legitimität derzeitiger Unternehmensstrategien geführt.

Welche Macht eine derart sich ändernde Weltmeinung entwickeln wird, läßt sich schwer voraussagen. In einer Dokumentationsreihe der Internationalen Organisation für Arbeit und anderer UNO-Behörden, die sich mit den Forderungen der Dritten Welt nach einer »neuen internationalen Wirtschaftsordnung« befassen, wurden einige, von allen als grundlegend menschlich empfundene Bedürfnisse folgendermaßen definiert:

Menschliche Grundbedürfnisse (»genügend« Nahrung, Unterkunft, Gesundheitsfürsorge, Erziehung, Arbeit und persönliche Sicherheit);

ein Gefühl von Würde;

ein Gefühl von »Werden« (die Chance, ein besseres Leben führen zu können);

ein Gefühl von Gerechtigkeit und Gleichheit;

ein Gefühl von Leistung und Zielorientiertheit; sich für etwas engagieren können, für das es sich lohnt;

ein Gefühl von Solidarität – zu einer Gruppe zu gehören, die es wert ist, und an Entscheidungen mitzuwirken, die das Schicksal der Gruppe und das eigene Schicksal mitgestalten.

Mehr als einhundertzwanzig Länder haben – zumeist im Verlauf der vergangenen dreißig Jahre – auf nationaler Ebene Programme eingeführt, deren Ziel die Verwirklichung des

Rechts auf Befriedigung dieser Grundbedürfnisse ist. In einigen Ländern sind diesen Programmen jahrelange Debatten über die Angemessenheit dieser als solche deklarierten Rechte und ihrer Verwirklichung durch ein »Sicherheitsnetz« von »Transferzahlungen« und die Bereitstellung von Dienstleistungen vorausgegangen. International gesehen existiert jedoch zwischen reichen und armen Ländern ein wirtschaftliches Ungleichgewicht, das bei weitem alles übersteigt, was je in einem einzelnen der Länder toleriert werden würde. Hinter der rhetorischen Fassade der von den Entwicklungsländern aufgestellten Forderungen nach einer neuen Wirtschaftsordnung steht als eigentliches Ansinnen, ein Konzept menschlichen Wohlergehens, das von der *Mehrheit der einzelnen Nationen bislang schon in großem Maß übernommen und angewandt worden ist, jetzt auch auf die menschliche Familie als Ganzes zu übertragen*.

Trotz unvermeidlicher Opposition wird diese Aufforderung letzten Endes wahrscheinlich auf Zustimmung stoßen, da sie an einen bereits bestehenden Trend anknüpft und da sich die verschiedenen Völker immer klarer bewußt werden, daß sie – verbunden durch Handel und Kommunikation und das alle betreffende Schicksal dieses Planeten – *eine* Welt bilden.

Von allen Aspekten des Entwicklungspuzzles (das eng mit der Unterbeschäftigung/Arbeitslosigkeit verbunden ist) ist es wohl die Frage nach dem *Sinn*, der zentrale Bedeutung zukommt. Die herkömmliche Gesellschaft hatte trotz ihrer Schattenseiten doch für jeden einen Platz – eine Rolle, die in sich einen Sinn hatte. Die Modernisierung führte zur Zerstörung des traditionellen Sinns und zur Entstehung von Randgruppen – Menschen, die am Rande der Gesellschaft leben und keinen rechten Platz in ihr haben, ob sie nun arbeitslos, unterbeschäftigt oder nicht vermittelbar sind. Hier wird ihr Einhalt geboten werden, die Triumphe und Schrecken der Antimodernisierungsbewegung im Iran und in Kambodscha sind nur erste Anzeichen der irrationalen Kräfte, die eine Änderung herbeiführen werden, falls dies nicht durch vernünftigere Ansätze geschieht.

Die Probleme der Modernisierung darzustellen soll nicht heißen, daß die positiven Errungenschaften eben dieses die schwierige Lage mitverursachenden Paradigmas negiert werden. Wir wollen uns nicht in Kritik an der Industriegesellschaft ergehen, sondern vielmehr einen zwingenden Grund dafür aufzuzeigen versuchen, warum zukünftige Entwicklungen unausweichlich eine neue Richtung einschlagen werden. Es ist von entscheidender Bedeutung zu begreifen, welche sozialen Kräfte uns in eine andere Richtung treiben – warum ein grundlegender Systemwechsel unumgänglich ist.

Das Entwicklungsproblem und das Arbeitsproblem sind in einer Beziehung ähnlich und eng miteinander verknüpft. Sie entstehen beide aus der Kernfrage der modernen Gesellschaft – nämlich der Frage, worum es eigentlich geht. Welcher *Sinn* steht hinter den Erfolgen der Modernisierung? Wenn die »Lerngesellschaft« für technologisch fortgeschrittene Länder eine Antwort darauf ist, dann ist die »Entwicklungsgesellschaft« eine Antwort für die Welt als Ganzes: »Entwicklungsgesellschaft« im Sinne einer Förderung der größtmöglichen Entwicklung für jeden einzelnen Menschen.

Es ist sicher nicht zu idealistisch gedacht, sich für die Zukunft ein weltumspannendes Gemeinwesen vorzustellen, in dem jeder Bürger dieser Erde eine echte Chance hat, durch eigene Anstrengungen ein annehmbares Leben für sich und seine Familie zu schaffen; ein Gemeinwesen, in dem Männer und Frauen in Harmonie mit der Erde und aller Kreatur leben und ihre Kräfte gemeinsam dafür einsetzen, allen eine gesunde Umgebung zu schaffen und zu erhalten; ein Gemeinwesen, in dem es eine Ökologie unterschiedlicher Kulturen gibt, deren Mannigfaltigkeit geschätzt und gefördert wird, in dem Krieg und eklatante Verstöße gegen Menschenrechte im Namen des Staates nirgendwo geduldet werden und in dem weltweit und von allen unterstützt, das Recht waltet; ein Gemeinwesen, wo in der gesamten menschlichen Familie ein tiefes gemeinsames Bewußtsein für sinnvoll gelebtes Leben herrscht.

Wenn dieses Ziel eine inspirierende Definition für den Begriff *Entwicklung* ist, so kann sie gleichermaßen als Definition für wahre *Sicherheit* dienen.

Verwirklichung globaler Sicherheit

Im vorangegangenen haben wir die Anzeichen für einen Wandel in den Grundannahmen beschrieben, die der amerikanischen Gesellschaft im speziellen und allgemein auch der westlich orientierten Welt zugrunde liegen. Er scheint eine

Verlagerung von den M-1-Grundannahmen – die über Generationen hinweg, zumindest bis in die fünfziger Jahre hinein, ständig an Bedeutung gewonnen hatten – in Richtung der M-3-Grundannahmen zu sein. Diese M-3-Annahmen sind weder in Europa noch in Amerika jemals besonders verbreitet gewesen, obwohl sie als Strömung unter der Oberfläche immer vorhanden waren (von den Gnostikern und Mystikern über die Rosenkreuzer und Freimaurer späterer Jahre bis hin zu den Transzendentalisten Neuenglands in der Mitte des neunzehnten Jahrhunderts und noch später den Theosophen in England und Amerika sowie den Anthroposophen auf dem Kontinent).

Wir haben gesehen, wie die verschiedenen in Wechselbeziehung stehenden Probleme der modernen Gesellschaft offensichtlich im Hauptparadigma der Industriegesellschaft begründet sind und nur durch eine Abwendung von diesem Paradigma hin zu einem bislang nichtspezifizierten transindustriellen oder postmodernen Paradigma zu lösen sein werden. Außerdem haben wir gesehen, daß die M-3-Grundannahmen mit den unterschiedlichen traditionellen Gesellschaftsformen dieses Erdballs vereinbar sind. Dies weckt die Hoffnung, daß mit der Hinwendung zu einer M-3-Metaphysik die Geißel des Krieges vielleicht endgültig von der Erde verbannt werden könnte. Mit dieser Möglichkeit wollen wir uns nun etwas genauer beschäftigen.

Dem Krieg die Legitimation entziehen

In unserem Atomzeitalter ist quasi jeder für den Frieden. Nicht alle jedoch verstehen unter diesem Wort dasselbe. Einige betonen »Frieden und nationale Sicherheit«. Andere bestehen auf »Frieden und sozialer Gerechtigkeit«. Wieder andere loben die Kernwaffen, »die seit vierzig Jahren den Frieden erhalten« hätten, und schließlich gibt es jene, die meinen, daß der jetzige Zustand einer ständigen Bedrohung durch den nuklearen Holocaust wohl mit Frieden wenig zu tun habe.

Auf welche Weise die Welt auch immer das Thema Frieden, oder genauer gesagt die Verhinderung eines Atomkrieges, schließlich in den Griff bekommen will – sie muß diese Aufgabe mit *hundertprozentiger Zuverlässigkeit* in den Griff bekommen. Weniger genügt nicht. Die Welt kann sich nicht *einen* einzigen Atomkrieg leisten. Es ist ernüchternd zu erkennen, daß seit Menschengedenken noch niemals ein solches Maß an absoluter Zuverlässigkeit gefordert war.

Es ist sinnvoll, für unsere Betrachtung dieses Ziels zwei Arten von Frieden zu unterscheiden: (1) Als langfristiges Ziel den »echten Frieden«, geprägt durch permanent niedrige Konfliktbereitschaft und eine Haltung der Liebe, des Füreinander-Daseins und der Friedfertigkeit zwischen den einzelnen Menschen und den Nationen der ganzen Welt, und (2) als kurzfristiges Ziel den »praktischen Frieden«, durch den erst einmal die Bedrohung durch die vorhandenen Massenvernichtungswaffen (nuklearer, biologischer und chemischer Art) gebannt ist. Das erste Ziel bedeutet im Hinblick auf die gesellschaftliche und psychologische Entwicklung tatsächlich einen gewaltigen Schritt nach vorn – spirituelle Führer aus Ost und West haben uns seit Tausenden von Jahren immer wieder zu diesem Schritt gedrängt, doch es geht nur langsam voran. Das zweite Ziel müssen wir jetzt erreichen.

Lassen Sie uns »praktischen Frieden« etwas genauer definieren: Dieses Ziel enthält als Minimum: 1. dem Krieg und Kriegsvorkehrungen als Werkzeug nationaler Politik die Legitimität abzusprechen, und 2. ein Verbot aller Massenvernichtungswaffen, sowie 3. eine echte Verpflichtung aller mächtigen Nationen, ihre Souveränität insoweit auf eine gemeinsame Waagschale zu legen, daß eine funktionierende Institution zur Schaffung und Erhaltung des Friedens und zur gewaltlosen Beilegung von Konflikten etabliert werden kann.

Beide Ziele, das langfristige und das kurzfristige, sind natürlich miteinander verknüpft. Ein Schritt in der einen Zielrichtung trägt auch zur Verwirklichung des anderen Zieles bei. Die Unterscheidung ist jedoch aus praktischen Gründen bedeutsam. Einige der Wurzeln des Konfliktes reichen tief in die menschliche Psyche hinein, und manche der bestehenden Ungerechtigkeiten hängen mit alten Eigenarten sozialer und politischer Einrichtungen zusammen. Da es bei dem langfristigen Ziel um umfangreiche Veränderungen in einflußreichen und tief in der Gesellschaft verwurzelten sozialen und politisch-wirtschaftlichen Institutionen geht, wie auch um eine große Wandlung im Leben von Milliarden von Menschen, kann man sich angesichts einer so riesigen Aufgabe leicht überwältigt und entmutigt fühlen. Vielleicht ist man so eingeschüchtert, daß man die Erreichbarkeit des kurzfristigen Zieles, das sich innerhalb einer vergleichsweise kurzen Zeitspanne von einer Generation oder weniger verwirklichen ließe, einfach übersieht.

Obwohl es in den USA in Mode gekommen ist, die Vereinten Nationen schlechtzumachen, gehören die Charta dieser Organisation (1945) und die Allgemeine Erklärung der Menschenrechte (1948) wohl zu den edelsten politischen Dokumenten der Geschichte. Praktisch alle Völker und Nationen der Erde haben ihnen zugestimmt. Sie bieten einen – vielleicht nicht den einzigen – Rahmen, innerhalb dessen das Ziel des »praktischen Friedens« erreicht werden könnte, wenn wir es wirklich wollten. Es ist jedoch eine nackte Tatsache, daß die Angehörigen und Führer der mächtigsten Nationen noch nicht ihren Willen *bewiesen* haben, dem Krieg die Legitimation zu entziehen. Es ist keine Frage fehlender geeigneter Mechanismen oder erst zu schaffender neuer Technologien, sondern ganz einfach eine moralische Wahl, die hier getroffen wird.

Wir sollten jedoch nicht vergessen, daß manchen Formen des Krieges bereits ganz ohne Aufhebens mehr und mehr der Anschein von Rechtmäßigkeit entzogen wird. Bis 1914 etwa wurde ein *Angriffskrieg*, zumindest unter gewissen Voraussetzungen, als erlaubt und legitim betrachtet. Einige europäische Nationen haben ziemlich häufig klare Angriffskriege geführt. Mit dem Ende des Zweiten Weltkriegs wurden Aggressions- und offensive Territorialkriege allgemein als unzulässig betrachtet, und seit Mitte dieses Jahrhunderts wurden die meisten Fälle von militärischem Eingreifen in der Welt als Defensivmaßnahmen gerechtfertigt. (Im Jahr 1947 nannten die Vereinigten Staaten ihr Kriegsministerium in »Verteidigungsministerium« um.) Die »Kanonenbootdiplomatie«, wo mächtige, technologisch gut ausgerüstete Nationen nach Gutdünken in Ländern der Dritten Welt intervenierten, muß sich inzwischen, obwohl sie sicher teilweise noch fortgesetzt wird, schon einen guten Deckmantel zulegen, damit sie als legitim angesehen wird; selbst von den Angehörigen der intervenierenden Nation.

Die Einstellung dem Krieg gegenüber hat sich so rasch verändert, wie das Wesen des Kriegs selbst. Seit dem Zweiten Weltkrieg ist der Krieg kein Wettstreit zwischen gut ausgebildeten Armeen mehr, sondern eine grausame Dezimierung der Zivilbevölkerung. Im Ersten Weltkrieg waren zirka fünfzehn Prozent der Opfer Zivilisten, im Zweiten Weltkrieg mehr als fünfzig Prozent, im Vietnamkrieg fast neunzig Prozent. Man kann sich vorstellen, wie diese Zahl bei einem Atomkrieg aussehen würde. Seinem Land im Krieg zu dienen, eine Handlung, die selbst im Ersten Weltkrieg noch als »glorreich« und »heldenhaft« angesehen wurde, hat ihren Glanz so restlos verloren, daß die Veteranen des Vietnamkrieges darüber klagen, wie Aussätzige behandelt zu werden. Es ist auch sehr schwer, zu der Tatsache zu stehen, daß man an der Ermordung zahlloser unschuldiger Opfer beteiligt war.

Wir erleben mit, wie verschiedenen Formen der Sklaverei und Unterdrückung, der Folter und des Mordes, die vorher stillschweigend geduldet oder sogar unterstützt wurden, zunehmend die Legitimation entzogen wird – dem Krieg und allen Kriegsvorbereitungen die Legitimation zu entziehen und die nationale globale Sicherheit auf anderem Wege herbeizuführen, ist der nächstfolgende logische Schritt.

Im Laufe der Geschichte sind die wirklich fundamentalen Veränderungen in einer Gesellschaft nie durch Regierungsbeschlüsse oder Kriege herbeigeführt worden, sondern vielmehr dadurch, daß eine große Anzahl von Menschen ihre innere Einstellung veränderte – manchmal auch nur ein kleines bißchen.

Einige dieser Veränderungen gipfelten dann in einem tiefgreifenden Wandel – wie beispielsweise der Übergang vom Römischen Reich zum Europa des Mittelalters oder vom Mittelalter zur Neuzeit. Andere Veränderungen waren viel konkreterer Natur, wie beispielsweise die Bildung einer demokratischen Regierung in England oder Amerika oder die Abschaffung der Sklaverei als eine allgemein akzeptierte Institution. In den beiden letzten Fällen waren es vor allem Menschen, die erkannten, daß jede wirtschaftliche, politische oder sogar militärische Institution – wie machtvoll sie auch sein mag –, nur deshalb besteht, weil sie eine Daseinsberechtigung hat, und diese Daseinsberechtigung gründet sich auf die Haltung der Menschen gegenüber dieser Institution. Sie erteilen ihr Legitimität, und sie können sie ihr auch wieder entziehen. Das In-Frage-Stellen der Legitimität einer Institution ist wohl in der Geschichte einer der stärksten Auslöser für transformatorische Prozesse.

Der preußische Militärstratege Karl von Clausewitz hat im vergangen Jahrhundert den Krieg als »eine Fortsetzung der Politik mit anderen Mitteln« definiert. Sich von dieser rationalen Befürwortung des Krieges zu distanzieren und zu einer Einstellung zu gelangen, die dem Krieg jegliche Legitimation entzieht, wäre einer der größten Umdenkprozesse in der menschlichen Geschichte. Und doch kann er – wie andere gewichtige, im Laufe der Geschichte dokumentierte Veränderungen der inneren Einstellung (beispielsweise das Ende der feudalistischen Epoche oder der Legitimität von Kolonialherrschaft) – dadurch herbeigeführt werden, daß die Menschen der Welt ihre Einstellung ändern und diesen Wandel fordern. Die einzige Form von Krieg, die noch den Deckmantel der Legitimität besitzt, ist ein Krieg, für den im Namen der »Verteidigung« gerüstet wurde, ein Krieg also, der nicht initiiert wird. *Diese Art Krieg jedoch ist am gefährlichsten – der Krieg, den die ganze Welt voller Angst erwartet.*

Glaubenssätze und Wahrnehmung bei internationalen Konflikten
Das größte Hindernis bei dem Bemühen, dem Krieg jegliche Rechtfertigung zu entziehen, ist der *mangelnde Glaube an die Realisierbarkeit des Friedens.* Wir haben bereits angedeutet, wie sehr unsere Wahrnehmung, unsere Motivation, unsere Wertvorstellungen und unser Verhalten von teilweise unbewußten Glaubenssätzen geprägt werden, wie zum Beispiel »Wir leben in einer Welt des Mangels« oder »Menschen mit anderer Hautfarbe sind grundverschieden«. Die wissenschaftliche Forschung hat mehr und mehr offengelegt, in welch erstaunlichem Maße diese »innere Landkarte« der Glaubenssätze unserer Wahrnehmung zugrunde liegt – und diese wiederum den Konflikten und der Ansicht, Frieden sei nicht realisierbar.

Wenn nun wirklich diese inneren Glaubenssätze die Wurzel für Gruppenkonflikte sind, wird die Frage, *wie* Frieden zu sichern ist, wesentlich klarer. Nicht die menschliche Natur ist es, die sich ändern muß – wie gelegentlich behauptet wurde –, sondern die unbewußte Programmierung. (Einige Wissenschaftler haben aufgrund dieser Beobachtung sogar eingreifende Maßnahmen gefordert, die das gewünschte »friedliche« Verhalten herbeiführen sollen, wie etwa das Einpflanzen von Rekonditionierungs-Signale aussendenden Elektroden. Wir beschränken uns hier auf Rekonditionierung aus eigener Entscheidung.

Wir Menschen haben eine wirklich beängstigende Fähigkeit zur Selbsttäuschung. Wenn wir uns erst einmal auf eine

Art der Wahrnehmung der »Realität« festgelegt haben, werden alle Gegenbeweise sozusagen unsichtbar; alle Hinweise darauf, daß unser Bild falsch sein könnte oder große Lücken aufweist, werden geschickt (und unbewußt) abgewehrt. Das geschieht sogar dann, wenn unsere Wahrnehmung unseren eigenen Interessen zuwiderläuft. Ein paranoider Mensch nimmt seine Umgebung in einer Art und Weise wahr, die bei ihm große Ängste auslöst. Rationale Argumente oder sogar gegenteilige Erfahrungen vermögen an seiner Wahrnehmung kaum etwas zu ändern. Es ist überhaupt nicht hilfreich, daß wir die Welt in einer Art und Weise wahrnehmen, die keine gangbare Alternative zur atomaren Sackgasse zuläßt, aber diese Sichtweise ist nun einmal leider weit verbreitet. Es hat tatsächlich den Anschein, als ob *die meisten Menschen eher die Zerstörung der Zivilisation riskieren würden, als eine grundlegende Veränderung ihrer Wahrnehmung der Welt zu riskieren. Welche Konsequenzen hätte es, wenn man uns davon überzeugen könnte, daß die Hauptursachen für »Nicht-Frieden« auf unserem Planeten vor allem in den kollektiven Glaubenssätzen der einzelnen Gesellschaften zu finden sind – Glaubenssätze, die zum Teil bewußt, weitgehend aber unbewußt sind.* Wir suchen für gewöhnlich eine Erklärung für den weltweiten Zustand des Nicht-Friedens im Streit um nationale Vorherrschaft oder in den Ambitionen und Frustrationen der führenden Politiker dieser Länder, in den Fehlern, die bei Vertragsabschlüssen in der Vergangenheit begangen wurden, oder in einzelnen Konflikten zwischen religiösen und ideologischen Gruppierungen. Sicherlich sind diese Erklärungen zum Teil auch zutreffend. Unter ihnen verborgen sind jedoch – als eigentlicher Nährboden für den Nicht-Frieden – die überwiegend kollektiven Glaubenssätze, die auf sehr subtile Weise Barrieren schaffen, Spaltungen, Spannungen und Zusammenstöße bewirken. Es ist schwer, diese Glaubenssätze überhaupt wahrzunehmen, und ganz gewiß schwierig, sie in Frage zu stellen – vor allem deswegen, weil die Menschen um uns herum, in unserer eigenen Gesellschaft, meistens die gleichen Glaubenssätze haben und sie stillschweigend als gegeben annehmen.

Natürlich haben wir alle unsere inneren Widerstände dagegen, wahrzunehmen, wie das der westlichen Industriegesellschaft zugrundeliegende Paradigma (sowohl das der kapitalistisch als auch der marxistisch ausgerichteten Gesellschaft) unweigerlich zu den Problemen und dem globalen Dilemma führt, vor dem wir heute stehen. An anderer Stelle haben wir beschrieben, wie wir uns, ohne es zu merken, in ein Glaubenssystem »einkaufen«, in welchem technische Lösungen für Probleme gesucht werden, die ihrer Natur nach eigentlich soziopolitische Probleme sind – dazu gehört auch das vergebliche Bestreben, »nationale Sicherheit« mit immer potenteren Waffen zu erkaufen. Wir erkennen nur sehr zögernd, mit welcher Macht uns die Glaubenssysteme der Welt, unser eigenes nicht ausgenommen, dem tödlichen Abgrund entgegentreiben.

Kollektive unbewußte Glaubenssätze prägen die Institutionen der ganzen Welt und sind die Wurzel institutionalisierter Unterdrükkung und Ungerechtigkeit. »Frieden« wird nie mehr sein als ein zeitweiser Waffenstillstand, solange die Menschen weitverbreitet schreiende Ungerechtigkeiten, ungestillte Bedürfnisse und ungesühnte Fehler sehenden Auges hinnehmen.

Dem Prinzip, daß Menschen ermächtig sind, einer Sache die Berechtigung zu verweigern und so die Welt zu verändern, fügen wir nun ein weiteres hinzu: *Menschen können die Welt auch verändern, indem sie willentlich die innere Vorstellung von Realität verändern.*

Wir haben uns bereits mit dem Prinzip beschäftigt (das vom M-1-Standpunkt aus ebenso rätselhaft ist, wie es vom M-3-Ansatz her gesehen selbstverständlich ist), daß das, woran wir aus tiefstem Herzen glauben und was wir uns als wirklich vorstellen, dahin tendiert, wahr zu werden. Aber was wir aus tiefstem Herzen glauben und was wir uns als wirklich vorstellen, können wir auch ändern, indem wir das ändern, was wir uns ständig selbst bekräftigen. Ein Großteil der Erdbevölkerung bedient sich unwissentlich dieses Prinzips. Wir können beobachten, wie Menschen auf tausendfache Art und Weise Angst, Verzweiflung, die Unvermeidlichkeit eines atomaren Infernos und ihre Ohnmacht, etwas daran ändern zu können, bestärken. Denken wir nur an die Macht, die diese kollektive Affirmation ausübt, um genau *das* herbeizuführen, was wir fürchten und zu vermeiden suchen – und stellen Sie sich die gewaltige Kraft vor, die darin läge, wenn die Welt bewußt die Vorstellung von einem innerhalb einer Generation zu realisierenden »praktischen Frieden« bestärken würde.

Die erste Reaktion auf die Idee, sich eine friedliche Welt vorzustellen, ist wahrscheinlich die, daß es sehr wie eine zu simple Version der »Kraft positiven Denkens« klingt. Anfangs wird einem der Gedanke befremdlich scheinen, daß man mit einer solchen Affirmation tatsächlich etwas *bewirkt.* Zugegeben, recht simpel ist es wohl zu glauben, daß es Frieden in der Welt geben wird, wenn wir nur alle einander lieben und von Frieden reden. Es mag deshalb zu simpel gedacht sein, weil sehr starke unbewußte Kräfte unsere Liebe ambivalent machen und unseren Frieden insgeheim mit Konflikt durchsetzen.

Trotz solch verständlicher Vorsicht ändert sich nichts an der Tatsache, daß ein kollektiver Glaube an die tatsächliche Erreichbarkeit des Weltfriedens dazu beitragen wird, dieses Ziel zu verwirklichen – genauso wie zur Zeit der kollektive Unglaube dazu beiträgt, es zu vereiteln. Damit jedoch die Affirmation wirksam werden kann, müssen wir sie so spezifisch wie möglich machen. Die Affirmation für einen dauerhaften Frieden ist am wirksamsten, wenn sie nicht nur eine allgemein gehaltene »Bitte um Frieden« ist, sondern vielmehr ein ganz spezifischer und plausibler »Friedensplan«, der auf genauer Kenntnis der beteiligten Faktoren und Kräfte basiert.

Leute, die sich in irgendeiner Form von Friedensaktivitäten engagieren, übersehen oft, welch subtile Prinzipien hier mitspielen. Ein negatives inneres Bild zu haben – unablässig mit Angst an einen möglichen Atomkrieg zu denken oder gar zu versuchen, diese Furcht auch bei anderen zu erzeugen, oder zornig auf unsere Politiker zu sein, die die Zahl der Raketen ständig erhöhen (während sie über Rüstungsbeschränkungen sprechen) – trägt ganz unmittelbar dazu bei, das Gefürchtete oder Verhaßte tatsächlich heraufzubeschwören. *Gegen den Krieg zu sein ist keineswegs das gleiche, wie für den Frieden zu sein.* Wenn wir ein positives inneres Bild haben und uns lebhaft vorstellen, wie Frieden herrscht, trägt das auf eine Art und Weise dazu bei, daß dieser Zustand tatsächlich eintritt, die uns, wenn wir einen zu begrenzten Glauben an die Fähigkeiten des menschlichen Geistes haben, ziemlich mysteriös vorkommen mag. Da der Geist eines jeden einzelnen mit dem der anderen Menschen in Verbindung steht, ist die Affirmation einer positiven Vision vielleicht der feinste Schritt, den jeder von uns tun kann.

Indirekt haben wir die Frage aufgeworfen, wie das Wirtschaftsleben aussehen würde, wenn es, auf einer Reihe von M-3-Annahmen basierend, neu strukturiert würde – und dabei haben wir, vielleicht zu unserer eigenen Überraschung, herausgefunden, daß es schon Tendenzen in dieser Richtung zeigt. Eine ähnliche Frage haben wir zum Problem der Entwicklung gestellt und gesehen, daß Entwicklung in der Vergangenheit zwar mit Modernisierung gleichgesetzt wurde, so daß zumeist die transzendentalen Glaubenssätze ursprünglicher Kulturen weggeschwemmt oder überlagert wurden, daß es aber eine kleine alternative Bewegung gibt, die nach neuen Wegen in der Entwicklungshilfe sucht – von denen zumindest einige etwas ähnliches wie die M-3-Annahmen beinhalten. Wenn wir nun politische Systeme anschauen, wird uns vielleicht auffallen, daß in der politischen Richtung der »Grünen« in verschiedenen Ländern ein Element der M-3-Metaphysik enthalten ist.

Ein Omen? Die Politik der Grünen

Die Politik der Grünen in der Bundesrepublik Deutschland entstand aus dem Gefühl heraus, daß keine der bestehenden Parteien zu den grundlegendsten und kritischsten aktuellen Problemen wirklich Stellung bezogen hatte. Unter all den Bürgern, die Mitte der siebziger Jahre dafür demonstrierten, den weiteren Bau von Atomreaktoren, die Verschmutzung der Flüsse und das Waldsterben zu stoppen, entstand ein Begreifen dessen, daß wir Menschen Teil der Natur sind und nicht über ihr stehen. Die komplexe Struktur unserer Regierungs- und Wirtschaftsinstitutionen – ja eigentlich das menschliche Leben selbst – ist letztlich abhängig von einer klugen, achtungsvollen Interaktion mit den lebenserhaltenden Prozessen unseres Planeten. Eine wachsende Gruppe von Menschen wurde sich der Zusammenhänge zwischen den Prinzipien ökologischer Vernunft, dauerhaften Friedens, einer Wirtschaft mit Zukunft und einer Mitbestimmungsdemokratie, deren Stärke direkt von der Basis ausgeht, bewußt, und betrachtete die Politik der Grünen als politischen Ausdruck dieser Belange.

Den Grünen verwandte Parteien spielen in fünfzehn europäischen und diversen anderen Ländern eine entscheidende politische Rolle. Die Grünen werden gelegentlich fälschlicherweise der Linken zugeordnet. »Links« als politische Richtung wird normalerweise mit einer Tendenz zum Wohlfahrtsstaat, mit Gemeineigentum oder staatlichem Eigentum an besonders wichtigen Industrie- und Dienstleistungsunternehmen und einer starken Betonung der Gleichheits- und Menschenrechtsfrage assoziiert. Obwohl sich die Grünen für Menschenrechte und soziale Gerechtigkeit einsetzen, unterscheiden sich die Hauptziele doch beträchtlich von denen der klassischen Linken. Die Linke unterstützt eher die Zielsetzungen des technologischen Fortschritts, des Wirtschaftswachstums und der Steigerung des Lebensstandards und geht davon aus, daß steigender Wohlstand es ermöglichen wird, Mittel zur Lösung von Problemen sozialer Gerechtigkeit und der Menschenrechte bereitzustellen. Die Politik der Grünen hält diese Logik im Ansatz für falsch und vertritt den Standpunkt, daß ein tiefgreifenderer Wandel erforderlich sein wird. Die grünen Parteien sagen gern über sich: »Wir sind weder rechts noch links, wir sind vorn«.

Die Grünen legen den Akzent auf eine ganzheitliche Sicht, Umweltbewußtsein, eine Beendigung des atomaren Wettrüstens, Dezentralisierung, menschengerechte Technologien und Unternehmungen, feministische Perspektiven, trans-materialistische Überzeugungen, soziale Verantwortlichkeit, gewaltlose Veränderungen und Selbstbestimmung des Menschen. Sie reagieren sehr empfindlich auf die zerstörerischen Aspekte der patriarchalischen Industriegesellschaft, auf Spezialisierung und Bürokratisierung und die aggressive, ausbeuterische und den Konkurrenzkampf betonende männliche Verhaltensweise. Angestrebt wird ein Ausgleichen dieser Wertigkeiten mit einer ganzheitlicheren Sicht und mit dem umsorgenden, liebevollen, kooperativen und bewahrenden weiblichen Verhalten. Die Betonung liegt auf Selbstverwirklichung, transzendentem Sinn und innerem Wachstum, hin zu Weisheit und Mitgefühl. Daß die Grünen eine spirituelle Dimension einbeziehen, scheint außer Frage, sie haben jedoch eine gewisse Scheu, ihre Bewegung allzu explizit mit diesem Aspekt zu identifizieren. Das Konzept der »ganzheitlichen Ökologie« ist einer der Begriffe, die man gewählt hat, um von Spiritualität so sprechen zu können, daß es diejenigen, welche aus verschiedenen Gründen eine religiöse Terminologie lieber meiden, nicht brüskiert. Ganzheitliche Ökologie geht über den wissenschaftlichen Rahmen hinaus, hin zu einem subtilen Bewußtsein für die Einheit allen Lebens, für die Wechselbeziehungen zwischen seinen vielfältigen Manifestationen und die Unbezähmbarkeit seines Strebens nach Evolution und Transformation.

M-3 bei der Gründung der Vereinigten Staaten

Das wichtigste Beispiel für ein auf M-3-Prinzipien basierendes politisches System finden wir indes zweihundert Jahre früher in den Anfängen der Vereinigten Staaten. Die wenigsten Amerikaner sind sich wohl der Tatsache bewußt, daß eine spezielle Form der »Ewigen Weisheit«, verkörpert im Freimaurertum der damaligen Zeit, ein entscheidender Faktor beim demokratischen Experiment »Vereinigte Staaten« war. Die der Freimaurerei zugrundeliegende Philosophie ist, seit ihren Ursprüngen in der ägyptischen Mysterienreligion, in der Geschichte unter den verschiedensten Bezeichnungen aufgetreten. Diese Philosophie übte während der gesamten Entwicklung der westlichen Zivilisation einen stillen, aber mächtigen Einfluß aus und spielte dann, in der zweiten Hälfte des achtzehnten Jahrhunderts, eine führende Rolle bei der Entstehung demokratischer Staatsphilosophien.

Das Freimaurertum der damaligen Zeit war sowohl esoterisch als auch politisch (im Gegensatz zu den heutigen Freimaurerlogen, die eher den Charakter einer gesellschaftlichen Einrichtung tragen). Die wesentliche Prämisse des Freimaurertums ist, daß es transzendentale Bereiche der Realität gibt, in denen wir *auch* leben und über die wir potentiell Kenntnis erlangen können. Die Gesetzmäßigkeiten und Kräfte dieser Bereiche sind unseren physischen Sinnen nicht zugänglich, können aber durch Innenschau erforscht werden. Diese Gesetzmäßigkeiten und Kräfte wirken bei evolutionären in den Prozessen und in den Ereignissen des menschlichen Lebens in starkem Maße mit, und man kann sich von ihnen Kraft und Führung holen.

Das »Netzwerk« des Freimaurertums im achtzehnten Jahrhundert reichte über nationale Grenzen hinaus; es gab außer in Amerika Logen in Großbritannien, Frankreich und Polen. Es ging der Freimaurerei um mehr als die Entwicklung individueller Bewußtheit – ganz besonders konzentrierte sie sich auf die Erweiterung menschlichen Wissens, die Förderung der Geisteswissenschaften und die Reformierung von Regierungen hin zu einem »philosophischen Gemeinwesen« und demokratischen Formen.

Der deutlichste Beweis für dieses Mitwirken des Freimaurertums beim Werden der Vereinigten Staaten ist das Große Siegel der Vereinigten Staaten, das in seiner heutigen Form im wesentlichen auf das Jahr 1782 zurückgeht. Beträchtliche Kritik erweckte 1935 die Entscheidung des Präsidenten, auf der neuen Dollarnote dieses »langweilige Emblem einer freimaurerischen Bruderschaft« zu verwenden, wie Professor Charles Eliot Norton das zentrale Symbol auf der Rückseite des Siegels betitelte – die unvollendete Pyramide, an deren oberem Ende das »alles-sehende Auge« thront.) Wenn man sich vergegenwärtigt, daß die Gründungsväter Amerikas eine buntgemischte Gesellschaft von Bauern, Ladeninhabern und Landbesitzern waren, scheinen die auf die alten Traditionen der Freimaurerei zurückgehenden Symbole des Großen Siegels tatsächlich eine etwas eigenartige Wahl. Aber Benjamin Franklin und George Washington waren beide praktizierende ranghohe Freimaurer; Von den sechsundfünfzig Unterzeichnern der Unabhängigkeitserklärung waren mindestens fünfzig Freimaurer, weiterhin gehörten fünfzig oder fünfundfünfzig Mitglieder des Verfassungskonvents dieser Gemeinschaft an. Viele Freimaurer aus dem Ausland unterstützten den amerikanischen Unabhängigkeitskrieg, unter anderem Lafayette, Kosciusko, de Kalb und Pulaski. »Ableger« der geheimen Freimaurerlogen Europas wurden schon fünfzehn Jahre vor dem Unabhängigkeitskrieg in der Neuen Welt etabliert, mit dem ausdrücklichen Ziel, dort den Versuch einer Demokratie einzuleiten, der in Europa nicht auf fruchtbaren Boden gefallen war.

Die Symbole auf dem Großen Siegel stellen eine Vision dar, die nicht nur die neugegründete Nation auf dem größten Teil ihres geschichtlichen Weges begleitete und stützte, sondern auch den Armen und Geknechteten der Welt Symbol der Inspiration war. Wenn wir uns jetzt mit den Symbolen des Großen Siegels näher beschäftigen, wollen wir dabei natürlich bedenken, daß sie die Essenz eines machtvollen Symbols sind, das den Geist auf vielen Ebenen in mannigfacher Weise anspricht (so daß jede »Erklärung« seiner Bedeutung zwangsläufig eine Verwässerung und Verzerrung darstellt.)

Das am stärksten ins Auge fallende Freimaurersymbol ist die unvollendete, von einem strahlenden Dreieck mit dem »alles-sehenden Auge« darin gekrönte Pyramide auf der Siegelrückseite. Welche anderen Bedeutungen dieses uralte Symbol auch immer gehabt haben mag (beispielsweise die Bedeutung der Anzahl der Ebenen und der Steine oder die Ähnlichkeit mit der Großen Pyramide von Gizeh, dem Grabmal des Hermes Trismegistos, der die Universale Weisheit verkörpert), so bringt es doch klar zum Ausdruck, daß die Werke des Menschen (sowohl individuelle Arbeit an sich selbst als auch äußere Werke) unvollständig sind, wenn sie nicht von göttlicher Einsicht getragen sind. Dieses Symbol will darauf hinweisen, daß die Nation nur gedeihen wird, wenn ihre Führer sich von höherer Intuition leiten lassen.

Der Satz *novus ordo seclorum* von Vergil bedeutet »Eine neue Ordnung der Zeitalter ist geboren« und sagt aus, daß es sich bei diesem Ereignis nicht nur um die Gründung einer weiteren neuen Nation handelt, sondern um eine neue, auf spirituellen Prinzipien basierende Weltordnung. Das Unterfangen wird mit Zuversicht begonnen, denn *annuit cœptis,* »Er (Gott) schaut voll Gunst auf unsere Unternehmung«.

Die Vorderseite des Siegels wird von dem Vogel beherrscht, der jetzt zu einem Adler geworden ist, in früheren Versionen aber ein Phoenix war, das alte Symbol des menschlichen Strebens nach dem universalen Guten, der Wiedergeburt durch Erleuchtung und der Erlangung eines höheren Bewußtseins. Ölzweig und Pfeile in den Krallen des Phoenix verkünden, daß die neue Ordnung den Frieden begehrt, sich aber sehr wohl gegen jene, die ihn zerstören wollen, zu schützen wissen wird.

E pluribus unum, »Einheit aus Vielheit« bezieht sich auf die aus einzelnen Staaten bestehende Nation; vermutlich auch auf eine höhere Einheit. Die sternengeschmückte Gloriole über dem Kopf des Vogels symbolisiert traditionell die kosmische Vision.

Die »große Entthronung« der Religion durch die M-1-orientierte Wissenschaft, die sich über ein Jahrhundert hinweg bis in die sechziger Jahre unseres Jahrhunderts erstreckte, forderte ihren Tribut auch von den Werten, auf die sich das große amerikanische Demokratieexperiment gründete. Anfang der siebziger Jahre war dann die vorherrschende Stimmung die, daß man den Symbolen keine Bedeutung mehr beimaß und den darin zum Ausdruck kommenden Zielen mit Zynismus begegnete. Die Wirkung dieser Symbole auf die kollektive Psyche ist jedoch so machtvoll, daß die amerikanische Nation, will sie ihre frühere Position als moralisches Vorbild für die Welt wieder einnehmen, ihr das nur durch auf diesen Symbolen und Bedeutungen aufbauende Bemühungen gelingen wird oder gar nicht.

Die Vorhut: Ein Beispiel

Wir haben bereits darauf hingewiesen, daß man davon ausgehen kann (so paradox das auch klingt), daß die Wirtschafts- und Geschäftswelt, einerseits ganz und gar ein Produkt des Paradigmas westlich industrieller Prägung, zugleich aber einer der ersten Sektoren sein wird, der sich dem Neuen anpaßt – zunächst durch das Übernehmen einiger Slogans, Lebensstile und oberflächlicher Werte, um am Ende jedoch transformiert zu werden durch dieses Neue. Die ersten Anzeichen dafür sind bereits in der Unternehmensentwicklung und in der Entwicklung im Management sichtbar. Es lohnt sich, ein Beispiel herauszugreifen.

Larry Wilson ist ein vielfach erfolgreicher Unternehmer, der vor einiger Zeit die *Wilson Learning Corporation* (Wilsonsche Lernvereinigung) gegründet hat, die Kurse in Verkaufstraining, Verwaltung, Management und Unternehmensführung anbietet. Er ist Gründer und Leiter des *Pecos River Learning Center* (Pecos River Lernzentrum) mit Sitz auf einer 200 Morgen großen Ranch im Nordosten Neu-Mexikos, dessen Ziel es ist, den Topmanagern von morgen eine anspruchsvolle Fortbildung zu bieten. Die Klienten des Institutes stammen aus den grundrealistisch orientierten Führungsebenen großer und größter Konzerne.

Wilson ist davon überzeugt, daß neue Zeiten für das Topmanagement anbrechen. Die meisten der Leute, die seine Workshops besuchen, sind der gleichen Meinung. Was sie dort lernen, stößt auf Interesse, und zwar nicht nur, weil es auf neue Merkmale der Wirtschaftswelt hindeutet, sondern auch, weil es die Essenz der wichtigsten Einsichten der geistigen Avantgarde unserer Kultur beinhaltet.

Die folgenden vier »Lernpunkte«, so sagt Wilson, sind der Schlüssel zu erfolgreicher Unternehmungsführung (und zu einem erfolgreichen Leben) in diesem neuen Zeitalter. Es ist hilfreich, sie als Beispiele für jene Art von Verständnis zu betrachten, das vom Standpunkt der M-3-Annahmen aus gesehen ganz offensichtlich Sinn ergibt, durch die M-1-Brille betrachtet aber bestenfalls höchst dubios erschienen wäre.

Angst und Vertrauen

Angst und die Unfähigkeit zu vertrauen sind zwei der wichtigsten Faktoren, durch die sich Manager (und wir alle) Grenzen setzen. Die Angst vor Kritik, davor, sich lächerlich zu machen oder zu versagen, hindert uns daran, unsere Fähigkeiten voll zu nutzen – und dies in weit größerem Maße, als es auf den ersten Blick scheint. Weil wir kein Vertrauen haben, versuchen wir, Dinge allein zu tun, die man allein nicht schaffen kann. Das Wichtigste, was wir über Angst und Vertrauen lernen müssen, ist, daß beides eine von uns getroffene *Wahl* ist – eine unbewußte, aber dennoch eine Wahl. Das bedeutet aber, daß wir Vertrauen statt Angst *wählen* können.

Eine gute Methode, etwas über Furcht und Vertrauen zu lernen, ist das Erleben. Mit Angst kann man sich beispielsweise auseinandersetzen, indem man versucht, einen Felsen zu erklettern oder in großer Höhe irgendeine Aufgabe zu erledigen (natürlich abgesichert), so daß man mit der Notwendigkeit konfrontiert ist, seiner Angst ums (scheinbar) riskierte eigene Leben ins Gesicht zu sehen. Vertrauen lernt man bei Gruppenaktivitäten, wo das Ziel nicht ohne das Aufeinander-angewiesen-sein erreicht werden kann. (Bei einer dieser Übungen läßt Wilson die Gruppe eine fast sechs Meter hohe Mauer ohne irgendwelche Hilfsmittel überwinden. Um das zu schaffen, müssen alle eine Menschenpyramide bilden, damit die erste Person auf die Mauer gelangt, – und schließlich eine Menschenkette, um auch den letzten hinüberzuziehen. Die Lektion über die Notwendigkeit von Vertrauen und Zusammenarbeit wird hier auf der tiefsten Erlebnisebene erfahren.)

Ein weiterer sehr effektiver Ansatz, um sich mit Angst und Vertrauen auseinanderzusetzen, sind Affirmationen wie etwa die folgenden: Es ist nichts im Universum, vor dem ich mich fürchten müßte. Ich kann vertrauen. Ich kann meiner eigenen Wahrnehmung trauen (auch wenn meine Kultur lehrt, daß im Unterbewußtsein schreckliche und unheilvolle Dinge lauern, denen ich mich nicht ohne den Beistand eines Psychiaters nähern sollte.) Ich kann anderen Menschen vertrauen (obwohl das Leben offenbar viele gegenteilige Beweise liefert). Ich kann darauf vertrauen, daß das Universum für meine Bedürfnisse sorgt. (Vielleicht erinnern wir uns auch an den Rat: »Sorget nicht ... Schauet die Lilien auf dem Felde, wie sie wachsen: sie arbeiten nicht, auch spinnen sie nicht. Ich sage euch, daß auch Salomo in aller seiner Herrlichkeit nicht bekleidet gewesen ist wie derselben eine ... Darum sorget nicht für den andern Morgen ...«)

Mir zu bekräftigen, »Ich habe keine Angst« oder »Ich vertraue« ist in gewissem Sinne eine Lüge mir selbst gegenüber – so wie der Athlet sich selbst belügt, wenn er sich sagt, »Ich schaffe es locker, die auf 2,40 Meter gesetzte Latte zu überspringen«, und dabei genau weiß, daß er noch nie in seinem Leben so hoch gesprungen ist. Tatsache ist jedoch, daß er sich selbst programmiert, genau das zu erreichen. Ähnlich programmiert man über den Affirmationsprozeß das Selbst, die Welt anders wahrzunehmen, indem man sich bekräftigt, daß man keine Angst hat und völlig vertraut – und dann *erlebt* man die Welt tatsächlich anders. (Denken wir an den Feuerlauf, wo die vorübergehende Ausschaltung des Glaubens, daß »glühende Kohlen nackte Fußsohlen verbrennen«, tatsächlich immun macht.)

Sinn und Zweck

Der zweite Lernpunkt ist, daß jeder von uns tief in sich selbst ein Wissen um den Sinn seines Lebens entdecken kann – ein Wissen darum, warum er hier ist. Unser Leben nach diesem Sinn auszurichten heißt, dem »Geheimnis des Lebens« am nächsten zu kommen. Eine Organisation mit dem Ziel zu gründen und aufzubauen, jedem einzelnen bei der Suche nach diesem tiefen Gefühl für Sinn und einem Handeln aus diesem Sinn heraus behilflich zu sein, bedeutet eine nie versiegende Quelle der Motivation.

Und doch empfinden wir große Widerstände gegen eine solche innere Ausrichtung. Nach dem Grund brauchen wir nicht lange zu suchen: Als Ziel die Ausrichtung seiner Wünsche auf diesen tiefen inneren Sinn zu wählen bedeutet auch, *keine anderen Ziele zu haben*. Keine anderen Ziele, keine Ambitionen, Pläne, Hoffnungen, Ideale, Wünsche, Vorlieben, Neigungen, Moralvorstellungen, keinen Ruf oder Tugendhaftigkeit, Verläßlichkeit oder Verständigkeit, keine rationalen Analysen oder bevorzugte Handlungsweisen – nichts von alledem. (Wir erkennen hier die bereits vertraute Betonung östlicher Traditionen auf »Nicht-Verhaftetsein« wieder oder in der christlichen Tradition die Betonung des Gedankens, »alles zu verlieren, um alles zu gewinnen«.) Das Ego sträubt sich, es fühlt sich in seiner Herrschaft bedroht.

Wieder können wir hier die Kraft von Affirmation und innerem Bilderleben zur »Umprogrammierung« nutzen. Eine Affirmation wie »Ich habe keinen anderen Wunsch, als mein tiefstes inneres Selbst zu kennen und ihm zu folgen«, die wir mehrmals täglich über Monate hinweg wiederholen und bei der wir uns lebhaft vorstellen, daß sie wahr ist, wird verblüffende Veränderungen hervorrufen.

Eine Vision schaffen

Das Gefühl für Sinn ist nicht spezifisch genug, um eine Basis für Handeln zu bilden. Eine Vision muß geschaffen werden. Ohne darüber nachzudenken, tun wir dies ständig. Mehr als einmal ist diese Vision uns gar nicht zuträglich – wie beispielsweise die Vorstellung »Ich habe Angst, daß ich versagen könnte« oder »Ich bemühe mich sehr, es zu erreichen« (womit man sich selbst signalisiert, daß es schwierig ist).

Sobald die Vision erzeugt wurde und man sich ihr ausliefert, sind die Faktoren und Kräfte, die ihre Verwirklichung herbeiführen, bereits in Gang gesetzt. »Zufälle«, »glückliche Eingebungen« und »der richtige Riecher« werden sicher eine Rolle dabei spielen. Das Eintreffen der Vision geschieht auf eine Art, die mysteriöserweise irgendwie nach mehr aussieht als geplanten Schritten plus Einwirken des Zufalls. Anstrengung ist unnötig – denn sie ist nichts anderes als der innere Kampf zwischen bestimmten Konditionierungen und der Tiefenintuition.

Je lebendiger und ausdauernder man die Vision in sich wachruft, desto wahrscheinlicher ist es, daß sie Wirklichkeit wird. Wenn es sich um die kollektive Vision einer Gruppe oder Organisation handelt, ist dies sogar noch machtvoller. Daraus folgt, daß wahre Führung darin besteht, der Gruppe beim Schaffen einer Vision zu helfen, die so weit wie möglich im Einklang mit dem persönlich empfundenen Lebenssinn des einzelnen ist; eine auf diese Weise gesicherte Eigenmotivation macht die äußeren Mittel von Zuckerbrot und Peitsche überflüssig. Ein effektiv arbeitendes Management sucht das gemeinsame Engagement für eine Zukunftsvision zu stärken und auf allen Unternehmensebenen in dem einzelnen einen hohen Grad an einheitlichem Streben nach dieser Vision zu entwickeln.

Das gleiche trifft auch auf den Bereich fundamentaler gesellschaftlicher Veränderung zu. Der entscheidende Punkt beim Bewirken einer Veränderung ist es, negative Visionen, zu denen wir unwissentlich selbst beigetragen haben, zu meiden und eine Vision zu wählen, die unserem eigenen inneren Gefühl von Sinn und Zweck entspricht wie auch dem unserer Mitmenschen.

Handeln mit Feedback

Eine Vision zu haben ist die Grundlage für das Handeln, und Handeln ist das Wesentliche. Weil jedoch niemand genau sagen kann, welche Handlung nun gerade zur Verwirklichung des Zieles die richtige ist, kann jede unserer Handlungen natürlich auch am Ziel vorbeigehen. Der Kern der vierten Lehre ist daher, *alles* was passiert – Erfolg oder Mißerfolg, Glück oder Pech, Widerstand oder unerwartete Hilfe – als *Feedback* zu betrachten, das uns zeigt, wie angemessen die Handlung war.

Auf diese Weise ist man innerlich unabhängig von einem bestimmten Ergebnis. Es ist unwichtig, ob durch die Handlung das angestrebte Ziel erreicht wird. Es ist unwichtig, ob die Handlung Widerstand hervorruft, auf Hindernisse stößt oder mit einem Fehlschlag endet. Es ist sogar unwichtig, ob das Ziel sich letztlich gar nicht als das herausstellt, was wir *eigentlich* wollen. Nur eines ist von Bedeutung – die innere Entscheidung, dem tiefen Gefühl von Sinnhaftigkeit zu folgen und alles andere als Feedback eines freundlich gesonnenen Universums zu betrachten.

Wenn uns diese Lebenseinstellung mehr und mehr zur Gewohnheit wird und wir auf unser Leben zurückschauen, so entdecken wir viel deutlicher ein Muster darin, als wir es zur jeweiligen Zeit vermochten. Vergangene Entscheidungen wurden irgendwie so getroffen, daß unser gegenwärtiges Wissen und Verstehen dadurch wachsen konnte, selbst wenn wir uns dessen zu der Zeit nicht bewußt waren. Wir haben nach und nach Fähigkeiten entwickelt und Wissen erworben, die wir für *die* Aufgaben einsetzen können, zu denen uns unsere inneren Neigungen jetzt führen. Äußerlich ist unser Leben das gleiche wie zuvor; die Erleuchtung hat nicht dazu geführt, nun unbedingt weiße Gewänder anzulegen, Anhänger um sich zu sammeln und Tempel zu bauen. Das Leben ist so wie es vorher war – mit einem grundlegenden Unterschied: Man könnte ihn charakterisieren als tiefes, stilles Wissen und tiefe Freude. Dieser Freude können weder Unbilden noch scheinbare Fehlschläge, weder Widerstand noch Kritik etwas anhaben – denn auch sie werden als Feedbacksignale akzeptiert, die uns mehr und mehr auf den Weg bringen, den wir uns aus tiefster innerer Seele wünschen.

Da der Geist jedes einzelnen mit dem universalen Geist in Verbindung steht, können wir gewiß sein, daß die Aufgaben, zu denen wir hingeführt werden, auch tatsächlich dazu beitragen werden, das grundlegende Übel der Welt – wovon Hunger, Armut, Krankheit, Seuchen und Krieg alle ein Teil sind – zu verringern. Wir brauchen nicht zu befürchten, daß wir, indem wir unsere wahren Belange verfolgen, nicht auch in bestmöglicher Weise zur Verwirklichung der wahren Belange anderer beitragen würden.

Schlußgedanken

Wir haben diese vier »Lernpunkte« ans Ende gesetzt, weil es wohl kaum eine treffendere Zusammenfassung dafür gibt, wie das Leben aussieht, wenn man es auf einer M-3-Metaphysik aufbaut. Schon in kurzen, zufälligen Gesprächen zeigt sich oft, daß die Zahl derer, die ihr Leben dahingehend ausrichten, zunimmt. Die Sinn- und Wertekrise der sechziger Jahre findet so, auf ganz stille Weise, ihr Ende. Was früher ein Konflikt zwischen Wissenschaft und Religion schien, wird nun durch eine ganz simple Bemerkung behoben: Es gibt keinen Konflikt zwischen der »Ewigen Weisheit« der spirituellen Traditionen der Welt und einer auf M-3 basierenden Wissenschaft. Die Zahl der Wissenschaftler, die ihr Wissenschaftsgebiet mit den M-3-Annahmen in Einklang bringen, ist klein, aber stetig wachsend. Als Wegbereiter auftretende Institutionen, wie einige kleinere Unternehmenszusammenschlüsse, wählen gemeinsame Zielsetzungen, verfolgen eine gemeinsame Personalpolitik und fördern eine Unternehmensführung im Sinne ebendieser M-3-Annahmen. All das sind Anzeichen dafür, daß der globale Bewußtseinswandel schon ein gutes Stück vorangekommen ist.

Niemand von uns begreift noch so recht das Ausmaß dessen, was zweifellos stimmt: *Wenn* die der modernen Gesellschaft zugrundeliegenden Annahmen sich wirklich in der Art und Weise verändern, wie wir vermuten, so folgt daraus, daß *die Gesellschaft sich schon innerhalb weniger Generationen so stark von der modernen Industriegesellschaft unterscheiden wird, wie sich diese von der Gesellschaft des Mittelalters unterscheidet. Sie wird zudem noch andere Unterschiede aufweisen, Unterschiede, die wir heute nur vage vorausahnen können, so wie es wohl auch einem Zukunftsforscher der Renaissancezeit schwergefallen wäre, unsere moderne Gesellschaft zu beschreiben.*

Einen Vorteil *haben* wir indes gegenüber jeder anderen Geschichtsepoche: Als andere tiefgreifende Umwälzungen stattfanden, waren sich die Menschen, die sie erlebten, zumeist nicht der historischen Bedeutung bewußt, sondern nur der Schmerzen und Schwierigkeiten, die mit dem Übergang einhergingen. Wir haben das Glück, nicht nur miterleben zu dürfen, wie sich in einer einzigen Lebensspanne ein großer Wandel vollzieht, sondern auch über genügend Kenntnisse zu verfügen, um uns ein klares Bild von den Vorgängen machen zu können. Unsere Rolle dabei kann sehr spannend sein und Freude machen. Wenn wir die Wahl haben – warum sollen wir es dann nicht auf diese Weise betrachten?

Über den Autor

Willis Harman ist Leiter des *Institute of Noetic Sciences* in Sausalito, Kalifornien. Das Institut ist eine gemeinnützige Forschungs- und Bildungseinrichtung und wurde im Jahr 1973 gegründet. Sein Ziel ist, das Wissen über Natur und Potential des menschlichen Geistes zu erweitern und dieses Wissen zur Verbesserung von Gesundheit und Wohlergehen der Menschheit und unseres Planeten einzusetzen.

Bevor Willis Harman die Arbeit an diesem Institut aufnahm, arbeitete er sechzehn Jahre als leitender Sozialwissenschaftler am *SRI International* (Internationales Wissenschaftliches Forschungsinstitut) in Menlo Park, Kalifornien. Er initiierte ein Zukunftsforschungsprogramm, das sich mit der Zukunft Amerikas und der Welt beschäftigt. In dieser Funktion arbeitete er an langfristigen strategischen Planungen und politischen Analysen für eine Vielzahl von Konzernen, staatlichen Stellen und internationalen Organisationen.

Willis Harman ist darüber hinaus emeritierter Professor für technisch-wirtschaftliche Systeme an der *Stanford University* und Mitglied des Verwaltungsrates an der *University of California*.

Er ist Bakkalaureus der Naturwissenschaften für Elektrotechnik (*University of Washington*, 1939) und hat den Magister der Naturwissenschaften in Physik sowie den Doktor in Elektrotechnik (*Stanford University*, 1948). Er war mehrere Jahre lang Dozent an der *University of Florida,* bevor er 1952 an die *Stanford University* überwechselte. 1959 war er Fulbright-Dozent für statistische Kommunikationstheorie an der Universität Kopenhagen. Während des Zweiten Weltkrieges war er als Reserveoffizier in der US-Marine im Einsatz.

Während der sechziger Jahre wirkte Dr. Harman in der neugegründeten Vereinigung für Humanistische Psychologie als Vorstandsmitglied und als Redakteur für das *Journal of Humanistic Psychology.* Von 1973–1977 war er Mitglied eines beratenden Gremiums im US-Handelsministerium.

Dr. Harman ist Autor zahlreicher Texte und Aufsätze in den

Bereichen Elektro- und Systemtechnik, Zukunftsforschung, Sozialpolitik und -analyse, und hat Arbeiten über den gegenwärtigen gesellschaftlichen Wandel veröffentlicht. Im Nachschlagewerk der *World Future Society* (Vereinigung für die Zukunft der Welt) *The Study of the Future* (1977) wurde er als »beispielhafter Futurologe« aufgeführt. Er ist Autor des Buches *An Incomplete Guide to the Future* (W. W. Norton, 1979) und Mitautor von *Changing Images of Man* (mit O. W. Markley, Pergamon, 1982), *Higher Creativity* (mit Howard Rheingold, Jeremy Tarcher, 1984) (dt.: Die Kunst, kreativ zu sein; Scherz Verlag 1987) und *Paths to Peace* (mit Richard Smoke, Westview Press, 1987).

Das Institute of Noetic Sciences

Das Institute of Noetic Sciences wurde 1973 mit dem Ziel gegründet, sich der Forschung, dem Dialog und der Kommunikation von Themen zu widmen, die den Geist und das Bewußtsein des Menschen zum Inhalt haben, wie auch die Rolle, die diese in der weiteren Evolution der Menschheit spielen.

Die Hauptforschungsprogramme sind folgende:

Interne Mechanismen des Heilungsprozesses

Eine wissenschaftliche Basis für das Verständnis der Beziehung zwischen Körper und Geist zu schaffen, ist immer eines der Hauptziele des Instituts gewesen. Im Anfangsstadium konzentrierte sich die Arbeit darauf, die Bedeutsamkeit der Verbindung zwischen Körper und Geist mit Hilfe alternativ arbeitender Heilpraktiker zu verifizieren. Gegenwärtig führt das Institut ein Forschungsprogramm durch, das sich mit den Mechanismen befaßt, die den Heilungsvorgang in Gang bringen. Welche inneren Prozesse sind es, die Genesung und natürliche Selbstheilung anregen? Gibt es ein unbekanntes Heilungssystem, das bei normalerweise tödlichen Krankheiten zur Besserung führt? Das *Inner Mechanisms Program* (Programm zur Untersuchung innerer Mechanismen) unterstützt hierbei Vorschläge ausgewählter einzelner Forscher und gezielte interdisziplinäre Arbeitskonferenzen über Heilungsmechanismen.

Das Programm umfaßt folgende Bereiche:

Psychoneuroimmunologie

Welches sind die Verbindungssysteme zwischen Geist, Gehirn und Immunsystem? Können diese Bindeglieder den Selbstheilungsprozeß in entscheidendem Maße beeinflussen?

Spontane Remission

Welche Beweise gibt es für die Existenz spontaner Heilungen? Welche Krankheiten sind für Spontanheilungen besonders »geeignet«? Welche Menschen erleben eine solch spontane Besserung und warum? Das Institut hat die größte medizinische Datenbank für Spontanbesserung angelegt und wird bald damit beginnen, in den Vereinigten Staaten die bekannten Fälle von Spontanbesserung zu untersuchen.

Spirituelle Heilung

Welchen Einfluß haben Gebet, Meditation und Glaube auf Heilungsprozesse? Verläuft spirituell herbeigeführte Heilung über noch machtvollere Bahnen als die der Besserung? Was ist die Psychophysiologie von »Wunder«-Heilungen?

Bewußt-Sein im Wandel

Es gibt viele Anzeichen für einen grundlegenden Bewußtseinswandel auf der ganzen Welt, ausgelöst durch einen Komplex miteinander verwobener weltweiter Probleme und sich weiterentwickelnd durch die Vision einer weltweiten positiven Zukunft. Obwohl das Wesen dieses Wandlungsprozesses noch nicht voll zum Ausdruck gekommen ist, enthält er auf jeden Fall eine Neubewertung unseres wissenschaftlichen Verständnisses, was die Bereiche des menschlichen Geistes und der menschlichen Seele betrifft; ferner unserer ökologischen Beziehung zu diesem Planeten, der Sicherstellung von Frieden und allgemeiner Sicherheit und der Rolle der Wirtschaftswelt bei der Schaffung einer sinnvollen und gangbaren Zukunft.

Das Institut arbeitet mit zahlreichen anderen Organisationen zusammen, um auf verschiedenste Art und Weise dazu beizutragen, daß dieser Wandel möglichst sanft und ohne allzu große Erschütterungen vonstatten gehen kann. Einer der kritischsten Bereiche ist die Verwirklichung des Weltfriedens. Die Aktivitäten auf diesem Gebiet schließen unter anderem die Beteiligung an einem internationalen Projekt über alternative Sicherheitsmethoden mit ein, die Förderung einer positiven Einstellung zur Realisierbarkeit des Friedens sowie Reisen in die Sowjetunion und andere Länder, mit Möglichkeit zu Kulturaustauschgesprächen und »Bürgerdiplomatie«. Außerdem hat das Institut ein *Friedenspaket* erstellt, zu dem auch eine Broschüre von Willis Harman mit dem Titel *How to Think About Peace* gehört. Es ist über das Institut zu beziehen.

Außergewöhnliche Fähigkeiten
Welches sind die inneren und äußeren Grenzen menschlicher Fähigkeiten? Ist jeder von uns zu außergewöhnlichen Leistungen fähig, und wenn ja, wie erreichen wir sie? Wie kann man außergewöhnliche Fähigkeiten trainieren, und wie sind sie dann im Lichte des neueren Wissens zu sehen? Antworten auf diese Frage könnten zur Definition einer neuen, lebendigen Vision menschlicher Möglichkeiten beitragen und das Engagement für positive Ziele des einzelnen und der Gesellschaft erneuern.

Die Palette außergewöhnlicher Fähigkeiten reicht von *normalen, aber hochgradig entwickelten Fähigkeiten* wie Blitzrechnen oder einem fotografischen Gedächtnis bis hin zu *anomalen und paranormalen Fähigkeiten* wie Hellsehen oder Fernheilung. Dazu gehören auch außergewöhnliche Leistungen, wie sie sich beispielsweise in schöpferischer Genialität manifestierten oder die Entwicklung großartiger Charakterzüge wie *schöpferischer Altruismus* oder *außergewöhnliche Einflußnahme auf das Körpersystem* wie Spontanbesserung und ungewöhnlich hohe willentliche Kontrolle der Geistes- und Körperfunktionen. Durch diese Fähigkeiten werden sowohl die gängigen wissenschaftlichen Konzepte darüber, wie der Mensch funktioniert, in Frage gestellt, als auch die individuelle Vorstellung davon, was ein Mensch zu erreichen und zu leisten vermag. Eine bessere Erforschung und Ausbildung solch außergewöhnlicher Fähigkeiten könnte weitreichende Folgen sowohl für Wissenschaft, Geschäftsleben, Erziehung und Sport als auch für Gesundheit und Wohlergehen des einzelnen haben. Das Institut ist gerade dabei, eine Forschungsagenda aufzustellen, und unterstützt bereits ausgewählte Forschungsprojekte über außergewöhnliche menschliche Leistungen.

Der altruistische Geist
ist ein Hauptbereich des Programms »Außergewöhnliche Fähigkeiten«. Im Rahmen dieses Programms fördert das Institut multidisziplinäre Forschung mit zwei Fragestellungen: Was ist und wie universal ist unsere Fähigkeit zu selbstloser Liebe und schöpferisch-altruistischem Verhalten? Und: Welche inneren und äußeren Bedingungen fördern die Entfaltung inhärenter altruistischer Neigungen zu dauerhaften Charaktermerkmalen? Moralisches Bewußtsein gehört mit zu den

Forschungsthemen. Mit dem jährlich vom *Institute of Noetic Sciences* verliehenen *Temple*-Preis werden ein oder mehrere beispielhafte Vertreter des altruistischen Geistes geehrt – des unbesiegbaren Lichts der Liebe im Herzen der Menschheit.

Die Pionierarbeit des Instituts auf dem Feld der Forschung, Vermittlung und Vernetzung wird fast ausschließlich durch Spenden der Mitglieder und anderer privater Quellen finanziert. Als gemeinnützige Organisation steht das *Institute of Noetic Sciences* jedem zur Mitgliedschaft offen.

Die Mitglieder werden über neueste Entwicklung in den neuen Hauptforschungsbereichen auf dem laufenden gehalten. Sie erhalten eine regelmäßige Publikation, die faszinierende Einblicke in die Arbeit führender Forscher gibt und ausführliche Artikel über aktuelle Aspekte der Bewußtseinsforschung, Vorschauen auf kommende Konferenzen, Präsentationen und Vortragsreihen enthält, einen Überblick über neueste Veröffentlichungen auf diesem Gebiet gibt, sowie die Möglichkeit bietet, Bücher und Kassetten zu ermäßigten Preisen direkt vom Institut zu beziehen.

Mitglieder aus aller Welt haben sich zur gemeinsamen Unterstützung eines Forschungsprojektes zusammengetan, dessen Ziel es ist, die Qualität unseres Lebens durch ein wachsendes Verständnis der Zusammenhänge zu erhöhen. Informationen dazu sind unter folgender Adresse erhältlich:

The Institute of Noetic Sciences
475 Gate Five Road, Suite 300,
P. O. Box 97
Sausalito, CA 94966-0097
(415) 331-5650

Bibliographie

John Adams (Hrsg.): *Transforming Work,* Miles River Press, 1984

Henri Bergson: *Denken und schöpferisches Werden,* Frankfurt/M., 1985 (Syndikat TB 50 EVA)

Morris Berman: *Die Wiederverzauberung der Welt,* Reinbek, 1985 (Rowohlt Transformation TB 7941)

David Bohm: *Die implizite Ordnung: Grundlagen eines dynamischen Holismus,* München, 1987 (Goldmann New Age TB 14036)

John Briggs und David Peat: *Looking Glass Universe, The Emerging Science of Wholeness,* Simon and Schuster, 1984

Fritjof Capra: *Wendezeit,* München, 1988 (Knaur TB 3897)

Alex Comfort: *Reality and Empathy. Physics, Mind, and Science in the 21st Century,* SUNY, 1984

Bill Devall und George Sessions: *Deep Ecology. Living as if Nature mattered,* Peregrine Smith, 1985

Riane Eisler: *The Chalice and the Blade,* Viking, 1987

Marilyn Ferguson: *Die sanfte Verschwörung. Persönliche und gesellschaftliche Transformation im Zeitalter des Wassermanns,* Basel, 1982 (Sphinx) und Knaur Esoterik 4123

Philip Goldberg: *Die Kraft der Intuition,* München, 1985 (Scherz) und Reinbek, 1988 (rororo 8456)

Willis Harman und Howard Rheingold: *Die Kunst kreativ zu sein. Wie wir unser Unterbewußtes aktivieren können, um unseren schöpferischen Fähigkeiten zum Durchbruch zu verhelfen,* München, 1987 (Scherz)

Edward Harrison: *Masks of the Universe,* Macmillan, 1985

Robert Hutchins: *The Learning Society* Praeger, 1968

Aldous Huxley: *Die ewige Philosophie,* München, 1987 (Piper 563)

Arthur Koestler: *Das neue Menschenbild,* Wien-München-Zürich, 1970 (Molden)

Thomas Kuhn, *Die Struktur wissenschaftlicher Revolutionen,* Frankfurt/M. 1973 (Suhrkamp TB 25)

James E. Lovelock: *Gaia. A New Look at Life on Earth,* Oxford University Press, 1979

Abraham Maslow: *Psychologie des Seins,* München, 1973 (Kindler) und Frankfurt/M., 1988 (Fischer TB 42195)

Robert Muller: *Die Neuerschaffung der Welt, Auf dem Weg zu einer globalen Spiritualität,* München, 1985 (Goldmann New Age TB 14019)

Lewis Mumford: *The Transformations of Man,* Harper Brothers, 1956

Jacob Needleman: *A Sense of the Cosmos,* E. P. Dutton, 1976

Perry Pascarella: *The New Achievers,* Free Press, 1984

F. David Peat: *Synchronizität. Die verborgene Ordnung,* München 1989 (Scherz).

Kenneth Pelletier: *A New Age, Problems and Potentials,* Robert Briggs Associates, 1985
Michael Polanyi: *Implizites Wissen,* Frankfurt 1985 (Suhrkamp Wissenschaft TB 543)
Karl Popper und John Eccles: *Das Ich und sein Gehirn,* München, 1987 (Piper)
Milton Rokeach: *The Open and the Closed Mind,* Basic Books, 1960
Theodore Roszak: *Mensch und Erde auf dem Weg zur Einheit. Ein Manifest,* Reinbek 1986 (rororo 7998)
E. F. Schumacher: *Die Rückkehr zum menschlichen Maß,* Reinbek 1977 (rororo 5539)
Rupert Sheldrake: *Das schöpferische Universum,* München, 1985, (Goldmann New Age TB 14014)
Pitirim Sorokin: *Die Krise unserer Zeit,* Frankfurt/M., 1950 (Henrich)
Roger Sperry: »Changing Priorities« in: *Annual Review of Neuroscience* (1981), vol. 4, S. 1–15
ders.: »Structure and Significance of the Consciousness Revolution« in: *Jour. Mind and Behavior,* Winter 1987, vol. 8, Nr. 1, S. 37–66
Brian Swimme: *The Universe is a Green Dragon,* Bear & Company, Inc., 1984
Charles Tart: *Wach sein, bewußt leben,* München 1988 (Scherz)
Pierre Teilhard de Chardin: *Der Mensch im Kosmos,* München, 1988 (dtv 1732)
Robert Theobald: *The Rapids of Change, Social Entrepreneurship in Turbulent Times,* Knowledge Systems, Inc., 1987
Alvin Toffler: *Die dritte Welle,* München 1987 (Goldmann New Age TB 14030)
Arnold Toynbee: *Der Gang der Weltgeschichte. Aufstieg und Verfall der Kulturen. Kulturen im Übergang,* Zürich, 1979 (Europaverlag)
Die Charta der Vereinten Nationen, München, 1979 (Beck)
Renée Weber: *Wissenschaftler und Weise. Gespräche über die Einheit des Seins,* Grafing, 1987 (Aquamarin)
Ken Wilber: *Die drei Augen der Erkenntnis. Auf dem Weg zu einem neuen Weltbild,* München, 1988 (Kösel)
Ken Wilber (Hg.): *Quantum Questions. Mystical Writings of the World's Great Physicists,* Shambhala, 1984

Reiner Frei

Wie Erde und Wind

Gedanken und Zeichen zur Wirklichkeit

144 Seiten mit 60 Kalligraphien; kart. ISBN 3-7626-9500-8

Befreit vom Ballast eines kaum zugänglichen Erbes erschließen sich Kraft und Schönheit des Zengeistes. *Wie Erde und Wind* ist ein Begleiter, der immer wieder dazu einlädt, sich in die Stille zu versenken und so Kraft zu schöpfen, um den Zengeist im Alltag zu leben.

Andreas Giger

Was bleibt vom New Age?

180 Seiten; kart. ISBN 3-7626-9507-5

Hier werden Hinweise dafür geliefert, was von der New Age-Bewegung es wert ist, weiter entwickelt zu werden. *Was bleibt vom New Age?* richtet sich an alle, die im New Age ein Angebot von Ideen sehen, die auf dem Weg der persönlichen und gesellschaftlichen Entwicklung weitertragen können.

Rainer Langhans

Geschichten von der wahren Liebe

157 Seiten; kart. ISBN 3-7626-9506-7

Dies sind Geschichten von der Liebe hinter der Liebe – der wahren Liebe im weltlichen Gewand. Manche erinnern an Fabeln, andere sprechen die Sprache der Märchen; aber immer ist die Symbolsprache verständlich.

Ralph Metzner

Hineingehen

Wegmarken für die Transformation

299 Seiten; kart. ISBN 3-7626-9501-4

»Alle, die als Wegweiser auf dem evolutionären Pfad gedient haben, fanden diese Bilder und Symbole unverzichtbar für die Beschreibung ihrer Erfahrung, für das Katalysieren von Transformation.« Ralph Metzner.

Das Buch ist eine Einladung dazu, immer weiter in die eigene Mitte hineinzugehen – im Vertrauen darauf, daß dieser Prozeß zu einem erfüllteren, bewußteren Leben führt.

Edition Phönix im Verlag Hermann Bauer

Edition Phönix im Verlag Hermann Bauer

Rickie Moore

Die Göttin in dir

Sieben Stufen zum inneren Frieden

184 Seiten; kart. ISBN 3-7626-9503-2

Rickie Moore erzählt den Weg ihrer Lebensreise. Sie zeigt dabei, daß jeder selbst verantwortlich ist für den Frieden in sich und in seiner Umgebung. Es macht Mut, diesen Weg trotz aller Stolpersteine immer wieder in Angriff zu nehmen und sich selbst zu entdecken.

Starhawk

Sex und Magie für eine erfülltere Welt

259 Seiten; kart. ISBN 3-7626-9502-4

Thema dieses Buches ist die Vereinigung der spirituellen und der politischen Dimension in einem Raum, in dem die Trennung zwischen beiden aufgehoben ist. Starhawks Buch ist ein engagiertes Plädoyer dafür, die getrennten Enden neu zu verknüpfen. Es lädt dazu ein, tief hinabzutauchen zu den Quellen persönlicher Kraft, die wilden, dunklen, magischen Kräfte der Göttin enthalten.

Gregory Szanto

Die Hochzeit von Himmel und Erde

Eine Philosophie des Wassermann-Zeitalters

218 Seiten; kart. ISBN 3-7626-9504-0

Die Hochzeit von Himmel und Erde ist eine Einladung dazu, die Vereinigung der spirituellen und materiellen Ebene bewußt herbeizuführen und dabei die Fähigkeiten des eigenen Geistes nicht zu vergessen: das Nachdenken. Darum: Eine Philosophie des Wassermann-Zeitalters.

John White (Hrsg.)

Was ist Erleuchtung?

335 Seiten; kart. ISBN 3-7626-9505-9

John White hat Beiträge angesehener spiritueller Lehrer der Welt ausgewählt. Jeder dieser Lehrer gibt dabei aufgrund seiner Erfahrungen und Studien Antwort auf die Frage: »Was ist Erleuchtung?« und hilft, ihr Wesen zu verdeutlichen.

Edition Phönix im Verlag Hermann Bauer

esotera

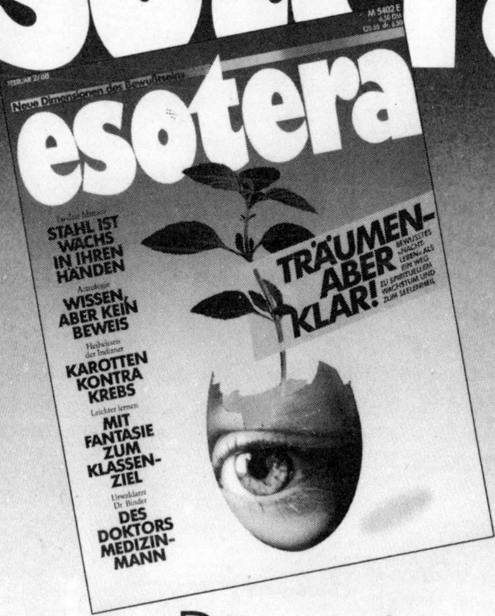

Die neuen Dimensionen des Bewußtseins

esotera
seit vier Jahrzehnten das führende Magazin für Esoterik und Grenzwissenschaften in Europa:
Jeden Monat auf 100 Seiten aktuelle Reportagen, Hintergrundberichte und Interviews über
Neues Denken und Handeln
Der Wertewandel zu einem erfüllteren, sinnvollen Leben in einer neuen Zeit.
Esoterische Lebenshilfen
Uralte und hochmoderne Methoden, sich von innen heraus grundlegend positiv zu verändern.
Ganzheitliche Gesundheit
Das neue, höhere Verständnis von Krankheit und den Wegen zur Heilung

– und vieles andere. Außerdem: jeden Monat auf 10 Seiten Kurzinformationen über
Tatsachen, die das Weltbild wandeln.
Rezensionen von Neuerscheinungen in **Bücher für Sie** und **KlangRaum.**
Viele Seiten Kleinanzeigen über die einschlägigen
Veranstaltungen sowie **Kurse & Seminare** in Deutschland, Österreich, der Schweiz und dem ferneren Ausland.

esotera erscheint monatlich.
Probeheft **kostenlos** bei Ihrem Buchhändler oder direkt vom Verlag Hermann Bauer KG., Postf. 167, Kronenstr. 2, 7800 Freiburg